津田政隣 政隣記

耳目甄録 拾四

従天明七年—到天明九年

校訂・編集 代表 髙木喜美子

「政隣記を読む有志の会」

笠嶋 剛 南保信之

真山武志 森下正子

桂書房

政隣記　目次

従天明七年到同九年寛政　耳目甄録　拾四

凡　例

一、金沢市立玉川図書館近世史料館所蔵の津田政隣著「政隣記」三十一巻の内、十四巻「耳目甄録」（16.28・14・11）を底本とした。

一、原則として原文に忠実を旨とし、文意のため適宜読点・並列点を付けた。表敬の台頭・平出・闕字は表記しない。本文中の傍注（　）は校訂・編集者の書き込みである。

一、字体は原則として常用漢字を用いた。ただし、当時の慣用字・同義字・同音仮借（アテ字）はそのままとし、送り仮名もそのままとした。変体仮名は現行平仮名を用いた。助詞の而・者・茂・江・与・爾（尓）はポイントを落とし、テ・ハ・モ・ヘ・ト・ニとした。ゟはヨリとした。解読不能部分は「　」（〇〇カ）、空白は「　」（空白）、文意不明は「　」（ママ）とした。明らかな脱字・誤字は□(脱字)□・□□（〇〇カ）とした。

一、読者の便宜を図るため、左の方策を講じた。

(1) 上欄に注として、参考事項を記した。

(2) 巻末に本文に記された事項ごとの「綱分」を記した。

(3) 巻末に藩士及び藩主関係者の氏名索引を付けた。

一、人名はゴチック体にし、藩士名は金沢市立玉川図書館近世史料館の「諸士系譜」「先祖一類由緒帳」及び「諸頭系譜」で比定し巻末にまとめた。

その他藩主関係・藩士以外の人名は欄上の注に「寛政重修諸家譜」及び「徳川諸家系譜」で比定し
寛〇巻〇頁、徳〇巻〇頁で表記した。

付記

津田政隣（宝暦十一年（一七六一）～文化十一年（一八一四））、通称権平・左近右衛門、初諱政隣。父は正昌。正隣は明和中世禄七〇〇石を襲ぎ、大小将組に列し、藩主の前田重教・治脩・斉広の三世に仕え、大小将番頭・歩頭・町奉行・大小将組頭・馬廻頭に進み、宗門奉行を兼ね、職秩二〇〇石を受け、文化十年罷め、翌年没する。年五十九。読書を好み文才に富む。諸家の記録を渉猟し、天文七年以降安永七年に至る二四〇年間の事蹟を録して「政隣記」十一巻を著し、又安永八年より文化十一年に至る三十六年間自ら見聞する所を輯めて「耳目甄録」二十巻を著す。「耳目甄録」も亦通称「政隣記」を以て称せらる。並びに加賀藩の事蹟を徴するに頗る有益の書なり。（「石川県史」及び「加能郷土辞彙」より）

（内表紙）

従天明七年　到同九年寛政

耳目甄録　拾四

此次寛政二年ヨリ起

天明七年

天明七丁未歳　壬寅正月大　金沢御用番　前田土佐守殿

元日　快天朗夜、二日三日四日五日六日七日同長雨気候、八日陰夜雪、九日十日十一日十二日十三日晴、十四日微雪、十五日十六日十七日晴、十八日陰、□（虫損）十九日陰、廿日廿一日雨雪、廿二日廿三日廿四日晴陰交、夜大雨、廿五日陰、廿六日廿七日廿八日廿九日晴、晦日大雨

同　六時御供揃ニテ御登城、年頭御礼被仰上、御盃御杓高家有馬兵部大輔殿御頂戴等都テ御例之通、四時頃御下り表御玄関ヨリ御帰館、御先立前田大炊夫ヨリ御例之通御規式夫々被為済、自分今日御横目代御供ニ罷出候事

同日　於金沢、御前例之通

三日　上野広徳寺ヘ御参詣

四日　御大老・御老中方ヘ御勤、増上寺ヘ御参詣、夫ヨリ芝御広式ヘ被為入

七日　御登城、且若菜御祝儀、寒塩鯛一箱御献上ニ付、自分為聞番代為持登城、御坊主組頭江間宗悦取次ニテ御側衆杉浦出雲守殿御受取、御披露可被成旨被仰聞候ニ付退出、直ニ御大老井伊掃部頭殿等ヘ当日御祝儀御使勤之

八日　此間中、南御門続饗応所御修覆有之処、今日左之通

御横目所ヨリ申談有之、寿光院様是以後南御門続饗応所ヘ御縮ニテ御出之義モ可有之候、其節南辺小屋々々高声等致間敷候、且火事方御用御近所火消往来之義、尤不指支筈ニ候事

正月八日

前田直方

有馬広之（寛20 31頁）

政隣

保科容頌の邸（重教女穎の婚家）

杉浦正勝（寛9 85頁）

井伊直幸（寛12 303頁）

重教室千間

徳川頼起（姉は重煕婚約者）

金森可妁（寛6 261頁）
間部詮煕（寛22 66頁）

吉徳女暢

江戸芝浦あたりでとれた魚

1 重教室千間
2 重教女穎

九　日　御三家様并讃岐守殿へ御勤

十　日　上野御成御作法前々之通、還御以後御参詣有之

越前今立郡金森左兵衛殿・間部若狭守殿御領分也野上大坪村ヨリ万歳楽往古ヨリ罷越、今月五日来着、同廿二日金沢発足、昼之内逗留中武家等舞歩行候筈之処、今年ハ夜半モ致徘徊、其上花麗至極成着類等之体ニ付、改方松尾縫殿宅へ右万歳楽之内頭取九人并宿主共呼出、急度叱り有之候事

十三日　御本宅御広式へ為御年賀祐仙院様御出

十四日　御例之通御本宅御広式ニテ福引被仰付、引人女中暨御広式頭并御用人、御表ヨリハ御用部屋勤之御近習御用迄也、以上六十人余之由、御品物六十余番ニテ紅縮緬等ヨリ芝肴・葛西菜迄種々軽重有之ト云々

十五日　御登城御下り後、於御前、左之通被仰渡

御帰国御供　前田大炊
　　　　　　伊藤内膳

附二月二日内膳殿御供御用捨、交代ニテ罷帰候様被仰出、万端御省略故ト云々

十六日　御表へ寿光院[1]様御招請御膳被上候ニ付、為御取持祐仙院様・松樹院[2]様モ被為入、且御慰御能於御敷舞台被仰付、御番組左之通

高砂　宝生太夫　勇左衛門　辰三郎　弥九郎　太次郎　養左衛門

八嶋　左一郎　兵右衛門　千十二　与惣　養助

釣狐

察化・咲嘩

末広　弥太夫　　土筆　八三郎　　那須間　半助

三輪　弥五郎　孫之丞　伝蔵　吉左衛門　彦三郎　養左衛門　　張良　喜六　新次郎　五右衛門　弥九郎　太次郎　源蔵

こんくわゐ　仁右衛門　　二人袴　伝次郎

望月　宝生太夫　新次郎　三郎右衛門　仁九郎　太左衛門　養五郎　　融　弥五郎　富左衛門　三郎右衛門　仁九郎　彦三郎　養五郎

間　弥大夫

さつくわ　秋次

祝言
岩船　吉之助　孫之丞　猪之助　与惣　太次郎　源蔵

以上

右四時頃初り夜五時頃相済、御中入八時頃ヨリ七時頃迄也、詰合御歩並以上見物被仰付、自分一番火消ニ付、火事装束之侭見物候

同日　於金沢、左之通被仰付

御大小将横目　**坂野忠兵衛**代

御大小将ヨリ　**寺西弥左衛門**

同日　左之通御触有之

付札　町奉行へ

／去年気候不順ニテ諸国共作毛不熟至極ニ付、新穀出来之上モ米価甚高直ニテ軽者共別テ可

前田直方

為難渋義ニ候、ケ様之年柄人々心得モ可有之候得共、猶更各詮議有之、町家之者共粥を給候様可被申渡候事

未正月

去年気候不順ニテ諸国共作毛不熟至極ニ付新穀出来之上モ米価甚高直ニ付、町家之者共一統粥を給候様申渡候、ケ様之趣ニ候間、御家中之人々モ心得可有之義ニ付、則町奉行へ申渡候覚書之写相渡候、右之趣被得其意、組・支配之人々へ可被申渡候、組等之内才許有之面々ハ其支配へモ相達候様可申聞、尤同役中可有伝達候事、右之趣可被得其意候、以上

正月十五日　前田土佐守

十七日　九時過ヨリ青山六堂之辻辺ヨリ出火、烈風ニテ及大火、暮六時過鎮火

同　日　左之通被仰渡

当春御帰国御道中奉行
并御行列奉行兼帯

御馬廻頭　**奥村弥左衛門**

御用人御歩頭　**遠藤両左衛門**

御道中切会所奉行加人

御預地方御用　**遠藤次左衛門**

割場奉行　**高畠源右衛門**

御供可被召連処、取懸り候御用有之ニ付右相済次第交代可罷帰

会所奉行　去々年ヨリ在江戸　**井上源助**

十九日　御例之通、御具足鏡餅御雑煮等頂戴、金沢同断

浅野宗恒

吉徳女暢

前出（1月4日）

安芸守様今朝為御年賀御出之節、身体不敬之義、被遊御覧候ニ付左之通被仰付

急度指控　　御式台御帳附与力　**伴　太左衛門**

廿　日　於江戸、左之通被仰付

新知百石被下之　　**祐仙院**様御用人加人新番組ヨリ　**小泉也門**

祐仙院様御用人、本役御役料御格之通五十石被下之

同　日　御供番之頭并御大小将御歩之順番之通、御供可被召連旨被仰渡、諸組等ヘハ未被仰渡

廿二日　御持頭**芝山十郎左衛門**・御先手**大野仁兵衛**、其外夫々平士之分御供被仰渡

廿四日　増上寺御成、且還御後増上寺ヘ御参詣、夫ヨリ芝御広式ヘ被為入、夜九時頃御帰館

安永九年以来早打御使人ヘ御貸渡之金子、是迄返上之訳立不申分、当未年ヨリ弐十ヶ年賦を以取立候様、**前田土佐守**殿等被仰渡候、是以後御貸渡之分モ翌年ヨリ弐十ヶ年賦を以取立候様被仰渡候条、同役中并組・支配之人々借用之分有之候ハ金高目録ニ認、来月廿日限指出候様、夫々可被申談候、以上

正月廿四日　　御算用場

諸頭御用番交名殿

廿五日　伝通院御招請、於御小書院溜御饗応之上御目通并聞蓮社役者モ召、於御広間溜御料理被下之、且池徳院モ召、於御勝手座敷三之間、御料理被下之、猶又十八檀林之内上州館林善導寺、旧冬以来願ニ付召候テ、於御広間上之間御目通被仰付、御料理被下之

松平康福（寛6 327頁）
嶋津重豪（寛2 352頁）
嶋津斉宣（寛2 353頁）
関節・筋肉の痛み

廿六日　公義就御代替テ之御誓詞、御痛ニ付いまた不被為済候処、今朝五時頃松平周防守殿御老中筆頭也へ被為入、被遊御誓詞

廿八日　御登城

廿九日　九時御供揃ニテ御下邸へ被為入、暮過御帰館

昨廿八日御願之通隠居　松平薩摩守殿
家督被仰出　同　豊後守殿
但薩州殿被改上総介ト

晦　日　於江戸左之通、但いとこ野崎織人賊仕、牢揚屋へ被入置候ニ付、去年十一月十一日ヨリ指控被仰付置候処、今日左之通、附去年十一月廿八日互見

指控御免許　玉川孤源太

自分儀風毒痛ニテ去廿五日ヨリ御番等見合候処、不宜ニ付今日ヨリ御番引之処、平癒ニ付二月廿五日ヨリ出勤

今月廿七日暁、金沢備中町人持組岡嶋市正居邸長屋ヨリ八時過出火、過半消失無程鎮、金沢モ今月快天続、度々火事有之、併多分右同様之小火也

同　日ヨリ金沢味噌倉町御馬廻組奥村五郎左衛門養子市右衛門儀実奥村半丞兄他出、罷帰不申ニ付、所々相尋候得共行衛相知不申内、折違町二口屋七右衛門方へ同月廿九日朝不押立於養家召仕候下女とせト申者を同伴罷越候旨七右衛門ヨリ及断候ニ付、同姓御馬廻組奥村半丞

政隣

横山隆従

日光輪王寺門跡公遵法親王

并市右衛門実妹聟組外三輪雋(仙)大夫迎ニ罷越候得共、市右衛門并とせ義モ廿七日五郎左衛門方ヨリ暇遣候由逆上之体ニテ一円難罷帰旨申聞候ニ付、一先罷帰、彼是示談之内、翌晦日朝右とせを同道、実家右半丞宅材木町後自分同町也へ罷越候ニ付、養家へ可罷帰段半丞等段々申入候得共、一円不致承知候ニ付、二月朔日朝斉田市郎左衛門五郎左衛門実弟、定番御馬廻組・三輪雋(仙)大夫等申談、相宥め候テ五郎左衛門宅へ為可引取駕籠用意、為迎右人々半丞方へ罷越、いまた市右衛門へ対面不致候内、市右衛門帯刀を以、右とせを切殺、其身自害相果候ニ付、五郎左衛門組頭不破和平・半丞組頭渡辺主馬罷越、夫々取捌有之、為検使御大小将横目今村三郎大夫・寺西弥左衛門罷越見届有之、同三日朝夫々相済候事

癸卯二月小　金沢御用番　横山山城殿

朔日　二日三日四日五日六日七日八日九日十日十一日十二日晴、十三日雨、十四日十五日十六日十七日十八日十九日晴、廿日昼ヨリ雨、廿一日昼ヨリ雨、廿二日廿三日廿四日廿五日廿六日廿七日廿八日廿九日晴夜ハ折々雨降

同日　日光宮様御登城ニ付、例年之通、月次御登城相止、且御一門様方等へ御年賀御勤有之

二日　九時前ヨリ加州宮腰町ヨリ出火、烈風ニテ八歩通家数三千軒之処、冬瓜《かもり》町五百軒計残焼失、大野村へモ飛火ニテ三百軒計之処、不残焼失、二軒残候事

同日　於金沢、江戸御留守詰被仰渡候人々左之通

御小将頭　井上勘助　御用人御鎗奉行　今井甚兵衛　御歩頭　長　作兵衛　御先手　松田権大夫

使い込み

右之外、御家老役**篠原織部**殿并平士等夫々被仰渡有之
△
火事之節無用之人々火事場へ不罷出筈御定モ有之候処、無用之者早乗等多、辻々大勢集見
物等猥ニ相成候ニ付、右体之者《モノ》於有之ハ御横目ヨリ相咎、名前モ承候様被仰渡候旨等、御用
番被仰聞候由等、定番頭**神保舎人**ヨリ於金沢廻状出

四　日　於江戸、昨夜御家老衆席并御用所へ何者欤入候体ニテ両所共御用之帳面数冊取出し散
乱し、紛失并破却之分モ有之、御席之真中へ坊主衆溜ニ有之大手水鉢之蓋を置、所々痰水
等蒔置之、御用所ニテハ御用人着座之所ニ糞を通し置、帳面ニテ拭ひ等及狼藉有之、尤今朝
迄不相知候事

同　日　左之通、被仰渡
当春交代可罷帰旨　御大小将御番頭　**長瀬五郎右衛門**
同　御横目　**永原半左衛門**
当御留守詰延　御大小将御
給事役加人　新番組　**木村新平**

同　日　昼ヨリ御中屋敷へ被為入、暮頃御帰館、且左之通申談有之
宿割并御宿拵相兼　**石黒彦大夫**　**吉田彦兵衛**
中川丹次郎　**中村半左衛門**

五　日　暮前、御預地方御用江戸詰人**遠藤次左衛門**御貸小屋へ御門外駕籠舁等頭取**六兵衛**ト申
者手代、罷越駕籠舁料可受取旨及催促候処、**次左衛門**若党先達テ**次左衛門**ヨリ受取置引負之由也

1 嶋津斉宣（寛2 353頁）
2 前出（1月4日）
3 保科容頌

今暫相待候様申入候得共、余程之遅滞ニ付、不致承引ニ付、若党刀を以、手代を刺通し重テ打臥せ其侭若党及自殺候、但手代ハ最初之突疵ハ負候得共、二度目之打臥候処ハ革羽織之上ニテ疵付不申存命、翌朝死去、若党ハ二度目ニ打伏せ候節、倒れ候ニ付死候ト心得、其侭及自殺候体ト云々

右之趣、翌六日朝、公辺へ御届有之候処、七日昼前為検使、町附与力両人、御歩目付・御小人目付両人宛罷越、遂検見、畢テ与力ハ御広間溜、其外ハ於御使者之間、御料理被下之、尤右相済、若党ハ此方様御法之通、御歩横目検使ニ罷越、**次左衛門**義右一件ニ付、指控被仰付候事

一、十日朝、**遠藤次左衛門**・同人小者去五日場所ニ在合之者也町御奉行所へ御呼出ニ付、聞番同道罷出候処、**次左衛門**義ハ聞番へ御預、小者ハ指留禁牢被仰付、然処同月廿三日重テ御呼出、**次左衛門**義、従公義御貪着無之、小者出牢、主人へ御渡落着、附**次左衛門**代御道中切会所奉行加人ハ**氏家九左衛門**へ被仰渡候事

七日 昼前御出、**松平豊後守**[1]殿へ御勤、夫ヨリ**芝御広式**[2]へ被為入、夜四時頃御帰殿

九日 昼ヨリ**肥後守**[3]様三田御下邸へ被為入、夜ニ入御帰館

△ 喧嘩追掛者役、二月十五日ヨリ **松田権大夫**代 **中川平膳**
例之通**中川**ヨリ廻状出 只今迄之通 **岡田友左衛門**

△ 出銀奉行**永原将監**ヨリ例年之通廻状出
公事場奉行**松平典膳**等ヨリ奉公人居成等之廻状出

1喜連川恵氏（下谷池之端ニあり）
2佐竹義和（久保田藩邸は下谷七間町ニあり）
前田孝友
重教室千間
橘元周（寛20 363頁）（幕医）

十　日　於金沢、左之通被仰付
　　病身ニ付、御大小将組被　　　　湯原長大夫
　　指除、元組御馬廻へ被指加　　　和田小市郎

十一日　為御年賀両御隣様喜連川[1]殿・佐竹[2]様等、丸之内・麻布辺迄十三ヶ所御勤、四時過御出
八時過御帰館

十五日　御登城

十六日　当御帰国御道中仮御横目御用之旨大炊殿被仰渡候ニ付、今日自分へ申談有之、其外組
当役附モ夫々へ申談今日有之
　但右ニ付、三月八日ヨリ火消役等御用引、毎日四時ヨリ御横目所へ出座

同　日　寿光院様御表へ御出ニ付、御囃子・狂言有之、御番組左之通、但聴聞ハ一統不被仰付
筈之処、俄ニ当番切聴聞被仰付
　　難波　左一郎　　巻絹　弥五郎　　春日龍神　弥五郎
　　文角力　秋次　　膏薬煉　八三郎　　栗焼　半助
　　空腕　半助　　三人片輪　八三郎
右之節、三十人頭湯川伴左衛門・御歩小頭山田政大夫・御用所執筆御算用者牛圓新左衛門へ
地謡被仰付

十八日　橘宗仙院御招、於御居間書院診被仰付候処、御脚痛等段々御快然之旨被申上、畢テ於
御勝手座敷元来御出入衆也御料理出

廿　日　歳末為御祝儀御小袖被献候ニ付御内書今日御頂戴、当御代始テ之御内書ニ付、如先規
為御礼、廿二日五時御供揃ニテ御登城、直ニ御老中御廻勤

廿二日　於江戸、左之通被仰付、依テ翌廿三日夜江戸発
不応思召儀有之候間、早速御国へ
可罷帰候、思召追テ可被仰出ト被仰出
御馬廻頭
奥村弥左衛門

同　日　夕方、左之通被仰付、当番切見物被仰付
仕舞　芭蕉　弥五郎　八嶋　同人　加茂　同人
狂言　八幡前　秋次　慶助　卯之助　伝次郎
一管　津嶋　養五郎　一調　三井寺　仁九郎　三笑　太左衛門
狂言　柿山伏　八三郎　弥五郎
一管　獅子　養五郎　一調　山姥　太次郎　松虫　仁九郎
玉之段　五左衛門　松山鏡　太左衛門
狂言　禰宜山伏　秋次　弥五郎　伊三郎　卯之助
一管　揉之段　養五郎　一調　夜討曾我　仁九郎　笠之段　千十三
狂言　武悪　八三郎　伝次郎　慶助
一調　春日龍神　太次郎　女郎花　伝蔵　金札　太左衛門
狂言　清水　秋次　慶助

同　日　於金沢、卯辰観音院へ亀万千殿御宮参、御供人金谷御広式へ相揃、七十間御門ヨリ御

松井康福（寛6 327頁）
1水野忠友（寛6 58頁）
2前田孝友
徳川家治

出、御宮参相済、二之御丸御広式へ御立寄、御帰之上御供人へ赤飯・御酒・御吸物被下之、
御供御大小将ヨリ五人、御歩ヨリ五人、御駕籠脇御抱守四人、御大小将横目壱人

廿五日　五半時御供揃ニテ**松平周防守**殿へ御出

廿六日　**奥村弥左衛門**御国へ御返ニ付、代左之通被仰付

御道中奉行等　御小将頭兼御近習　**松原元右衛門**

御近習騎馬所御供　御大小将御番頭　**長瀬五郎右衛門**

廿七日　去年、公辺御移徙御規式之節、御献上物ニ付テ之奉書今日相渡、且御発駕御日ヲ三月廿六日・廿八日・四月二日・六日之内ト今日駅徇《ふれ》出

廿八日　御登城、且左之通

大目付へ

前々之通、向後二月廿八日月次之御礼有之、三月朔日御礼無之候間、其段可被相心得候

二月

右**水野出羽守**[1]殿御渡候旨、今月十二日大御目付御廻状有之、於江戸右之趣、**大炊**[2]殿被仰聞候旨等御横目廻状出

附、年中廿八日月次御登城有之、月之覚歌左之通、作者不詳

破魔弓《正月》を持て御礼にきさらきや《二月》卯の花《四月》かざす文月《七月》の暮《十二月》

浚明院様御代ハ二月廿八日御礼無之、三月朔日御礼有之候也

廿九日　御大小将田辺善大夫・人見吉左衛門・喜多岡善左衛門・古屋三左衛門義、当御留守へ詰
延被仰付候段申談有之

今月廿日　於金沢左之通被仰付

役儀御免除　改作奉行　木村喜左衛門
高畠孫左衛門

役儀御指除　同　太田弥兵衛

改作奉行　斎藤小左衛門
立川金丞
坂井大四郎

同廿六日　於金沢左之通、附前記去年十二月廿八日互見

同姓堀八郎左衛門宅へ立帰　平次右衛門せかれ　堀　平八郎

同廿七日　同断、附前記右同断互見

同姓　堀与三左衛門宅へ立帰　堀　平次右衛門

附記、右堀平次右衛門・同平八郎、五月十三日左之通被仰付

越中五ヶ山へ流刑　於同所縮所へ被入置　堀　平次右衛門

能州嶋之内へ遠嶋　同　平八郎

右急度可被仰付候処、今般非常之御大赦ニ付、如斯被仰付候段被仰出候旨、於公事場申渡

本多政成

1山内豊雍（寛13 308頁）
2前出（1月4日）

有之
今月廿六日病死、遠慮中ニ付
末期之御礼無之
　　　　　　　　御役御免頭列　和田清三郎

三月小《甲辰》　金沢御用番　**本多玄蕃助殿**

朔日　二日三日四日五日六日七日晴陰交、八日雨、九日十日十一日十二日晴、十三日昼ヨリ雨、十四日十五日十六日十七日十八日十九日雨、廿日晴、廿一日昼ヨリ風雨、廿二日風雨、昼ヨリ晴、廿三日晴、廿四日雨、廿五日晴、此末旅中日々ニ記ス

二日　五半時御供揃ニテ松平土佐守[1]殿御勤、夫ヨリ芝御広式[2]へ被為入、今二日ヨリ宿割所建

四日　今般御道中触左之通

御道中御定書前々之通ニ付相廻不申候条、御組・御支配御供之人々、且又御組等之内才許有之人々御申談可被成候、御披見有之度候ハ、於御横目所御披見可有之候、以上
　二月　　　　　　　　　　御道中奉行　御横目

御道中船渡場ニテ下馬・下乗仕罷通申筈ニ候条、左様御心得可成候、以上
　二月　　　　　　　　　　御横目

御道中ニテ御泊へ御着早き時ハ、為御夜詰罷出候者、何も早く罷出、伺之品ハ早速伺可申候、御供勤候者ハ旅宿へ罷帰、食事等相仕廻候テ追付罷出申筈ニ候事
　二月　　　　　　　　　　御行列奉行　御横目

拵カ

於御道中御鷹御拵《からめ》被遊候節、御行列進退

一、御行列之内、御先三疋之御馬ヨリ御跡三人之御歩横目迄ハ宿々ニテ見合、御様子次第御先へ可罷越候

一、御医師并御用可有之人々ハ尤見合可申事

一、御先三品ハ右御行列見合罷在候節モ無構押通可申候

一、御先三品之御行列脇、惣テ行抜候者、御行列ニ障不申様道をモ除、作法宜相心得罷通可申候、路地悪敷道幅等狭き所ニテハ御行列支不申様相心得、罷通候節三品之押足軽へ可申断候、主人々々ニモ右之通ニテ三品騎馬之人々へ罷通候段申届候テ可然候、勿論馬上・駕籠ニテ罷通候者ハ下り立申ニハ不及候事

一、御行列御跡ヨリ罷越候人々ハ、御行列見合罷在候所々ニテモ無構被通、馬上・駕籠ニテ罷通候者ハ、下り候テ可被通候、勿論末々迄、笠爲脱可申事

一、御鷹御拵被遊候時分、末々迄騒敷無之様、作法宜相通候義専一ニ候間、其御心得可被成候、以上

二月　　御行列奉行　御横目

御鷹御拵被遊候節、御供数

若年寄中　御表小将御番頭壱人　　御刀持御表小将弐人

三十人頭　御火縄持壱人　　但御馬添

御草履取壱人　御鑓持壱人　　御馬壱疋　御茶弁当
三十人小頭壱人　　御横目足軽壱人
以上
二月　　御行列奉行　御横目

板橋　蕨　浦輪　大宮　上尾　桶川　鴻巣
熊谷　深谷　本庄　倉ケ野　高崎　板鼻　安中
松井田　坂本　軽井沢　追分　小諸　田中　上田
榊　矢代　善光寺　牟礼　柏原　野尻　関川
関山　荒井　高田　名立　能生　糸魚川　市振
境　泊　魚津　滑川　東岩瀬　水橋　高岡
今石動　津端
右宿之御行列相立申候
一、川田通被爲入候得ハ松代御行列立申候、川田・長沼ハ立不申候
一、御行列立不申所々
落合新町　沓懸　海野　鼠宿　丹波嶋　新町
小田切　二俣　松崎　中屋敷　長浜　有馬川
鍛治屋敷　青海　雅楽　外波　入善　三日市

下村　　竹橋

右宿々并此外之宿ニテモ御泊・御昼休ニ相成候得ハ御行列立申筈ニ御座候、但御中休ニテハ御先三品ハ前々之通御行列立不申候、右御行列相立申宿々御長柄立、御先三品之頭騎馬可仕候

一、碓氷・関川・市振・境

右四ヶ所御関所、何モ御行列立申候、御先御跡騎馬御供之面々、笠取騎馬之侭御供可仕候、非番等之面々笠取下り立候テ罷通可申候、尤御行列歩御供之面々并末々迄笠取罷通可申候、以上

二月　　　　　　御行列奉行　御横目

船渡之次第

壱番　　　　御鉄砲壱組

二番　　　　御弓　壱組

三番　　　　御長柄壱組

四番　　　　御先三疋ヨリ御矢箱迄

五番　　　　御長持三棹ヨリ御刀筒迄、但此舟之内ヘ御駕籠舁十四人、御歩六人可罷越候

六番　　　　御召船、御薙刀ヨリ御茶弁当・御馬壱疋・御近習騎馬之頭分其身迄、

但御乗物ニテ被為入船狭く御座候ハ、御馬ハ御跡船ニテモ可罷越候
七番　御跡馬ヨリ御小人小頭等并御近習騎馬之頭分従者迄
八・九・十番　歩御供之御小将召連候若党以下御行列奉行まて
十一・十二番　御家老衆等、右船之大小又ハ船数ニヨリ相違も可仕候得共、一切宛
大図如斯御座候
以上
二月　御行列奉行　御横目

御発駕御当日御行列御先へ罷越候者并御跡押之三人之御歩横目之跡不残、追分口御門ヨリ可罷通候

一、御持弓并頭之従者・御長柄同奉行之従者共、於御殿地之辺御行列しらへ南御門ヨリ押出可申候、歩御供之者草履取まて御式台喰違ヨリ大御門へ罷出可申候、尤御歩横目・押足軽可致指引候

一、騎馬御供之従者乗馬歩御供之若党以下、御跡三人之御歩横目、南御門ヨリ押出可申候、尤御家老衆従者初、不残南御馬場跡ニテ相しらへ可申候

一、御行列之外、本郷廻り角ニテ御先ヨリ段々作法宜笠着用可仕候

一、歩御供之者、乗掛馬為牽者、追分口御門之内へ牽懸置、御跡三人之御歩横目之末、御医師之次へ牽入可申候、以上

政隣

二月　　　　御道中奉行　御横目

御筒・御弓・御長柄押出候節、近年之通御供揃半時計御先ヘ押出可申候、野間ニテハ勝手次第御先ヘ罷越、御泊并御昼休、且又御昼休代之御中休ヘ御着之節、見合不申人々旅宿ヘ押返（カ）可申候、但難所或ハ川場等之時分ハ猶更其頭々ヨリ伺可申事

一、御乗物御跡歩、御供之草履取之跡ニ乗申騎馬、御泊并御昼休城下且又野間ニテモ定騎馬之筈ニ候、召連候従者前々之通、若党弐人或ハ三人四人五人限り召連可申候、其外鑓一筋・挟箱壱荷、草履取・合羽持・提灯持召連可申候、具足櫃等ハ勝手次第、御先ヘ成共指遣可申候

一、御長柄、宿々・城下、御昼休・御泊并御昼休代之御中休ニテハ御長柄立可申候

一、歩御供之草履取人数、不依多少ニ、二行或ハ三行並ひ可申候

一、頭分当日御供之時分、従者武器不残召連候義、勝手次第ニ候、其外無用之品召連申間敷事

右御承知可有之候、以上

二月　　　松原元右衛門　遠藤両左衛門

小原惣左衛門殿　津田権平殿

右之通御道中奉行中ヨリ申来候条、御承知可被成候、以上

御横目

別紙九通之趣、被成御承知、御組・御支配之内、当御帰国御供ニ罷越候面々ヘ御申談被成、且又御組等之内才許有之人々ハ其支配ヘモ不相洩相達候様御申談可被成候、以上

（注）本文行列中、文字の「消線」及び横並の数字の「小文字」は朱書きである。

二月

志村五郎左衛門等諸頭連名殿

松原元右衛門　**遠藤両左衛門**
小原惣左衛門　**津田権平**
各判

△
御先三品之御行列之跡、行抜候者等右御行列障不申様道をも除、作法宜罷通可申候、此段ハ前々も申談候通、御用ニテ御先へ罷通候人々等無滞道幅狭き所等ニテハ双方不指支様相心得可然義ニ候間、御行列相勤候御組支配之者へ猶更御申渡可被成候、以上

三月　御行列奉行　御横目

芝山十郎左衛門殿　**大野仁兵衛**殿　**前田甚八郎**殿

御道中御行列附、但此度御省略之趣、朱ニテ直之置候通ニ候事

押足軽
押足軽　御持筒三拾挺
押足軽
小頭三人　手替~~九~~六人
小頭手替等之立様、頭之心得次第
玉薬箱~~二~~一荷　持ハ手替共~~四~~二人

御持筒頭　**芝山十郎左衛門**
従者数不定
合羽二荷
押者　押者
御持弓~~弐拾~~十五張
小頭二人　手替~~十~~五人

小頭手替等之立様
頭之心得次第
矢箱~~二~~一荷　持ハ手替共~~四~~二人
御持弓頭　**大野仁兵衛**

従者数不定　合羽二荷　押者　御長柄　~~十拾~~十五本　小頭~~四~~二人　御長柄奉行
~~押者~~　手替~~十~~五人
小頭手替等之立様奉行之心得次第　押者
前田甚八郎従者数不定　合羽一荷　押者　御中間小頭

○　御馬（一）疋　○　~~御馬十疋~~　○　御馬一疋　手替　沓籠　~~廿~~一荷　○　本御持筒小頭
手替

御鉄砲　御鉄砲　矢籠立　御弓　手替
○　本御持弓小頭　玉
御鉄砲　御鉄砲　矢籠立　御弓　手替
御鉄砲　御鉄砲

薬箱一荷　持者手替共二人　矢箱一荷　持者同上　○　御長持一棹　持者　足軽壱人

手替共　足軽一人　足軽一人　足軽一人
四人　○　御長持一棹　○　御長持一棹　○　御具足櫃
持ハ同上　持ハ同上

御歩　合羽~~丸~~七具荷　押者　三十人小頭　御挟箱　手替　御持鑓
御歩　押者　○　三十人小頭　御挟箱　手替　○　御持鑓

手替　手替　手替　御刀筒　三十人小頭
御持鑓　○　御立傘　御着笠　○　~~御刀筒　三十人小頭~~
手替　手替　手替
御刀筒　三十人小頭

安永三年ヨリ御減少
御長刀
手替
○
御歩　同　同　同　同
御歩　同　同　同　御歩小頭
御歩　同　同　同　御歩小頭
○
新番
新番
御先角
新番
御先角
新番
○
○

御乗物
御小将三人
御小将三人
○　○
御先角代
新番
三十人頭
○
御歩横目
御歩横目
御火縄持
御持鑓　手替　同　三十人小頭
御菅笠篭　手替　同　三十人小頭
御床机　同　三十人小頭

○
御草履取
御陸尺　手替
御草履取
○
御挟箱一御減少ニ付繰上
御合羽箱　手替
御挟箱　手替
御馬上之時ハ三十人組小頭之跡
御乗物可有之候、其次御六尺
但何人並ト無之打込可罷越

御合羽箱　手替
但御挟箱一ツ就
御省略御挟箱之右ヘ繰上
唐油箱
手替　三十人組小頭
三十人組小頭
○
手替
御茶弁当
御歩

天明元年之通御小人頭不被召連、此所ヘ
荷挟箱二荷
御小人頭　御小人小頭繰上相勤
御提灯灯候内如斯
御中間小頭

○
御馬一疋
○
御馬一疋
手替
手替
沓篭一荷
御小人小頭
御小人　同
御小人　同
御小人　同
○

政隣

押者　歩御供之　騎馬　従者　押者　○　若党　○　鑓　○　挟箱　○　合羽　○
押者　草履取　御近習頭　押者

五荷　押者　○　御使馬一疋　○　御使馬一疋　○　沓籠一荷　歩御供
押者

之平士乗馬沓籠　此所一丁計間を　押者　御横目　小原惣左衛門
置可罷越候事　押者　津田権平　代々

御番頭　此所御大小将御番頭　~~御行列奉行~~　今年御道中
御発駕并御着城之節迄騎馬　奉行ヨリ相兼候ニ
付不及騎馬

若年寄不被
召連ニ付、不時騎馬　前田大炊　御歩横目
志村五郎左衛門　~~若年寄~~　年寄従者　○　~~御歩横目~~　御道中奉行
従者　御歩横目

且又御近習組頭・物頭・御番頭・御横目、当日御用有之面々并御医師　以上　○御提灯之
印也

一、
御定書左之通
道中供之定
一、道中供之次第、行列書附之通、相違有之間敷事

一、供之刻、脇道并引離独立参間敷候、草臥《くたびれ》候ハ惣供之跡へさかり、馬ニテ可参候、町通家之際左右を明可罷通候事

一、騎馬・乗掛馬共沓打候刻、道之脇へ引退、跡之馬無滞通沓打仕廻、本之所へ牽入可申事

一、船渡之義、奉行人可任指図、若奉行人背下知猥ニ入込候者、主人へ不及届、討捨可仕事

一、自然喧嘩等有之候共、其場ニ有合申者ハ各別、其外ハ本陣へ相詰頭中可請指図事

附、若火事等有之刻、風下之者ハ自分道具をかたつけ仕廻候者本陣へ相詰、是又頭中可請指図、一切火本へ参間敷候、尤自分宿々之火之用心堅可申付候事

一、横目之者并押之足軽申渡候義、違背不仕候様、主人々々ヨリ下々まで堅可申付事

一、宿札へき取候儀停止之事、附、明宿候共組頭へ無断はいり申間敷事

一、下々茶屋并町屋ニテ不作法成体仕間敷候事

一、他境之者等ニ対し非儀申懸間敷候、むさと打擲等仕事有間敷候、勿論駄賃無相違可相渡、此段堅相守候様主人ヨリ下々迄急度可申付事

一、馬請取候義、馬渡奉行へ指紙を遣可受取、馬渡奉行指図無之、相対ニテむさと馬受取申間敷事

一、諸事買物代・宿賃無滞急度可相済、自然宿々道具等損候ハ代銀を以弁可遣候、発足之跡ニ宿之横目相廻候条、此通下々迄可申付事

附、宿賃無滞受取、其外申分無之趣、亭主証文を取置、跡仕廻之頭ヘ追テ可相渡事

一、自然於路次、他所之者ト申分仕出候歟、又ハ家中之者トして申分仕出候ハ其所を守、猥ニ馳参申間敷候、其近所ヘ参候騎馬供之面々才許可仕候、難渋之義候ハ其次之騎馬ト申談可相済候、但其時之首尾ニヨリ可申事

一、着以後本陣之前、家中末々ニ至迄乗通申間敷事

一、先騎馬之面々、組下之行列正敷候様ニ兼テ急度可申付候、若行列雑乱之儀あらハ、たとへ組下ニテ無之候共、其段堅申付、跡先ヘモ可相断事

一、騎馬之面々、乗物ヨリ跡を正敷可申付事

一、行列之中ニおゐて高声不仕様ニ下々まて可（申）付事

一、騎馬之面々、城下并宿々ニテ手綱を放申間敷事

一、於城下町中、雨降出候ハ不作法ニ無之様、雨具可用之事

一、持筒所騎馬

鑓一筋・乗馬一疋・若党或二人・三人可応其分限、挟箱持壱人・沓籠持一人・合羽持一人・草履取一人并惣供之手替一人可召連之、其外之供之者共勝手次第先ヘ可遣之事、但此儀近年道中之可随様子事

一、持弓所騎馬

右同断

一、先（カ）長柄所騎馬

右同断

附、惣テ供之組頭、鑓三筋・弓、於旅宿幕打可申候、物頭ハ鑓二筋・弓・幕、番頭ハ鑓二筋為持、弓・幕ハ可遠慮、横目ハ身代之多少ニ随、鑓或弐筋・一筋為持可申事

一、歩供仕面々草履取壱人、但雨天之節ハ笠・合羽持一人、乗物之跡押足軽之次ニ可遣、持鑓一筋・若党一人・挟箱持一人・笠合羽持一人、騎馬供之次押之者跡ニ可参、乗馬沓籠持ハ使馬ト押歩横目との間為牽可申、乗馬無之人々ハ乗懸馬惣供之跡押足軽之先ニ可遣之、此外従者勝手次第可遣候事

一、行列作法之義、行列奉行并用人可請指図事

一、於船場不作法無之様、奉行之面々別テ精を出し可申付事

一、若、川々水出申候ハ勿論水多少之様子見届、其段何モ以飛脚可及注進候、縦令《たとへ》水無之候共、是又其旨可有言上事

一、惣テ何れ之川々にても其所之舟奉行・馳走人又ハ足軽人足等相改、昼休欤泊迄、右馳走人交名并知行高・人数念を入相改、委細書付可指越事

一、船渡所奉行之義、可相通前日之昼、船場迄参着、其夜四時分迄有之、先ヘ罷越人々致才許無滞様渡可申候、若供中多行つとひ其節まて渡済不申候ハ夜四過時分までも渡可申候、翌朝七時分ヨリ舟渡場ヘ罷出可有才許候、勿論足軽等其節罷出候様可申付事

一、姫川又ハ筑摩川・才川・村上之渡、天気相ニヨリ供中早速先ヘ参候様ニ申渡刻ハ其段以飛脚可申遣候条、夜中ニよらす渡可申候、左様之節ハ所之渡船人足等別テ骨折可申候

条、書付可出事

一、夜中ハ何れモ舟渡所ニテモ両方之川端ニ大提灯弐張宛為灯置可申候、且又小提灯モ三十計為持渡舟之内ニモ鑓二筋・弓・幕、番頭ハ鑓二筋為持、弓・幕ハ可遠慮、横目ハ身代之多少ニ随、鑓或弐筋・一筋為持可申事、小提灯一宛、一艘々々ニ為灯可申事、但所ニヨリ相伺、篝為灯可申事

一、舟渡所入用之道具品々、跡々之通割場奉行致才許為持可参事

一、先ヘ不罷越候テ先之番ニ点合兼申由人々及断候ハ、役儀之様子承届、断之品尤ニおゐてハ何れ之舟渡所ニテモ早速渡可申事

一、訴状等上申者於有之ハ、手あらに不仕、先足軽様子承、脇ヘ召連参、其趣小将横目或騎馬之面々ヘ可相達、又ハ様子ニより目通ヘ罷出候ハ、足軽又ハ徒等ニテモ出向、其者之側ニつき有之小将横目参様子承届、騎馬之組頭可申談、注進書付等持有之者ハ騎馬之横目ト組頭可申談事

右之條々、先規之通用置候条、其旨を存、聊相違有之間鋪者也

明和八年

一、於御道中支配附、此度左之通

御使番

若年寄兼帯ニ付　大炊殿

御馬廻組外

御医者与力

御小将頭　松原元右衛門

御算用者小頭　御用人

定番御歩
御料理人
御細工者　御歩頭

御算用者　会所奉行加人御大小将　氏家九左衛門

御居間方坊主小頭
御茶堂役　御近習頭

新番　御使番　窪田左平

御厩方并
御台所附同心
御小人小者　割場奉行

以上

五　日　此度御帰国御道中御泊附等、左之通

江戸御発駕

蕨	御中休	浦輪	御泊
鴻巣	同	熊谷	同
落合新町	同	板鼻	同
松井田	同	追分	同
小諸	同	上田	同
丹波嶋	同	牟礼	同
関川	同	高田	同
名立	同	糸魚川	同
青海	同	境	同

榊御泊之処火災有之支候ニ付上田御泊ニ相成

舟見　同　　魚津御泊之処火災有之支候ニ付滑川御泊ニ相成　　滑川　同

東岩瀬　同　　高岡　同

今石動　同　　津幡　同

金沢　以上

1 重教
2 重教室
3 重教女
4 吉徳女
5 政隣

正月の消防出初式

六日　御例之通御暇被仰出候ハ当月廿六日御発駕可被遊ト今日被仰出

七日　朝ヨリ御下邸ヘ中将様[1]・寿光院様[2]・松寿院様[3]・祐仙院様[4]被為入、夜九時頃御帰、但自分[5]御本宅・芝御同道之御横目代御供ニ罷出、於御下屋敷御菓子・御酒・御肴・御賄被下之

九日　昼ヨリ御洗馬御規式、御馬役等ヘ於御庭乗馬被仰付、且又於御庭御近隣火消建習(ならし)仕被仰付候ニ付、今日之一番不破直記・二番人見吉左衛門御人数召連罷出、依御好ニテ都テ御門外ヘ押出之通高声等仕馳廻り、紅葉山之辺ニテ鳶之者ヘ中見(ママ)申付、諸事都合能相済、畢テ惣御人数ヘ為御酒代金子千五百疋被下之、不破・人見ヘハ翌十日於御次御菓子被下之

十日　於御敷舞台御能被仰付、御番組左之通、詰合御歩並以上見物被仰付

和布刈　宝生太夫　万作　伝蔵　万次郎　太左衛門　養五郎

羅生門　喜六　新次郎　千十三　吉左衛門　太次郎　弥蔵

今参　八右衛門　　不聞座頭　秋次

百万　弥五　兵右衛門　辰三郎　仁九郎　太左衛門　養助

檀風　庄一郎　新次郎　猪之助　猪次郎　太次郎　養左衛門

仏師　八右衛門

是ヨリ御乞

黒塚　宝生太夫　源之丞　五左衛門　仁九郎　太次郎　養左衛門　以上

鉢木　弥五郎　勇左衛門　三郎左衛門　万次郎　養五郎　海人　宝生太夫　勇左衛門　懐中舞　三郎左衛門　仁九郎　太左衛門　養五郎

墨塗　八左衛門　宗八　秋次

十一日　於金沢、今日四時過可有登城旨等、頭分以上并侍支配有之平侍ヘ前日御用番依御紙面各登城、左之通御書拝戴、組・支配ヘ申談有之、但各布上下着登城、組等之人々爲御請、布上下着用頭々宅ヘ参出

爲年頭之祝儀、諸頭并平侍以下如嘉例、太刀・馬・青銅到来欣覚候、此由可被申聞候　謹言

正月四日　中将御字御判

本多安房守殿等六人

同日　於江戸、去秋御参勤御道中歩御供相勤候人々、染物・金銀夫々御例之通拝領被仰付

付札　御道中奉行ヘ

当御帰国御供人之内、古詰之者モ罷在候得共、多分去秋御供ニテ罷越、詰溜不申者共ニ候処、此表去年以来米・諸物高直ニ付、一統致難渋候処、道中駅々モ此表同様米・諸物高直ニテ困窮之体ニ相聞ヘ候ニ付、旅用等モ入増候間、御供人ヘ御貸渡物品能詮議有之様被致度旨、委細先達テ被申聞候、一統難渋之義ハ相知申事、其上御供ハ失墜モ有之義故、御運方

甚御指支ニ候得共種々打返、各別ニ遂詮議委曲達御聴、別紙ニ記候通被下候、当時甚御難渋之内ヨリ如斯被下候義候条、猶更可成たけ精誠致勘弁、旅用不指支様御供可仕義専要之事ニ候

右之趣被得其意、組・支配之人々ヘモ被申聞、組等之内才許有之人々ハ其支配ヘモ不相洩様可被申渡候事

　詰溜ト申者一人扶持ニ百目宛、内弐拾目ハ当暮ヨリ三ヶ年賦ニテ返上之事、古詰之者ヘハ一人扶持ニ銀八拾目宛、内弐拾目ハ同断

右当八日**大炊**殿被仰渡候旨、廻状昨日到来、今日仕切御扶持方代々一集ニ受取候事

十三日　上使御老中**牧野越中守**殿を以、御国許ヘ之御暇被蒙仰、御例之通白銀百枚・御巻物三十巻御拝領、諸事御都合能相済、上使御退出後、追付御老中御勤、若年寄中ヘハ聞番御使相勤、且就上使、頭分以上并御給事役ハ熨斗目、御式台取次役ハ服紗小袖・上下着用、附、

今日詮議之趣有之ニ付記置

十五日　依御奉書御登城、御暇之御礼被仰上、御懇之被為蒙上意、御鷹二・御馬二御拝領、御下り直ニ御大老・御老中・若御年寄中ヘ御勤、且又御家老両人**前田大炊**殿・**伊藤内膳**殿登城御目見、巻物拝領、是又為御礼御大老等廻勤、前々之通

十八日　四時過御供揃、御忍御行列ニテ**寿光院**[1]様、西ヶ原**牡丹屋太右衛門**[2]庭ヘ御立寄、道灌山・日暮里ヨリ上野之内常照院ヘ被為入、暮頃御帰、**自分**[3]為御横目代御供ニ出、為御持之御菓子・御酒等被下、常照院ヨリ軽き料理被出之

牧野貞長（寛6 279頁）

1 重教室千間
2 湯島の牡丹屋の別荘にボタンを栽培
3 政隣

十九日　御居宅へ御入輿後等都テ初テ**松寿院**様被為入
一、昨十八日、御三家様等へ為御暇乞御勤
一、当十五日御拝領之御馬河原毛七才・栗毛八才、一昨十七日来、御鷹ハ塒入ニ付、塒出次第
渡候筈之事
廿一日　増上寺惣御霊屋御参詣、御本坊御勤、夫ヨリ芝御広式へ被為入
一、昨廿日左之通、於江戸被仰付
思召有之ニ付、役儀指除御国へ御返　芝御広式御用人御大小将組 **堀　八郎左衛門**
同　日　御用人**今井甚兵衛**去十日金沢発今日参着、御大小将横目**今村三郎大夫**御大小将同道、
去十二日昼過金沢発廿三日参着、御歩頭**長作兵衛**等御留守詰之人々不残去十三四日ニ金沢
発廿五日参着之事
廿五日　宿割之人々今日発出、且今日**肥後守**[1]様へ御出、初テ御奥へ御通、**お当**[2]様へ御対顔
廿四日　御大小将横目**永原半左衛門**昨日御国へ之御暇被下、今朝江戸発帰
一、明後廿六日五時御供揃ニテ御発駕可被遊旨被仰出候ニ付、左之通御行列奉行・御横目連名廻
状を以徇《ふれ》出
諸頭一通、但此分迄御下屋敷御立寄、蕨御中休之旨も申遣　会所奉行・割場奉行・三十人頭一通、御
医師一通
廿五日　明日就御発駕、今日五半時御供揃ニテ御老中等曁御大老御勤、広徳寺御参詣、御帰後
明日四時御供揃ト重テ被仰出候ニ付、昨日之通御供徇直廻状出之

（とや）鷹の小屋

前出（1月4日）

1保科容頌（徳2 220頁）
2保科容頌女・容頌養女

廿六日　陰、昼ヨリ微雨、申刻ヨリ霽晴、今日五時前御次へ出、戸田川場迄追付御先へ罷越候段、関屋中務を以申上致発足、戸田川へ罷越、御召船見分等致し罷在候処、暮合頃御先弓等押通、黄昏頃被為入、御船船御跡勢夫々押通候ニ付、芝山十郎左衛門（御持頭川場奉行）申談致渡船浦輪駅着、旅宿升屋与一郎方ニテ支度追付御夜詰

　但今日七時頃御上邸御発駕、御下邸御立寄、夜五半時頃浦輪駅御泊宿へ御着

右戸田川へ芝山・自分・割場奉行高畠源左衛門・大組与力・足軽小頭・足軽廿五人曁御歩横目・御横目足軽罷出、且川不指支御先弓等押通候段、芝山・自分連名紙面を以御供之御近習頭迄申遣、将又御供之定騎馬窪田左平、蕨ヨリ庄田要人長瀬五郎左衛門御道中切御近習頭へ加り騎馬御供也・御横目小原惣左衛門、但自分川場へ出候ニ付、通し御供、右同様之趣ハ明日ヨリ日記省略

廿七日　快天夜雨、六時御供揃ニテ同半時頃御発駕、大宮・桶川・吹上御小休、七時過熊谷御着、朝定騎馬長瀬五郎左衛門・御横目・自分、昼庄田・小原勤之、但右繰々明日ヨリ記略ス、且又自分泊宿福田屋新兵衛

廿八日　昼ヨリ雨、夜同暁七ツ時過御供揃ニテ六時頃御立、深谷・本庄・倉ヶ野御小休、七時過板鼻へ御着、但自分暁七時過発出、御小休所見廻御中休ヨリ之御供附、自分旅宿□（ハカ）青島屋六右衛門

一、倉ヶ野一里計手前ヨリ御馬、倉ヶ野ヨリ大炊持馬河原毛御所望ニテ今夜ヨリ御厩ニ建ニ被為召、駅外ヨリ御歩行、高崎手前ヨリ御駕籠ニ被為召候事

(原本ニ左の箋あり)

以下四条後ニ
直ス　多賀

本多政行
政隣

一、志村五郎左衛門義、御馬上之節、駕籠乗用御免被仰出

廿九日　快天夜陰、暁七半時不遅御供揃ニテ六時頃御立、坂本・は(刎)ね石・軽井沢御小休、七時頃
追分駅御着、自分旅宿柳屋伊左衛門

今月(空白)□日　越中魚津火災、過半焼失、御館モ類焼、同国氷見モ余程火災

同七日　於金沢、左之通被仰付
会所奉行　御大小将　山口小左衛門

同　日　於金沢左之通、但五月廿一日互見
御用番於御宅、御尋之趣有之、自分指控　御馬廻頭　奥村弥左衛門

同廿五日　夕、於江戸御歩横目清水政右衛門出奔、但御帰国御供人也

乙巳
四月大　金沢御用番　本多安房守殿

朔　日　快天朗夜、朝六時不遅御供揃ニテ六時過御立、海野御小休、七時前上田御着、自分宿
小松屋和左衛門

二　日　快天朗夜、暁八半時御供揃ニテ七時過御立、鼠宿・戸倉・矢代・新町御小休、暮前牟礼
御着、千曲川・犀川船場前条同断、夫々罷出

一、大炊殿痛所有之ニ付、御馬上并駅々御行列建候所ニテモ駕籠乗用御免被仰出、且又今夜自分
宿釘屋此右衛門

三　日　快天朗夜、暁七時不遅御供揃ニテ同刻過御立、野尻・関山・二本木・荒井御小休、暮頃

高田御着、**自分宿蔵石市左衛門**

一、今夜御旅館ヘ御家老**篠原織部**殿被出、御目見被仰出、但**伊藤内膳**殿為代江戸ヘ出府故也

一、今日荒井ヨリ高田町端迄御馬上

四日 昼ヨリ微雨、夜同暁七時不遅御供揃ニテ六時頃御立、五智・長浜・遠崎・鬼伏御小休、暮六時過糸魚川御着、**自分宿井□屋八郎右衛門**

五日 雨降暮頃ヨリ雷鳴大雨風夜同、朝五時不遅御供揃ニテ五時御立外波御小休、八半時頃境御着、姫川・不親知等一段宜、**自分宿足軽沖和大夫**

一、御帰城之上、追付御供揃ニテ野田桃雲寺ヘ御立寄、惣御廟御参詣、雨天ニ候ハ宝円寺御参詣ト今晩被仰出候事

六日 大風雨巳刻ヨリ快天、明夜暁七時過御供揃之処、大風雨ニ付御見合、五時前御立、泊駅・浦山・三日市・魚津御小休、夜五時滑川御着

但小川出水、御手間取、早月川等舟橋被仰付、彼是ニテ遅く御着、**自分宿四分一屋四郎兵衛**

七日 快天朗夜、暁七時過御供揃ニテ六時過御立、下村・小杉御小休、八半時頃高岡御着、自分宿**米屋伊右衛門**、今日自分御供中水橋川前ニテ例之通御先ヘ進み御召舟見分之上、川場御役人、割場奉行**高畠源右衛門**ヘ御指支之義モ無之哉ト相尋候処、尤御支無御座段同人申聞候ニ付立帰、其段申上、御乗船被遊候処、いまた御先勢乗舟不仕ニ付、いかゝ之趣ニ候哉ト**源右衛門**ヘ相尋候処、遠浅ニ候故、彼是間違候段同人申聞ニ付、先其段申上置候、

其内御先勢ヘ遠浅ニテ渡り込、乗舟候様**佐藤八郎左衛門**申談、為渡尤御前船モ漕渡候、然処東岩瀬於御中休、**松原元右衛門**を以、右委曲申上置、于時今夜於御泊**志村五郎左衛門**を以、御供中ヨリ御先ヘ舟場有之節、相進候義ハ心得如何ニ候哉ト御尋ニ付、左之通御請申上之

御供中ヨリ私共御先ヘ相進申義ハ第一御召船之様子見分御下り候等、都テ見分仕宜御座候得ハ立帰、其段言上仕候、不宜義御座候得ハ暫御見合被遊候様ニ申上、早速夫々川場ヘ罷出在《ざい》之者ヘ申談候、御乗舟之上モ御船之側ニ罷立指引仕候事第一ニ相心得罷在候、其外御先勢等之指引ハ最初ヨリ罷在候川場御役人モ有之事故、相構不申候、尤御横目役之義ニ御座候得ハ不顕(カ)一円ト申義ニテハ無御座候間、心付之義ハ何事ニよらす指引仕候得共、暫御先ニ走抜候事故、外之義ハ心付兼申候、第一御召舟之善悪等大切ニ奉心得候、今朝等モ御乗船之上いまた御先勢乗移り不申義見受候ニ付、早速御舟出し候義見合候様、梶取ヘ申渡置候処、暫御座候テ御先勢押渡候ニ付、御召舟為漕出候段等申上之

一、右一件ニ付、**佐藤八郎左衛門・高畠源右衛門**迷惑申上候処、明晩御泊ヘ罷出候様被仰出候事

八日 陰夜同、朝六時過御供揃ニテ同半時頃瑞龍寺ヘ御参詣

但御供人江戸御寺参詣之通、装束ハ旅装束之侭、笠ハ手ニ持或ハ跡ヘ下り為持、前々両様之内御横目申談次第也、且御先角も御表小将加人ヨリ相勤、御先立若年寄代**志村五郎左衛門**、御廟御参詣無御座ニ付、組頭御供無之、御下乗ヨリ玄関迄御先立ハ御大小将御番頭

右御旅館ヘ御帰追付御立、福岡・倶利迦羅御小休、七時過津幡ヘ御着、**自分**旅宿**五反田屋**

徳左衛門

同夜、昨日被仰出候通、佐藤八郎左衛門・高畠源左衛門罷出候処、昨日於水橋川之一件不調法之趣、依テ御咎モ可被仰付候得共、此度之義ハ御宥免ニ成候、以来之義可相心得旨被仰出、自分ヘモ昨日之一件不行届義ニ被思召候段被仰出、右夫々頭松原元右衛門被申渡

九　日　微雨巳刻ヨリ晴、朝六時御供揃ニテ同刻過御立、森下御小休、九時過御帰城、但自分御先抜ニ付、六時頃発御小休所見分、直ニ御城ヘ出、御着之上御用番於御席恐悦申述、追付致帰家候事

一、野田等御参詣、御延引被仰出

一、江戸ヘ之御礼使、人持組前田兵部御目見、御例之通拝領物被仰付、昼過発出

十　日　快天、今日ヨリ取次二番組相勤昼番也、但三番ニ付中二日目也

十一日　快天、左之通被仰付

御細工者ヨリ領八十石
吉田八右衛門

御歩小頭並御近習勤、只今迄被下置候
兼芸料三人扶持其侭被下之

右勤方支配ハ御近習頭、尤身当支配ハ御歩頭・組頭宅ヘ罷越候義相成不申、御用方於御次申談候筈、其節御近習頭迄申達候テ対談之筈之由ニ候事

同　日　御歩頭ヘ左之通志村五郎左衛門を以被仰出

御歩頭ヘ

今般御帰国御供御歩御供致方作法体等宜候、先達テ被仰出之趣モ有之候処、申渡方行

重教女邦（前田孝友婚約・明和8年5月12日没11才）

本多政行

届候故ト思召候、猶更随分可申渡旨被仰出候事
四月

十二日　雨天、宝円寺ヘ御参詣、来月十二日宣光院様御十七回忌御相当御取越、今日於天徳院御茶湯御執行、御家中普請・鳴物等不及遠慮候、就御寺近辺ニ罷在候者ハ御執行中自分ニ遠慮ト先達テ御触出

十三日　晴、十四日十五日十六日十七日十八日同、十九日廿日雨、廿一日廿二日二十三日廿四日晴、廿五日雨、廿六日廿七日廿八日廿九日晦日晴

十四日　御城中御帳附役姉崎太郎左衛門代、当廿一日ヨリ可相勤旨申談有之、右誓詞御横目所ヘ可罷出旨申来十五日出候処、再役ニ付、御前書拝見ニテ相済候事

付札　御横目ヘ

石川御門御普請就被仰付候、都テ河北御門往来ニ相成候、若火事之節右御門迄ニテ指支可申候間、火事之時分迄手寄之人々ハ土橋御門ヨリ致往来、従者等甚右衛門坂、御門坂下ニ残置可申候、西丁口ヨリ土橋御門ヘ相通候人々ハ御宮坂下ニ相残可申候、御宮坂・甚右衛門坂両御門ヨリ内ハ三之御丸御定之人数迄召連、土橋通罷出可申候、従者末々相残候処不作法無之、込合不申様相心得候様、夫々可被申談候事
四月

右当月廿五日ヨリ往来之筈、御城代安房守殿被仰聞候旨等、御横目廻状昨十三日出

是以後御在国中江戸表ヘ御歩並以上交代等ニテ罷越候節、御用状致伝附候間、発足前日、

吉徳女暢

重教室千間

長　連起

一、頭・支配人ヨリ拙者共迄申聞候様、夫々御申達候事

江戸表ヨリ帰候節、河村伝右衛門ヨリモ右同断

右之通志村五郎右衛門申聞候旨等、今十四日御横目廻状出

十五日　左之通被仰付

御持方頭　富永数馬代　御先手ヨリ　松尾縫殿

盗賊改方御用只今迄之通

御先手物頭　松尾縫殿代　祐仙院様附物頭並ヨリ　柘櫂一平太

寿光院様御用物頭並　村田八郎兵衛代　江戸御広式御用人ヨリ　原　仁右衛門

弐拾石御加増　先知都合百五十石　御表小将御番頭　関屋中務

指控　附廿日御免許

但今般御帰国ニ付、御土産物御用主付之処、年寄中ヘ之被下方ニ間違有之故ト

云々

同　日　粟ヶ崎ヘ為御行歩御出、御休所同所由右衛門

十七日　野田惣御廟ヘ御参詣

十八日　左之通

今日病死之処、未指控中ニ付、末期御礼無之、組頭長大隅守殿御見廻有之　佐々木兵庫

廿　日　左之通被仰付

斉敬（重教息）

教千代様御次番御大小将組ヘ被加
金谷御表小将ヨリ
今井又忠儀
表御納戸奉行
同奥御納戸奉行ヨリ
中村右膳
南御土蔵奉行
同御近習番ヨリ
寺西弥八郎
御書物奉行書写方兼帯
同奥御納戸奉行ヨリ
永井貢一郎
近藤作兵衛

廿一日 着到当番、此末記略、四人ニテ二日宛勤繰々、同役ハ**久田義兵衛・横地茂太郎・堀新左衛門**也

同　日 去十四日江戸発之便ニ左之通申来

付札　御横目へ

将軍宣下当十五日ニ付、御当日御殿向服之義表向相勤候人々、組頭ヨリ給仕御歩迄、服紗袷・布上下致着用候様、宝暦十年之振を以、夫々可被申談候事

四月

右**篠原織部**殿御申聞候段、且又右御当日ヨリ上様御事、将軍宣下御当日ヨリ**公方**様ト可奉称旨、大御目付衆ヨリ御書付相渡候条一統可申渡候旨、是又御申聞之由等御横目**今村三郎大夫**ヨリ廻状出

同　日 閉門等被仰付置候者、書出候様、御用番**安房守**殿御触出

但来月二日迄ニ可書出旨等前々之通ニ付略ス

附五月九日互見

廿二日　左之通被仰付

教千代様御用物頭並　組外御番頭ヨリ　河野弥次郎

備後守様御居所御用　組外　辰巳本右衛門

廿三日　去十五日将軍宣下相済候段、江戸ヨリ申来、左之通被仰付

将軍宣下相済候
御祝儀江戸御使　寄合　小塚織部

右相済候後、以上使御例之通
御拝領物有之候得ハ御礼使　組外御番頭　山崎茂兵衛

石川御門御普請方御用
河野弥次郎代　槻尾甚助

将軍宣下就御規式ニ付、江戸表ヘ下向之公家衆左之通

勅使　[1]久我前大納言　[2]油小路前大納言

院使　[3]難波前大納言　年頭御使相兼

大女院使　[4]千種宰相

女院使　[5]壬生宰相　表文方　[6]高倉大宰大弐　御身固　[7]土御門右衛門佐

御下向摂家　[8]二條右大将様

地下輩　[9]壬生官務　[10]押小路大外記　[11]青木中務大椽　[12]青木玄蕃大允　[13]山科但馬頭

斉敬（重教息）

前田利精（大聖寺藩六代）

1 久我信通卿
2 油小路隆前卿
3 難波宗城卿
4 千種有政
5 壬生基実卿
6 高倉永範
7 土御門泰栄
8 二条治孝卿
9 壬生敬義
10 押小路師武
11 青木宗岡
12 青木行興
13 山科行民

四月十三日　御年礼　十五日　将軍宣下　十六日　公家衆御饗応御能　十八日
御返答　廿日　紅葉山　廿一日　大名方勤御礼　廿二日　二日目御礼　廿三日　三日
目御礼　廿五日　御三家并国守へ御能　廿六日　上野御成　廿七日　三日目御能　晦
日　増上寺御成

五月二日　四日目御能　町人拝見　以上

就将軍宣下爲御名代京都へ之御使讃岐守様松平也、讃岐高松之主へ被仰付、依之判金百枚・御時服十・御馬壱疋御拝領并金十万両御拝借内壱万両ハ御家老大久保亀角当讃岐守様実御舎弟也、右讃岐守様今般御旅粧大ニ美々敷、御馬一疋之御入用金五百両計、御家中侍中馬壱疋入用金弐百両計、従者装束、徒ハ羽織嶋縮緬脚半、徒以上一統黒天鵞絨牡丹〆、御中道（ママ）具等八人持其外難尽書面、亀角ハ御行列終ニテ騎馬乗物等之左右侍三十人計歩之者・薙刀・立傘等五十人計召連、其次御医師五人

国々巡見御用被仰付

御使番　筑紫従太郎[1]　御小将組　大久保長十郎[2]　御書院番　堀　八郎右衛門[3]
同　朝比奈左近[4]　同　遠山又四郎[5]　同　大河内彦四郎[6]
同　池田雅次郎[7]　同　諏訪七左衛門[8]　同　細井隼人[9]
同　松本惣兵衛[10]　同　中根半兵衛[11]　同　山岡伝十郎[12]
同　小笠原主膳[13]　同　土屋忠次郎[14]　同　竹田吉十郎[15]

松平頼起（徳3 100頁）
1 筑紫干門（寛12 150頁）
2 大久保忠救（寛12 13頁）
3 堀　直安（寛12 374頁）
4 朝比奈良直（寛12 250頁）
5 遠山則幸（寛13 92頁）
6 大河内政寿（寛5 15頁）
7 池田政貞（寛5 66頁）
8 諏訪頼逵（寛6 185頁）
9 細井勝村（寛17 108頁）
10 松本忠明
11 中根正重（寛9 244頁）
12 山岡景満（寛17 367頁）
13 小笠原長知（寛3 411頁）
14 土屋利置（カ）（寛9 231頁）
15 竹田斯近（寛13 137頁）

同　**石尾七兵衛**[16]　同　**花房千五郎**[17]　同　**小浜平大夫**[18]
同　**藤沢弾正**[19]　同　**川口久助**[20]　同　**三枝十兵衛**[21]

右之内御領国へハ**従太郎殿・長十郎殿・八郎右衛門殿**御越之筈、右御用主付今月廿五日御馬廻頭**神尾伊兵衛**・御小将頭**多田逸角**へ被仰渡

附此次翌年九月五日、寛政元年二月廿三日互見

廿六日　左之通被仰付

聞番物頭並　**伴源太兵衛**代　御大小将御番頭ヨリ　**長瀬五郎右衛門**

御大小将御番頭　**天野伝大夫**代　御大小将ヨリ　**神保儀右衛門**

廿七日　去年八月廿一日・九月七日・十日記ニ有之通ニ候処、今日左之通被仰付、急度可被仰付処、非常之就御大赦ニ如斯被仰出、此次十月二日互見

五ヶ山へ流刑、於同所縮所へ被入置　**富田**《とだ》**彦左衛門**・**池田忠左衛門**

能州嶋へ流刑、配所へ被遣候迄牢揚屋へ被入置　**池田喜朔郎**

但**彦左衛門**実弟**富田**《とだ》**雅五郎**・いとこ**杉江兵助**指控御免許

廿八日　天徳院御参詣、同所両御廟へモ御参詣

教千代様春日社、夫ヨリ長谷観音へ御参詣　御馬廻組内作事奉行　**山内伊織**

役儀御免除

16 石尾氏封（寛13 369頁）
17 花房正域（寛2 208頁）
18 小浜隆紀（寛16 405頁）
19 藤沢輔正（寛22 42頁）
20 川口恒久（寛9 385頁）
21 三枝守苗（寛17 379頁）

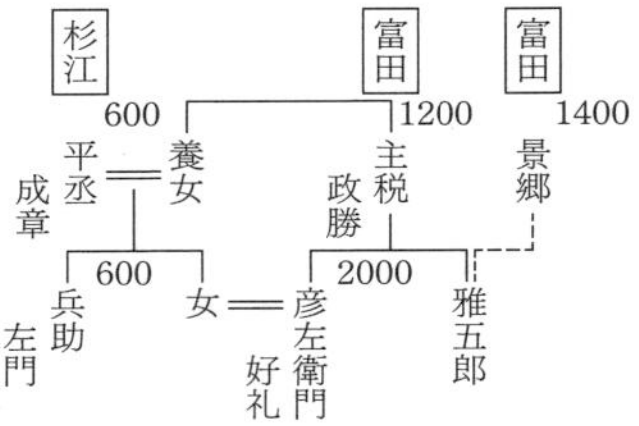

土屋泰直（寛2 192頁）
竹田政容（寛13 139頁）

下谷池之端の薬屋で綿袋丹という解毒万能薬を販売

『天明七年丁未五月米穀払底ニ付江戸騒動之次第』都立中央図書館蔵
『東京市史稿産業編31』

今月廿三日　於江戸上使御奏者番土屋能登守殿を以、為将軍宣下御祝儀、如御前例御拝領物御広式ヘモ御広式番頭竹田清次郎殿を以、如御先例御拝領

同月上旬以来、江戸表米直段等諸物以之外高貴ニ相成、五月廿日迄ニ至候テハ金壱歩ニ悪米三升、其後売買指支、江戸御屋敷詰人ヘハ当分深川御蔵米ニテ御扶持方相渡り、及飢ニ不申候得共、御門外江戸中町人等曁諸家モ大困窮言語ニ難述為体之由、且町方富家ヘハ何者共不知、押込家を毀ち等及狼藉候義所々ニ有之大騒動、且木綿旗ニ左之通記し、所々ニ建置之

天下之大老中を初、町奉行共其外諸役人共ニ至迄、米問屋ヘ一味致し、まいないを取、関八州之民を悩し、其罪ニよつて如斯押寄る、若徒党之者一人ニテモ被召捕、罪ニ行ふニおゐてハ大老中を初め町奉行諸役人共、生ヲ置事無之候、人数何程ニテモ指出可申、此義厭申間敷候、此上ハ成立候様取捌可申事

右之通文言ニテ木綿二幅之旗ニ拵候テ、浅草御蔵前小網町辻等所々ニ建置、廿日夜赤坂辺ヨリ初め江戸町中無残所米商売人并酒屋・味噌屋・菓子屋等食物商売人之分、且観学屋等ニ至迄、毀し大騒動ニ付、両町御奉行衆被出候得共、中々下知届不申、与力・同心等も余程過ち人出来、依テ町御奉行指控御達有之候得共、何等之被仰渡モ無之

右ニ付此方様御屋敷辻番増人拾人宛、足軽・小頭等御門前ヘ警固ニ罷出、町中ハ早拍子木・鐘・太鼓ニテ騒々敷事共ニ候事

右町御奉行衆呉服橋ヨリ出馬之処、裏之方ヨリ二千五百人計ニテ取廻し候体之由注進ニ付、無程屋敷ヘ被帰候由、凡二万五千人計鎖帷子・脚当等致し候者入交有之、八丁堀役人じつ（十

て(手)いを被奪取候者多く有之、騎馬与力堀へ被押込候者モ有之候由之事
右之通ニテ静り不申ニ付、段々取縮方被仰付、五月廿五日御先手[1]長谷川平蔵殿・[2]松平元(庄)右衛門殿・[3]安藤又兵衛殿・[4]河(野)村勝右衛門殿・[5]安部平吉殿・[6]柴田三左衛門殿・[7]小野次郎左衛門殿・[8]武藤庄兵衛殿・[9]奥村忠太郎殿・[10]鈴木弾正殿へ町方騒ヶ敷ニ付、組之者召連今日ヨリ相廻り狼藉者召捕、町奉行所へ可被相渡候、尤手ニ余り候者可為切捨旨被仰渡、其後少々静ニ相成、廿四日夕ヨリ夜へ懸、佐久間町ヨリ河岸之方打毀し候、廿日夜以来江戸町中木戸々々昼夜共打置、曁御本丸・西御丸も御堅め有之、尤モ升形々々モ御堅め有之、就中廿三日・廿四日御救方金弐万両出候由、一ヶ日分宛御払米商家ニテ縮り米等ニ被仰付、金壱両に米三斗替ニテ渡し候様被仰渡

一、此方様三御屋敷等芝御広式附等之詰人へハ前記ニモ有之通、深川御蔵米を以、飯米御渡候処、町方騒動ニ付舂搗等指支候故、御屋敷之内、明小屋之内ニテ諸色屋共罷越搗上、但深川ヨリ御屋敷迄路次之内警固、米積車一軸ニ足軽十五人・小者廿人・足軽小頭両人指副、白昼ニ牽来、将又御屋敷内へ諸商人一向参不申、皆々宅々ニ罷在、用心而已《のみ》ニ罷在候為体故ト云々

一、廿二日・三日頃ハ此方様御上屋敷会所モ右等之御用向共ニテ昼夜相建有之

一、廿四日ニハ此方様御用相勤候町人水野兵三郎モ家被打毀候

一、江戸町中打毀候軒数等大概あらまし左之通

今月廿日夜赤坂町ニテ十五軒、糀町ニテ米店・酒店等之類不残、中橋筋ヨリ浅草蔵前通蔵宿

1 宣以（寛14 96頁）
2 穏光（寛1 181頁）
3 正長（寛22 80頁）
4 通哲（寛10 209頁）
5 信富（寛6 193頁）
6 勝房（寛6 318頁）
7 忠喜（寛15 62頁）
8 安徴（寛14 7頁）
9 正明（寛20 322頁）
10 政賀（寛17 425頁）

・米店等不残、廿二日昼夜小網町・伊勢町米屋等不残、本郷一丁目米屋一ヶ所、同二丁目米屋一ヶ所、同三丁目米屋三ヶ所、同六丁目米屋三(カ)ヶ所、丸山ニテ同三ヶ所、同台町(ママ)ニテ同一ヶ所、小石川ニテ同四ヶ所、伝通院前ヨリ富坂町迄ニ五ヶ所、下餌指町ニテ七ヶ所、駒込辺米屋之分不残、巣鴨町之分同断、春木町三丁目三ヶ所、金助丁ニテハ一ヶ所、湯嶋天神前中坂下ヘ懸四ヶ所、同切通町米屋・酒屋壱ヶ所宛、池之端ヨリ中町通り三ヶ所、下谷六阿弥陀続三ヶ所、深川中丁辺米屋之分不残、本所辺ヘモ所々数多押込、或ハ打毀候得共、委く不知、谷中辺ヨリ千住駅迄米屋不残、掃部宿ヘ余程押込狼藉、其外芝・青山・品川駅等ヘモ押込打毀等多候得共、委細相知れ不申候事

右荒増見図り等如斯ト云々、是廿三日会所ヨリ聞合書之写也

一、右之通、今月上旬以来、米等過分之価、御屋敷詰人取続兼候ニ付、同月中旬御家老役**篠原織部**殿才判を以、壱人扶持ニ金一両弐分宛被下之候得共、中々行届不申、致不足取続兼候為体、江戸町軽き者共米求候処、鳥目百銅ニ米二合五勺之族、甚困窮及餓死候者夥敷挙テ難算、両国川等ヘ入水之者夥敷事ニ候処、廿日夜、何方ヨリ出候哉人数三万五千計麻布之方ヨリ出候テ前記之通、先最初ニ日本橋大米屋**万作屋**ト申米問屋ヘ押込、建具・道具等悉皆打毀、土蔵ヨリ米取出し、不残往来ヘ投出し置、人数分り候体ニテ赤坂小網町等前記之通打毀し、且食物商之外ニテモ**越後屋大丸**等之呉服屋大き成家ヘハ押込、右同断打毀し、廿二日ハ早朝ヨリ右人数三百人計宛ニ分り、前記之所々ヘ致手分毀ち歩行、前記之外ニモ有難成町家ヘハ押込打毀し夜終同断、依テ此方様御屋敷内も何となく騒ケ敷大御門番人・非番当

番詰切、因之罷在同御門柵之内へ女・童・老人等懸逃候者夥敷有之

△

一、江戸町中、頃日米売買方及騒動、諸米屋共入米指支候ニ付、深川御蔵米御引取、御屋敷之内、於明き御貸小屋ニ飯米入来候通、諸色屋共ヨリ是迄之通入米仕、夫々明後十四日ヨリ相渡、直段之義ハ深川御蔵米直段相極次第、人々入米高代金通之筈（カ）、六月御扶持方代渡次第諸色屋共へ相渡、諸色屋共ヨリ会所へ致上納候様申渡候、人々小屋々々へ受取候米高、当日ヨリ相増不申様諸色屋共へ申渡候間、此段諸頭・支配人等へ夫々早速被仰渡被下候様仕度旨、会所奉行**馬場孫三**ヨリ廿二日御家老**篠原織部**殿へ以紙面相達、則**織部**殿ヨリ御家中家来末々迄、右米搗場へ一向不罷越候様可申渡旨等之御添紙面を以、諸頭へ御申渡候事

但深川御払米直段高直至極、其通ニテハ諸人一統可為難渋ニ付、白米壱石百目宛之図りニテ渡候様、六月十六日被仰渡候事

一、右之通御屋敷詰人之分、深川御蔵米ニテ御渡、米ハ御救ニテ下直ニ候得共、米之外諸物等高直至極ニテ詰人一統難渋之体被聞召、八月十四日格別之趣を以、壱人扶持ニ金三歩宛被下之候旨、**織部**殿御申渡有之

丙午**五月**小　金沢御用番　**長　大隅守**殿

朔日　晴、二日巳ヨリ雨、三日昼ヨリ晴、四日如昨日、五日雨、六日晴、七日八日九日十日雨、十一日陰、十二日十三日十四日十五日十六日十七日十八日雨、十九日陰、廿日同、廿一日昼ヨリ雨、廿二日如昨日、廿三日晴、廿四日午ヨリ雨、廿五日晴、廿六日昼后雷鳴、

廿七日廿八日晴、廿九日雨

三　日　左之通被仰付

　　御馬廻　稲葉市郎左衛門
　　定番御馬廻　福田杢兵衛
　　与力　猪俣平蔵

　三人共不行状ニ付、閉門

御異風才許本役　御先手　御異風才許加人ヨリ　中嶋誠左衛門

兼役御免除　御持弓頭　兼御異風才許　松田清左衛門

九　日　左之人々、此節之義ニ付閉門等御免許被仰付

　　藤田兵部　小川八郎右衛門

御格之通、遠慮・閉門ハ御免許

　　野村伝兵衛　伊藤久左衛門

附　御咎之趣等去々年・

　　中黒覚次郎　小森貞右衛門

去年・今年互見

　　星野高九郎　小森次大夫
　　小谷吉郎大夫　青地斎宮
　　八嶋金蔵　寺嶋五郎兵衛　福岡瀬大夫

逼塞　前田四郎兵衛　明石数右衛門　渡辺采右衛門　奥泉幸助

遠慮　奥村湍兵衛　前田弥助　長屋要人　矢部友左衛門
　　安達弥兵衛　和田長助　高沢平次右衛門　津田吉兵衛
　　根来三九郎　横地理左衛門　永原貞五郎　進士武平

重教（十代）

斉敬（重教息）

1 二条治孝

2 二条家侍

指控　成田十郎左衛門　佐野団蔵

遠嶋御免許　高柳五郎左衛門

長三郎ヘ御預御免　御大小将坂倉長三郎伯父　志平

安永八年七月十三日ヨリ

外出留御免許　御鷹方御歩廣瀬兵左衛門二男　儀左衛門

翌十日ニ被仰渡

指控御免許　半井五郎左衛門

十一日・十二日　於宝円寺

泰雲院様御一周忌、来月御相当御取越御法会御執行有之、御奉行本多玄蕃助殿両日共御参詣、暫宛御聴聞、十二日野田御廟参モ被仰出置候処、雨天ニ付御延引、右之外前々之通、且昨（十一日也）夕方、教千代様御参詣

右ニ付諸稽古幷鳴物・諸殺生、十日ヨリ十二日迄遠慮触、其外御法事触前々之通有之ニ付留略ス

△

十五日　右就御法事ニ二條[1]様ヨリ御代香御使者野間伊賀守[2]御指下附御香奠金五百疋、御備納経同、去十日京都発足今日参着、翌十六日於宝円寺御代香相勤、依之御寺詰人御法事御奉行御家老役一人・寺社奉行。御奏者番一人・御大小将御番頭一人・同御横目一人・御香奠才許御大小将二人・御香奠取次御大小将二人・御仏前番御馬廻二人・御飾奉行一人・階下番御歩二人・同上足軽二人・下馬警固足軽小頭一人足軽五人、右之外御使者御用主付組頭武田喜左衛門・多田逸角五時揃ニテ四時過御寺宣旨（カ）、寺社奉行ヨリ旅宿ヘ案内

之上、御使番先乗仕、御馳走方御大小将富田左門・高田昌大夫跡騎馬ニテ罷越、御代香相勤之、御備物ハ御歩受取之、御大小将ヘ相渡之、伊賀守ハ御奏者番出向、書院ヘ誘引、御茶等出之、寺社奉行・御奏者番等出挨拶、畢テ御家老役罷出御口上承之、御法事御奉行玄蕃助殿モ被出挨拶、重テ寺社奉行出挨拶之上、御菓子・御吸物・御茶受・御濃茶・後御菓子出之、給事新番、右之内爲挨拶御家老衆・寺社奉行罷出附、御使者之間上之間指支候ニ付書院ヘ相通候事、御代香前御香奠等披露役御大小将長袴着用勤之、御仏前ヘ御使者誘引ハ御奏者番勤之、御代香相済直ニ退出、其節御法事御奉行御家老役・御奏者玄関階下迄送之、御使番敷附迄出向有之、山門迄回廊通誘引、直ニ先乗御馳走方御大小将是又山門迄送、最初之通跡乗、但中回廊いまた御法事後不取払其侭有之ニ付右之通也、且客殿ヘ就御位牌御遷座御番人モ相延候事

同　日　野間伊賀守旅宿ヘ御使者御大小将真田佐次(治)兵衛を以、白銀五枚・晒布三疋御目録被下之、翌十七日伊賀守旅宿発足罷帰候事

同　日　左之両人、御大小将ニ被仰付

六百石　二十一才　湯原友之助　信恭

五百石　三十六才　土方勘右衛門　栄氏

十六日　左之通被仰付

隠居料十五人扶持　蓑輪徳兵衛　改昌久

家督無相違三百五十石　　徳兵衛養子 同　猪三郎

徳兵衛儀大応院様御代以来数十年及極老候迄御近辺御用全情ニ入、貞実ニ相勤候ニ付、隠居・家督被仰付、猪三郎組外へ被加之

十八日　左之通被仰出

御近習御指除　御表向可相勤候　　御使番御近習奥取次兼帯 山路忠左衛門

廿一日　左之通被仰出

新知八拾石　御算用者小頭　　御算用者ヨリ 吉田七郎大夫
当分御預地方御用只今迄之通

段々被仰出候趣等令忘却候ニ付
役儀被指除　閉門被仰付　　御馬廻頭 奥村弥左衛門

右之通ニ候処、六月十日弥左衛門聟、御先手中川平膳御席へ御呼出、弥左衛門妾ハ弥左衛門舅御馬廻組伊藤彦兵衛数十年召仕候妾ニテ部屋直りモ申付置候故、彦兵衛病死後院号モ為附置候者ニ候処、弥左衛門宅へ呼越髪も為延内輪ニテ上並之会釈を以指置、此義ニ付、色々風説等有之今以宅ニ召置候由、早速追出候様、御用番被仰渡候事

△

喧嘩追懸者役　　六月朔日ヨリ　原田又右衛門
例之通原田ヨリ廻状出　　只今迄之通　中川平膳

廿五日　左之通志村五郎左衛門ヨリ申聞候旨等御横目廻状出

政隣

御親翰御請指上候時分、右御親翰上包紙并都テ披言上紙面上包紙、是又以後一様ニ不及、半枚ニテ包差上候様、夫々可申渡旨被仰出候、右之趣被仰出候条、一統不相洩様可被申談候事

未五月

都テ言上封物等料紙宜候間、以来随分粗紙相用候様被仰出候条、夫々ヘ可被申談候事

未五月

廿六日　御鷹野之振を以、宮腰ヘ為御行歩被為入、御休所**中山主計**、夫ヨリ浜ヘ御出、其節町之内ハ御供建之通、浜入口ニテ御供落し切、且又金沢町端ヨリ日笠御免ト御出前被仰出

丁未**六月**小　金沢御用番　**村井又兵衛**殿

朔　日　快天之処昼ヨリ微雨、二日三日快天、四日陰、五日六日晴、七日昼微雨、八日九日晴、十日雨、十一十二十三十四十五十六十七十八十九廿日廿一日晴、廿二日陰折々雨、廿三日廿四日晴、廿五日大雨昼ヨリ晴、頃日山夕立雨、廿六日晴、廿七日雨、廿八日巳ヨリ晴、終日降晴不定、廿九日快天

同　日　四時頃御次ヘ御用有之候間可罷出旨、**志村五郎左衛門**被申聞候由、昨日当番御番頭中ヨリ来書ニ付、則罷出候処、去御在府等御人少之処、何も入情相勤候旨被聞召、依之左之通拝領被仰付

五郎丸布　三疋　御目録　**津田権平**
八講布　三疋宛　御目録

政隣

丹羽六郎左衛門　吉田茂兵衛　人見吉左衛門
羽田伝左衛門　阿部波江　中川丹次郎
堀　勘兵衛　中村半左衛門　田辺善大夫
不破直記　石黒彦大夫　冨田左門
岡嶋左平太　佐藤八郎左衛門　喜多岡善左衛門
斎藤忠大夫　成田勘左衛門　茨木六丞
古屋三左衛門　渡辺治兵衛　氏家九左衛門

同ニ疋宛
御目録

右志村五郎左衛門演述、御目録被相渡之、御礼ハ同詰組頭・御番頭・身当組頭・御番頭ヘ相勤、且田辺等詰延ニテ在江戸之人々ハ江戸ヘ申送有之、於同所拝領

同　日　今度御帰国御道中歩御供、無懈怠相勤候人々ヘ御例之通、布類・金銀夫々拝領被仰付、御大小将ヘハ八講布二疋宛被下之

二　日　自分儀御用有之候条四時過二之御丸ヘ可罷出旨、昨日御用番村井又兵衛殿依封御紙面、則四時頃致登城候処、追付被為召御前ヘ候段、又兵衛殿於御席被仰聞、九時前御居間書院ヘ御出ニ付、又兵衛殿御誘引ニテ罷出候処、御意之趣左之通

大小将番頭申付ル　同役申談可相勤

奉畏候段御請申上、又兵衛殿ヘ向、結構ニ被仰付難有仕合奉存候段御礼申述候処、則被申上其節御礼仕退出之処、御格之通肩衣懸候テ御席ヘ出候様、御横目永原半左衛門申聞、則出候処、長瀬五郎左衛門代被仰付候、御役料御格之通百五十石被下候段、以御題紙又兵衛

殿被仰渡、但従御城直ニ為御普為聴又兵衛殿御宅并御小将頭中・同役中ヘ罷越候事

一、自分之外、左之通被仰付、但尤毛利ハ於御席又兵衛殿被仰渡

御小将頭　溝口舎人代　　御先手兼御用人ヨリ　中村九兵衛

坊主頭　御役料三十石　　御歩小頭ヨリ　毛利市右衛門　改貞融

三日　今明日為見習、二之御丸溜ヘ四時ヨリ八時迄相詰、五日ヨリ同役五人繰々昼夜一人宛之詰番勤之、時々記略

四日　左之通、於御前被仰渡

町奉行　吉田故九兵衛代　　御持頭兼盗賊改方御用ヨリ　松尾縫殿

御先筒頭　中村九兵衛代
当分盗賊改方兼帯　　御大小将横目ヨリ　山崎彦右衛門

左之人々、御用番并御家老衆被仰渡

御用人兼帯　　御先筒頭ヨリ　佐久間与左衛門

御歩小頭　新知百石被下之　　御歩横目ヨリ　藤井清大夫

与力跡十人被召出

同日　九半時御供揃ニテ土清水ヘ御行歩、但雨天ニ付御延引

去二日被仰付、前洩爰ニ記之

新知八十石被下、御細工者小頭被

仰付、兼芸料三人扶持ハ其侭被下置　御細工者ヨリ　山本十兵衛

七日　左之通被仰付

御歩小頭　新知百石　御歩横目ヨリ　木村次大夫　改惣兵衛

八日　宝円寺・天徳院ヘ俊姫[1]様御参詣、九日宝円寺ヘ藤姫[2]様御参詣

九日　左之通被仰付

魚津町奉行　伊藤権五郎

両人共不応
思召ニ付役儀被指除　能州御郡奉行　進士斎宮

今年五月廿五日江戸発之早飛脚今月二日金沢着、御用所ヘ江戸御用所ヨリ申来候趣左之通

大坂御弓奉行武藤市進言上書灸伝、毎月左之通可致事、仙伝之由

三里灸数　男ハ　朔日左九右八　二日左十一右九　三日拾一宛　四日左十右十一　五日左九右十
六日左右九宛　七日左九右八　八日八宛

同　女ハ　朔日右九左八　二日右十一左九　三日拾一宛　四日右十一左十　五日右十左九
六日九宛　七日右九左八　八日八宛

右毎月朔日ヨリ八日迄、右之通すヘ候得ハ諸病不煩第一無病長寿也、是今年百八歳ニ成者之伝授ニテ、余り珍敷稀有之者也

1 治脩室
2 重教女

武藤玄光（寛22 234頁）

斉敬（重教息）

子犬・小さい犬

河内国石川郡古市村年齢百八歳　百姓仁右衛門 当時改了清

耳・眼・歯共丈夫ニテ代々百廿歳位迄之長寿也

右了清祖先ヨリ五代相続仕候、当了清義大坂迄八里余御座候処、長日之頃ハ今以日帰ニ歩行仕候、了清三男大坂境筋石川屋利右衛門ト申、春米致し罷在、今年七十九歳ニ相成候、此者モ右灸治仕、若き者ニ増り米春申候、一類不残右灸治仕候テ何モ丈夫ニ無病長寿ニテ御座候由申聞候、右利右衛門米春候処、見届之并了清ヘモ面談仕候テ伝授書上之申候、以上

五月十一日　武藤市進

十一日　是以後教千代様御寺御参詣之刻、御先立・御着御同事、両組頭相勤候様被仰出

矮狗　黒ぶち　赤ぶち

△ 右御用ニ候間、御家中之人々之内所持之者有之候ハ先其段頭・支配人ヨリ拙者共迄直ニ申越、指出候義ハ其上ニテ可申談候間、右之趣無急度向寄々々ニ可有御申談候、尤所持無之者ハ分テ不及案内事、附七月二日毛何色ニテモ不苦段等、重テ同廻状出、右横浜善左衛門等申談之旨、御横目廻状有之

△ 物頭以上月並経書講釈日ニ罷出候砌、願紙面等指出候故一時ニ相成、彼是相混指支候間、以来ハ其日ニ相当り指懸り候義ハ格別、左モ無之義ハ右講釈日ニ願紙面等指出候義指控候様、夫々可被申談候事、右今月十日御用番被仰聞候旨等、御横目廻状出

同日　左之通

表向相勤候様被仰出　金谷奥御納戸奉行 佐々木誠善 御大小将組

徳川家重

1 治脩生母夏
2 重教

斉敬（重教息）

十二日　於如来寺、惇信院様廿七日回御忌御法会御執行、依之四半時御供揃御装束ニテ御参詣、御奉行本多玄蕃助殿、其外前々之通

右ニ付御家中普請・鳴物等不及遠慮、能・囃子押立候振舞等ハ御法事中自分ニ遠慮、但役者等稽古ハ不苦候、乍然御寺近辺之者ハ遠慮可仕旨等、其外御法事徇（ふれ）前々之通

同　日　八時御供揃ニテ宝円寺ヘ御参詣、同所ニテ寿清院[1]様御廟・泰雲院[2]様野田御廟ヘモ御参詣、八半時前御出暮六時前御帰、但如来寺御供之節ハ御歩以上布上下、重テ之節ハ常服、附自分当役ニテ今日始テ御供ニ罷出候事

教千代様宝円寺ヘ御参詣

十三日　左之通被仰付

不応思召儀共就有之、役儀被指除、御加増知千石被召上、人持末席ヘ被加之、津田外記上ニ列居　若年寄人持組　原　弾正

思召有之、役儀被指除　御歩頭　村田助三

役儀御免除、元組定番御馬廻ヘ被指加　町同心　上村八左衛門

役儀御免除　宮腰御塩才許　小泉万兵衛

十五日　役儀之御礼被仰付候条、五時過登城可仕旨、昨日御用番依御紙面則登城、於桧垣之御間御礼申上、青銅百疋献上之奏者永井七郎右衛門、畢テ年寄中・御家老中加判之御面々御

利精（大聖寺藩六代）

宅へ御礼廻勤之事

廿日 暑御尋之宿次御奉書、去十三日江戸発今昼到来、御請使御馬廻頭渡辺主馬へ被仰渡、

廿二日発、附八月廿日金沢へ帰着

廿一日 旅人体之者、香林坊橋制札之下へ左之狂歌投込

直くなるや麒麟の出るを待つだいら（松平）

加賀のかみから下の賑ひ

廿四日 左之通被仰付

加州御郡奉行本役　加入ヨリ　井上勘右衛門

会所奉行本役　同断　高嶺久左衛門

割場奉行本役　同断　嶺　四郎左衛門

廿五日 左之通被仰付

御大小将横目　山崎彦右衛門代　御大小将ヨリ　水越仙次郎　改八郎左衛門

魚津町奉行　御馬廻組　上木金左衛門

能州御郡奉行　但備後守様御居所御用ヨリ　同　金森弥二郎

昨廿四日 被仰付

御勝手方御用　会所奉行兼帯　源助事　井上三大夫　先頃名替之事

廿七日 同断

兼役御免除　　外作事奉行内作事兼 **岩田平左衛門**
役儀被指除　　内作事奉行 **笠間源太兵衛**

廿八日 就御改法当分役料不被下段、去年被仰渡置候頭分ヘ是以後前々之通可被下旨被仰出候段、夫々御呼出御用番被仰渡

廿九日 来月**自分**御用番ニ付、今月御用番**庄田要人**ヨリ帳面等夫々被送越請取候事、但是以後一月宛繰々ニ付、時々記略

今月五日 八時ヨリ同役内寄合、十四日九時ヨリ本寄合、十八日御小将頭中寄合、九時ヨリ出座
宿替々例月同断ニ付、是以後記略
但尤御小将頭中寄合宿ハ御小将頭中代々被致候事

△
万石以上・以下末々ニ至迄、常々応分限可成程ハ倹約を用、勝手向取乱不申、御奉公出情相勤候心懸専要ニ候、倹約を相守候とて知行高相応の人馬・武器等不相嗜義ハ有之間敷候事
一、文武忠孝ハ前々ヨリ御條目等第一之事ニ候得ハ別テ心懸可申義ニ候、若き面々ハ平日武芸等モ随分出情可致候、乱舞其外ハ畢竟慰之筋ニ候得ハ程能相用可然候、専ニ致候テハ自然ト武道薄可相成候間、其処ニ心懸用候様可致候、右之通被仰出候間、無怠慢可被心懸候
右之趣向々ヘ可被相触候
六月

1水野忠友（寛6 58頁）
2松平忠郷（寛1 170頁）

前田直方

水野出羽守[1]殿御渡之御書付写壱通、相達候間被得其意、答之義ハ松平対馬守[2]方へ可被申聞候

六月十八日　　大目付

御名殿　留守居中

右今月（空白）□日於江戸篠原織部殿御渡之条、御横目廻状出、附八月廿八日互見

今月廿八日　左之御覚書御用番御渡候条御横目廻状出

付札　御横目へ

諸役人新ニ被仰付、名改候様被仰出候義モ有之候、誓詞仕役柄之者ハ名相改候上ニテ誓詞血判為致可申候、依之先御前書拝見為致置、名替之義奉願度者ハ早速為相願、無左者之義ハ名替可被仰付哉ト相伺可申旨、去々年十二月被仰渡置候得共、向後ハ其義ニ不及、最前之通相心得候様被仰出候条、此段一統不相洩様可被申談候事

丁未六月

戊申七月大　　金沢御用番　前田土佐守殿

朔　日　二日三日四日五日六日七日八日九日十日陰晴交、十一日十二日雨、十三日十四日晴、十五日雨、十六日十七日十八日晴陰交、十九日雨、廿日廿一日廿二日廿三日廿四日廿五日廿六日廿七日廿八日廿九日晦日晴陰交、折々山夕立ハアリ

同　日　左之通被仰付

奥村河内守[2]
減知高五千石無相違被返下、人持組頭
暨加判最前之通、月番ハ当時教千代様[1]
御用主附就被仰付置候、当分御用捨
　附本文之趣御横目廻状出

御馬奉行　本多采女
御奏者番　前田左衛門
同　横山大膳
三人共新知千石宛被下之
但采女義御奏者番ニ被仰付、御馬奉
行ハ御免除

御表小将　横山引馬
御大小将　前田牽次郎
二人共新知五百石宛被下之

御匕医　内藤宗安
新知弐百石　只今迄之三十人扶持ハ被指除之

同日　八時御供揃ニテ土清水辺御行歩、暮過御帰

四日　左之通、跡目等被仰付

七百五十石　九兵衛せかれ　吉田左大夫
千三十石　数馬末期養子実弟　富永靭負
四百五十石　権大夫せかれ　坂井権九郎
百七十石　九大夫嫡子　寺西六郎左衛門
二百石　平大夫せかれ　田辺平左衛門
三百石　助左衛門末期養子実弟　鈴木助三郎

1斉敬（重教息）
2奥村尚寛

山森八左衛門二男

二百石ノ三ノ一 六十石　権左衛門末期養子 山東久次郎
五百石ノ三ノ一 百六十石　次郎兵衛せかれ 太田兵之助
四百五十石　太郎左衛門末期養子実弟 加藤直次郎
同　善大夫せかれ 内藤甚左衛門
三百石　弥右衛門嫡子 得田牛之助
同　甚左衛門養子 鶴見織人
二百五十石　太左衛門嫡子 奥田儀右衛門
二百石　彦左衛門養子 玉木弥五八
同　長大夫養子 山根与三次郎
同　円右衛門養子 中村善之丞
同　庄大夫末期養子実野村順九郎弟 一色安次郎
同　勘大夫養子 三浦重蔵
同　次右衛門せかれ 木村平太郎
二百石ノ三ノ一 六十石　勝右衛門末期養子 今村乙三郎
百八十石　彦右衛門嫡子 小沢才之助
同　恒大夫三男 安田三次郎
百五十石　次郎左衛門せかれ 山口右仲
百二十石　兵馬嫡子 廣瀬孫助

百石
十人扶持
三百石
二百石
百八十石
百石
同
五人扶持
百石之跡
五拾俵　御歩ニ被召出
八十石
百八十石
百二十石
百二十石之三ノ一
四十石
九十石
百十石
百三十石
　残知左之通
三百四十石　先知都合五百石

弥三左衛門嫡子
浅野弥左衛門
織江せかれ
江口三郎右衛門
武兵衛末期養子
宮井伝兵衛
多大夫末期養子
寺西喜三郎
坪光百助
伝大夫せかれ
今村又七
戸左衛門養子
中嶋七郎
玄竹末期養子
能勢求伯
御歩小頭
源太左衛門嫡子
松沢忠次郎
伊左衛門せかれ
岩崎半次郎
本組与力
武平次嫡子
前田平助
同
嘉大夫せかれ
江口直助
久右衛門せかれ
藤田和次郎
八郎大夫養子
山崎半助
御鷹方御歩
四郎左衛門養子
丹羽伴吾郎
金十郎末期養子
出口直四郎
岡田徳三郎

三百石　先知都合四百五十石　小野木鉄十郎
百二十石　先知都合百七十石　斉藤長太郎
七十石　先知都合百石　兼田徳三郎
百石　先知都合百五十石　嶋田孝三郎

五日　左之通
御大小将組表御納戸奉行　大場宇右衛門　源次郎養子
源次郎義数十年役義等実体相勤候ニ付、為御褒美格別之趣を以、養子宇右衛門義新番御歩ニ被召出、御宛行御格之通被下之
右宇右衛門義御近習番加人被仰付候事

六日　縁組・養子等諸願被仰出、且病身ニ付願之通左之人々役儀御免除被仰付
御小将頭本保孫八郎　御先手大嶋三郎左衛門　御先手園田一兵衛

同日　前田兵部家来近習相勤候山本平蔵ト申者三十才、女ハ二十才昨夜下笠舞村領於宮之内ニ兼テ馴染合候女不義之趣有之、憤ニ依テ右女之横腹ヨリ指通、五臓等不残取出し殺候テ平蔵義帰宅之処、同居之実兄六組御歩木村久左衛門血付候衣類等を見付、一類共申談相尋候処、右之族申顕、同七日検使有之公事場ヘ相渡、牢揚屋ヘ入、追テ禁牢
右ニ付、御歩久左衛門指控之義、御歩頭ヨリ御用番ヘ相伺、先自分指控、頭ヨリ申渡置候処、同十日指控罷在候様御用番被御渡、此次九月廿八日互見

七日　奥村河内守殿再任等之御礼、跡目等之御礼、被為請、且左之通被仰付

斉敬（重教息）

前田直方

教千代様附御歩頭
御先手物頭
教千代様御用只今迄之通
　　　　　　　　　教千代様御用物頭並ヨリ　神田吉左衛門
　　　　　　　　　定番御馬廻御番頭ヨリ　池田与左衛門

十一日　宝円寺へ御参詣

十四日　左之通被仰付

若年寄兼帯　　　　　御家老役　前田図書
若年寄　　　　　　　寺社奉行ヨリ　横山又五郎
寺社奉行　　　　　　公事場奉行ヨリ　不破彦三
公事場奉行　　　　　御奏者番ヨリ　大野木舎人
新知六十石被下御算用者小頭並ニ
被仰付年寄衆執筆只今迄之通　　御算用者ヨリ　原篠喜兵衛

十五日　野田御廟参御供人揃之処、雨天ニ付御延引被仰出

△稲ニ花付実入相成候ニ付、当月十六日ヨリ九月晦日迄、石川・河北両郡御家中鷹野致遠慮候様仕度旨、改作奉行申聞候条、此段被仰渡候様ニト奉存候事、以上
七月四日　　江守平馬
前田土佐守様
右鷹預置候家来等ヘモ急度申渡候様等、土佐守殿御廻状今月十三日出

利精（大聖寺藩六代）
政隣
利物（大聖寺藩七代）

廿　日　左之通被仰付
　　御用人兼帯　　御先手物頭　村田甚右衛門
　　備後守様御居所御用ハ御免
廿二日　自分御役料知仮所附渡、於越中戸出入・水橋入也
廿三日　左之通被仰付
　　御馬奉行　　御大小将ヨリ　丹羽六郎左衛門
廿六日　美濃守様御登城御対顔、御料理相済御鈴通御広式ヘ御通無程御退去、為御礼雁木坂ヨ
リ御立戻、委曲別冊諸御作法書之内ニ有之互見
廿七日　左之通被仰付
　　御小将頭　本保孫八郎代　　御持弓頭兼金谷御広式御用ヨリ　大屋武右衛門
　　御先筒頭　園田一（平）兵衛代　　物頭並ヨリ　水野次郎大夫
　　教千代様御用御免除
　　組外御番頭　河野弥次郎代　　定番御馬廻御番頭ヨリ　安井左大夫
　　定番御馬廻御番頭　池田与左衛門代　　宮腰町奉行ヨリ　野村次郎兵衛
　　御呼出之処当病ニ付不罷出　　境奉行ヨリ　野村与三兵衛
　　宮腰町奉行　　新川御郡奉行ヨリ　高畠五郎兵衛

横山隆従
吉徳（六代）側室流瀬
前田直方
徳川家治

今月（空白）□**日**　御年寄衆御連印以奉書、左之通被仰付、同月廿九日江戸到来、且御用人**松田清左衛門**参着次第発足、罷帰候様被仰渡

御馬廻頭　**奥村弥左衛門**代　　御用人本役御鎗奉行ヨリ　**今井甚兵衛**

右**弥左衛門**ヘハ用意出来次第発足、江戸表ヘ罷越、**今井甚兵衛**ト交代可仕旨、今月廿日被仰渡、但**甚兵衛**九月三日金沢帰着

己酉**八月**　小　　御用番**横山山城**殿　十日ヨリ**本多玄蕃助**殿

朔日　二日三日陰、四日五日六日雨、七日晴、八日雨、九日十日晴、十一日雨、十二日陰、十三日十四日雨、十五日十六日十七日十八日陰、十九日晴、廿日雨、廿一日辰ヨリ晴、廿二日廿三日廿四日晴、廿五日雨、廿六日陰、廿七日雨、廿八日昼ヨリ雨、廿九日晴

三日　於実成寺、**実成院**様廿七回御忌御法事御執行、昨日御参詣被仰出、今日御供人揃候上、御延引

右之節普請・鳴物遠慮ニ不及候、併実成寺近辺ニ罷在候者ハ御法事御執行之内、自分ニ指控可申旨等御用番**土佐守**殿被仰渡候旨、前月廿六日御横目廻状出

七日　左之通被仰付

公事場御横目　**小川隼太**代　　御大小将組　**久田義兵衛**

八日　於神護寺、附、昨七日惣見分有之**浚明院**様御位牌御供養有之、火之番御大小将**平岡次郎三郎**・**渡辺治兵衛**、御歩**服部又助**・**菅野栄助**、足軽両人、右揃刻限卯之刻ヨリ詰人御用主

政隣

1斉敬（重教息）
2利久（富山藩七代）
3利與（富山藩六代）

付村井又兵衛殿・寺社奉行・御用人・御横目・会所奉行・割場奉行・坊主頭二人宛・年寄衆執筆
二人・寺社方取次与力・御歩横目一人・坊主小頭一人
坊主暨右火之番御大小将等、附昨七日惣見分有之
一、御仏前御飾等御寺引請ニ相成候ニ付、右奉行等御用無之事
一、右詰人頭分以上長袴、平士以下半上下着用之事
一、右ニ付、御寺門前へ不明門・甚右衛門坂往来昨七日ヨリ指留、甚右衛門坂御門御用懸り之面々ハ昨七日迄相通、御供養御法事中ハ諸役懸之面々たり共指留、七拾間御長屋御門御番人之外、金谷御殿并御広式御用等ニテ不明門罷通候者ハ、御番人承届相通候筈之旨等、今月五日又兵衛殿被仰聞候段、御横目廻状出

同　日　於実検之御間、月並経書講釈有之、自分今朝就当番聴聞、但今日初テ致聴聞候ニ付、御近習頭羽田源大夫を以、御礼申上候事、附此後聴聞ト記略ス

十　日　左之通被仰付

教千代[1]様附御大小将御番頭　御奥小将横目ヨリ　柘櫃儀大夫

同　日　於江戸、出雲守[2]様御気色御滞之処、就御指重、従淡路守[3]様御隠居也早打御使御小将組栂野権太左衛門を以為御知被仰進、巳中刻到着、依之従此方様御見廻之早打御使御大小将三宅平大夫へ於御席被仰渡、白銀五枚・御目録御用番御渡之拝領、御使書モ御渡、追付従御城直ニ未五刻発出、附此次廿五日互見
但小払金御定之通七十両御貸渡也、且御指重ト有之候得共、被及御大切至極ニ候由云々

利久（富山藩七代）
利與（富山藩六代）

一、**出雲守**様去七日御卒去之旨、従**淡路守**様為御知之早打御使御小将組**進藤左源太**翌十一日未二刻金沢着、依之御家中一統普請・鳴物・諸殺生、明後十三日迄三日遠慮ト御用番ヨリ御触出

十二日　宝円寺御参詣

十四日　左之通被仰付

兼役方不念之趣有之指控　御歩頭兼御用人 **遠藤両左衛門**

但九月四日御免許

十五日　左之通被仰付

定番御馬廻御番頭　**安井左大夫**代　境奉行ヨリ **野村与三兵衛**

十六日　同断

新川御郡奉行加人　御馬廻組 **篠原権五郎**

十七日　八時之御供揃ニテ為御行歩、犀川上於縁淵御歩水練御覧、**教千代**様モ御同道御出、御歩頭御用番**篠嶋平左衛門**罷越、御帰七半時之事

昨十六日　今度**出雲守**様就御卒去ニ、富山ヘ之御使御使番**永原佐六郎**ヘ道中指急御使被仰渡、同日発出十九日罷帰、**淡路守**様ヘ為御悔江戸ヘ之御使御馬廻組**栂喜右衛門**ヘ被仰渡、去十三日発出、前洩爰ニ記ス

十八日　公辺ヘ御召米之義ニ付、当御留守詰聞番**高田新左衛門**・**坂野忠兵衛**義、於殿中御時服二宛拝領ニ付為御礼被指出候江戸ヘ之御使御馬廻組**矢部友右衛門**ヘ今日被仰渡、明後廿日

福光・石動産の麻織物

重教（十代）

発足之筈、但御用米相止候得共、御用立候同様、其上骨折候ニ付被下候段被仰渡ト云々

同　日　左之通、於御横目所披見

今般菱御櫓御普請出来ニ付、当廿二日御祝被仰付、御普請懸之人々其外二之御丸詰合之面々一統御吸物等頂戴被仰付候条、被得其意夫々可被申談候事

八月十八日

右ニ付廿二日御城向一統布上下着用、但頂戴之刻迄布上下着用ト御横目中ヨリ重テ申談有之候事、明日中頂戴人数書御台所ヘ指出候様、御横目中申談候事

廿二日　前記之通ニ付、御普請懸り之人々并詰合之人々、御吸物・御酒等正月十九日御鏡直御雑煮頂戴之振を以、夫々頂戴、御礼御台所奉行ヘ申述、且又左之御用懸之人々左之通拝領物被仰付、御意之趣御城代**安房守**殿御演述、御目録御渡之、御作事奉行以下ヘハ御目録ハ御用人相渡之

泰雲院様被仰付置候菱御櫓何モ情ニ入相勤宜敷出来、御喜悦被思召候、依テ御目録之通被下之候

晒布三疋・白銀五枚・御目録　**岡田太郎左衛門**

晒布三疋　同　御作事奉行 **河野弥次郎**

晒布二疋宛　御目録　**岩田内蔵助**　**脇田源左衛門**　**寺西十左衛門**

八講布二疋宛　御目録　御作事横目 **小塚斎宮**　**中村九郎右衛門**

外療→外科

内作事奉行 不破与兵衛
当時六月廿七日之通、外作事奉行也
平左衛門事 岩田平兵衛
在江戸ニ付名代長田庄大夫
寺内吉大夫
外作事奉行 小篠善兵衛

御医師等四人ヘ之御意之趣ハ尤
少々相違有之筈ニ候
一、御歩並以上御酒・御吸物・ふかし・御取肴被下之、足軽以下ヘハ赤飯被下之候事
但頭分以上ヘハ御取肴・巻鯣、平士以下ヘハ裂鯣之事

在遠所ニ付名代大野平助 副田左次馬
小判壱両　御目録　御医師 関　玄迪
金三百疋　同　不破瑞允
同二百疋　同　御外科 今井元昌
同断　同　御針医 矢田周伯
主付御大工 羽田与三右衛門
小判三両宛　松波源右衛門
笹田弥助

同壱両宛　西田丈助
山上善五郎
白銀一枚宛　御大工頭 清水次左衛門
同 清水多四郎
同三百疋宛　主付御壁塗 堀越吉左衛門
堀内吉左衛門
金七百疋　棟梁大工日帳役
加人之者壱人
同二百疋宛　主付 御扶持方大工壱人
大工肝煎四人
同 塗壁壱人
木挽肝煎一人

金百疋宛
同 棟梁大工二人
主付 屋根棟梁一人
同 留書棟梁一人

同断
御扶持方大工
日帳役一人
同断大工小屋
縮方二人
同 大工壱人
同 壁塗一人

鳥目五百文宛
小遣小者四人

金三百疋宛
御手木足軽 伊藤弥左衛門
同 沢辺円大夫

同二百疋
唐御門番人ヨリ御普
請所入口縮兼帯
足軽四人

鳥目五百文宛
岡田太郎左衛門等手先 小遣小者二人
御作事奉行渡
小遣役小者三人
御普請所釜小屋
火之番役小者四人

白銀一枚
やね棟梁一人
大梁肝煎一人
日用頭一人
左官棟梁一人
岡田太郎左衛門等手先 相勤候定番御歩 高橋宅左衛門

金二百疋
同断 松田又右衛門

同断 宛
同断留書 足軽二人

同百疋宛
御普請所見廻 御横目足軽六人
岡田太郎左衛門等 手先取次足軽二人

利與（富山藩六代）

徳川家重

廿五日　前記十日ニ有之通、三宅平大夫道中無異義、十五日辰刻江戸参着御使相勤、翌十六日午上刻発足之処、道中川々満水等ニテ二日半日遅留、今日午之中刻帰着直ニ登城、御次御席等ヘ詰合御小将頭大屋武左衛門誘引、御使書等上之、且於江戸帰道中ハ少々指急候様御用人申談之由也、将又従淡路守様白銀三枚被下之候旨之事

廿六日　左之通被仰付

定番御馬廻御番頭　一木与右衛門代
改作方御用只今迄之通兼帯
改作奉行ヨリ
江守助左衛門

廿八日　前記六月廿九日ニ有之、万石以上・以下末々ニ至迄倹約等之義ニ付テ之、公儀触、今日

△　於金沢モ長大隅守殿・本多安房守殿ヨリ御廻文出、諸組ヘ触渡夫々ヨリ有之

今月上旬ヨリ御算用場奉行生駒右膳・御勝手方改作兼岡田是助本役御留守居物頭・安井左大夫本役組外御番頭都合三人、毎日昼頃ヨリ夕七半時頃迄御次ヘ相詰、御内御用相勤、尤其訳不相知候事、但生駒等ヨリ伺之上右之通ト云々

金小判壱両宛
御城使御歩
中村甚蔵
浅野三郎左衛門
北川嘉蔵

右之人々前月十三日惇信院様御法事之節、御香奠ニ指添罷越候処、於途中大風雨ニ相成、衣類等濡損致難義候旨格別願之趣ニ付被下之候

徳川家治

1重教女
2斉広（十二代幼名）

右之通被下候条、可被申渡候事
未七月

右六月十三日於江戸、増上寺ヘ罷越候節之義也、頭長作兵衛ヨリ相願置候処、前月廿七日別紙之通被下候段、江戸詰御家老篠原織部殿御申渡之旨申来候由承ニ付記之

庚戌九月大　　御用番　横山山城殿

朔日　二日晴、三日昼后ヨリ雨、四日五日雨、六日晴、七日雨、八日陰、九日十日十一日十二日陰雨、十三日十四日十五日十六日十七日十八日十九日陰晴交、廿日雨昼ヨリ晴、廿一日晴、廿二日廿三日廿四日雨、廿五日晴、廿六日雨、廿七日廿八日陰晴交、廿九日晦日晴

同日　就御風気、御表ヘ御出無御座候事

八日　於神護寺浚明院様御一周忌御法会御執行御奉行村井又兵衛殿、右ニ付御装束ニテ御参詣被仰出、御供人熨斗目等ニテ揃、且御延引被仰出

但御飾奉行等御大小将姉崎太郎左衛門・渡辺治兵衛、寺中火之番并披露役相兼佐藤八郎左衛門・阿部波江・前田牽次郎・中孫十郎、其外御歩等小役懸名前略之

△右之節御家中普請・鳴物ハ不及遠慮、能・囃子押立候振廻ハ御法事中自分ニ遠慮等之義、前月廿日又兵衛殿御廻状出、前々公儀御法事之節御触同断ニ付略ス

十日　六半時御供揃ニテ為御行歩春日山ヘ藤姫[1]様・亀万千[2]殿被為入、且神主方ヘ御立寄、暮頃御帰

吉徳女

利久（富山藩七代）

保科容頌室

十二日　宝円寺へ御参詣

十三日　左之通申談有之

金銀小払奉行十月朔日ヨリ　森久五郎　阿部波江

平田磯（次）五郎代　中村半左衛門

十八日　左之通被仰付

境奉行　御馬廻組八百石　青木多門

十九日　同断

不応思召義有之ニ付御大小将組　野口左平次

被指除元組へ御返、但御馬廻組也

今月七日　於江戸御年寄衆御連印　□（空白）月□（空白）日奉書を以左之通被仰付

祐仙院様附物頭並　池田左兵衛代

五十石御加増先知都合百五十石　祐仙院様附御用人ヨリ　加須屋団右衛門

廿　日　来年御参勤御時節為御伺、公辺へ之御使御馬廻組黒坂直記今日金沢発

廿二日　故出雲守様御中陰御法事之節、為御代香富山へ之御使先達テ御馬廻頭武田喜左衛門へ御内証被仰渡有之候処、御僉儀之趣有之、御用無之旨今日喜左衛門へ被仰渡、右為代今日人持末席津田外記へ被仰渡、来月朔日発出

廿五日　左之通被仰付

松寿院様附御用人　千羽重五郎

直幸（寛12 303頁）

廿八日　前記七月六日ニ有之前田兵部家来山本平蔵、昨廿七日於公事場斬罪被仰付右依落着、
御歩木村久左衛門等指控今日御免許、依テ久左衛門等忌中御番引致し候事

今月(空白)日　御大老井伊掃部頭殿、願之通役儀御免許、御手自御刀被下之公義就御代替、御法令
被仰出候、御請使御先手岡田友左衛門ヘ今廿八日被仰渡、来月七日発足之筈、右御使御用
相済、同役詰人長谷川三右衛門ト交代、直ニ江戸詰被仰付

辛亥十月大

御用番　前田大炊殿

朔日　晴、二日雨、三日四日晴、五日雨、六日七日八日九日十日十一日十二日晴夜ハ折々雨
也、十三日雨、十四日晴、十五日午ヨリ風雨霰、十六日初雪、十七日風雨雪、十八日晴、
十九日風雨、廿日廿一日晴、廿二日廿三日雨雪、廿四日晴、廿五日廿六日雨、廿七日廿八
日廿九日快晴、頃日長閑也、春気候也

同日　左之通被仰付

当春以来烈敷相勤候ニ付
今日於御次染物二反拝領

表御納戸奉行　御大小将組
大場源次郎

右源次郎外同役ヘモ同様拝領之由

二日　前記四月廿七日記ニ有之通ニ候処、今日富田彦左衛門・池田喜朔郎夫々配所ヘ被遣之、
但池田忠左衛門ハ先頃牢死之事

徳川家治女

五　日　天徳院ヘ御参詣、御供人揃之上御延引被仰出

十　日　左之通

組外御書物奉行ヨリ　**永井貢一郎**
同奥御納戸奉行加人ヨリ　**小杉喜左衛門**

両人共奥御納戸奉行本役
就被仰付候、御大小将組へ被加之

十二日　宝円寺ヘ御参詣、但石川御門御普請中ニ付、金谷御門ヨリ御出之処、仙石町御大小将**吉田孫右衛門**居宅御見通ニ候処、御通行之義遅く承、門為縮不申迷惑候段、頭**松原元右衛門**ヘ申達候ニ付、**元右衛門**ヨリ御用番**大炊**殿ヘ相達候処、追テ被及御指図候旨、先自分ニ為指控置候様被仰聞、則申渡有之、委曲従**大炊**殿被達御聴候処、不被及御貪着段被仰出候段被仰渡、則其旨申渡有之、附、他組ニテモ右同町辺三ヶ所同様之趣有之

十五日　左之通被仰付

丹羽武次郎　**辻　小十郎**
由比陸大夫　**中村右源太**

四人共御表小将

但四人共只今迄御大小将組ニテ御表小将勤方也

千羽昌大夫

五拾石御加増　先知都合百五十石、御表小将

但只今迄組外ニテ御表小将勤方配膳役也

十六日　定番御馬廻御番頭**有賀甚兵衛**ヘ今日**種姫**君様御婚礼御祝義之御使御内証被仰渡、発足等之義ハ追テ江戸ヨリ申来次第可被仰渡筈也

十九日　朝六時過、天徳院表門通ニ罷在候**山崎庄兵衛**役小者宅ヨリ出火、烈風ニテ如来寺表門

迄類焼、町家等十六軒類焼、右ニ付御用番大炊殿ヨリ、奉書火消奥村左京・奥村監物・松平源次郎ヘ被仰渡候奉書使御歩両人宛持参之、返答之趣前々之通、御歩・御歩頭御用番篠嶋平左衛門、御席ヘ誘引之直ニ為申述有之、附、以前ハ御歩御席ニテ御用番ヘ返答申述候節、脇指取候得共僉議有之、伺被仰出之上□(空白)年□(空白)月□(空白)日ヨリ帯刀之侭申述候事ニ相成候由也、
右火事五時頃鎮火

廿六日　左之通被仰付

人持組出銀奉行　七十六才
永原将監　改閑栄

将監儀、及極老候迄実体ニ相勤候ニ付隠居被仰付、知行高弐千五百石之内五百石被下之、せかれ主税ヘ弐千石被下之、家督相続、
但三百五十石与力知

同
主税　改大学

廿九日　左之人々、今日御大小将ニ被仰付、翌晦日御請登城

千石　篠原与四郎　篤行
六百石　前田作次郎　直福
四百五十石　坂井権九郎　直(正)

三百石　前波小太郎　景之
同　笠間他一郎　政方
同　宮井伝兵衛　信義
二百五十石　青木左仲　定保

土山孝之（田沼家臣）

二百石　**三浦重蔵**　**賢善**

晦　日　左之通被仰渡、夫々申渡有之

△来月上納人足賃銀一作御用捨之段被仰出候条被得其意、組・支配之人々へ可被申渡候、組等之内才許有之面々ハ其支配へモ相達候様被申聞、尤同役中可有伝達候事、右之趣可被得其意候、以上

十月晦日　**前田大炊**

今月二日　左之通被仰渡、但去年閏十月五日ニ有之通、当時領知三万七千石之内弐万七千石ハ御取揚、一万石ハ嫡孫**龍助**へ被下之、父子共下邸ニ慎可罷在旨等左之通、附御勘定組頭**土山宗十郎**前月上旬出奔之処、召捕糺明ニ付、**田沼**積悪一々露顕、依之今般左之通重テ被仰出候由云々

田沼主殿頭

其方儀、勤役中不正之取計共有之段、追々達御聴重々不埒之至ニ被思召候、御先代御病気中達御聴御沙汰之趣モ有之候ニ付、弐万七千石御取上、隠居被仰付、下屋敷へ罷越致蟄居、急度慎可罷在候

田沼龍助

其方儀祖父**主殿頭**、勤役中不正之義共有之候ニ付、隠居被仰付、致蟄居急度慎可罷在旨被仰付候、**主殿頭**儀御先代之御宥恕之御旨モ有之ニ付、其方へ為家督壱万

『田沼時代』（辻善之助著）に「二十六ヶ条の罪」として以下掲載
（　）脇註は右資料による

石被下置、遠州相良之城地被召上指控可罷在候
右知行高三万七千石之処、右之通被仰付、仍テ城請取御用、御旗本衆両人ヘ被仰渡、在番ハ岡部美濃守殿ヘ被仰渡、且又左之通委曲之被仰渡モ有之

田沼主殿頭

申渡

其方儀、積年御側近相勤格別蒙御懇意、抜群之御恩を以、返（追）々結構之身分ニ候得ハせめてハ寸志（忠）を建、御学文を御勧申上、何卒御政事御自親（身）被為知召、以後ハ御先代御同様之御成立（長）ニモ被為在、上下一統御仁徳を奉感候様、如何様ニモ心付、諸事御伝教可申上候処、左無して御読書之義ハ勿論本朝古来之義士・勇士・忠臣諫争之議論等ニ拘り候義ハ、御側向ヨリ不申上様厳敷制禁申付、譬ハ小児同様ニ御仕立申、御政事筋ハ夢計ニモ御存知不被遊、天然之御物好計ニテ世の中ハいつまても大富とのみ被思召、御物好之所ヨリモ阿諛を以付入、追々巧智を巡し、近年推挙進途之権家ハ皆々其方親類之者計ニテ其方召仕之妾を願望之媒となし、度々登城為仕、殊ニ数日逗留、其節ハ莫太（大）之金帛相贈、内外之親睦を結ひ置候義、人口をモ不顧致方ニ候、其上せかれ事ハ御奉公之年功モ無之処、右之巧智を以、若年寄ニ経上り、是又才徳有之ハ、無余義事ニ候得共、闇愚之生質ニテ諸家之金銀宝物を貪り取、既ニ佐野之為ニ遂狂死候程之悪行恥辱無此上事ニ候処、其節モ愁傷恐懼之顔色少モ無之、公然たる勤方、絶言語甚以人情遠き様子ニ候、其以前より年々権勢募り、誠ニ天下之御政務其方一人ニ帰し候ニ随ひ、惣テ倹約ト申名目を立、御

膳部ヨリ始め御召物其外一切之御用不残、代金のみ相拘り、自然ト粗薄ニ相成、是等ハ誠以冥加、恐敷儀ニ候、偖倹約ト申ハ聖人之大徳ニテ宜敷事ニ候得共、上たる御一人又ハ親之身たる者之上ニテ、兎角君親たる人之行之儀ニテ、臣子之者ヨリ君親たる人之爲ニ行ひ候道ニテ無之、其上誠之倹約ト申仕方ニテ無之、吝嗇之筋ニ候得ハ下々ヨリ自然ト上を奉恨候様ニ成行候、此段文盲故倹ト吝ト表裏之義不相分、御政道大害無此上事ニ候、夫故追従之諸役人吝嗇之筋を倹約ト心得、下之痛ニ成候テモ上ヘ御利益附候得ハ諸事無遠慮興行して、尤姦智之者共近年吝嗇之筋ヨリ立身仕、諸大夫ニ至り候人モ有之候、是等ハ民之膏《あぶら》を絞り、上之御仁徳を損候テ不忠不義可申様無之次第ニ候、吝嗇之筋より御代々御伝来之御武器等年々睚ト御手入も不仕、見分之所上直し仕置候得ハ、実ニ御用ニモ不相立御品数多有之候、是等ハ其懸りにて、心得有之諸役人ハ平生各歎息を堪居候事ニ候

一、十ヶ所之火消屋敷ハ、火事之節御手当ニハ乍申、其実ハ御深慮之有之事ニテ御大切之御役屋敷ニテ候、然処御倹約ト申名目ニテ十五年以前辰年大火以後、別テ御普請粗末、時々御修覆モ無之、近年ハ壁モ落候テ外ヨリ内迄様子見透候所モ有之候事

一、伊勢天照太神之御社ハ二十五ヶ年目ニハ新ニ御造営有之来候処、度々之願候テモ取上不申旨、伝通院ハ御先祖様格別御由緒之御寺ニテ候処、近年及破損候ニ付度々願出候得共、是又取上不申捨置候、御宮柄御寺柄故、賄賂金指出候義無之故、聞届モ不仕、追々大破ニ相成候、此外相准候義多有之候得共、右二ヶ所ハ重き義ニ候得ハ、何等之御用指置候テモ第一御普請無之テハ不叶事ニ候処、秋毫モ心頭ニ不留候得ハ自然ト上之御徳輝モ薄く成行候事

1 上総の幕府牧場の地
2 良く茂っていること
3 清くて広い平地
4 ペルシャ

一、其方屋敷内之義、同席ト違、格別美麗を尽し、衣食并翫器木石ニ至迄、天下無比類結構、居間釘隠し等ハ金銀之無垢ニテ作り、是又銀座之者ヨリ賄賂ニテ相贈候由、是等ニ准し候義、其余一々挙るニ不遑候、木挽町屋敷ハ唐木造りニ致し候座敷有之、物見座敷前通之堀、御用ニ託し、浚申付、浜町屋敷ハ三方之堀、是又御用ニ託し、浚申付、其上類焼後間モ無之、以前ヨリ格別之再造営申付、火災後御家人初一統夥敷及難儀候処、眼前ニ能々乍存之、歎をモ不顧、自分一人之娯楽を極候義、役柄不相応之心得ニ候、其身ハ勿論召仕候妾自由自在之驕奢、家来重立候者共、栄耀権勢日々超過ニ至り、甚非理・非法を以、公法を破り候事間々有之候、上之御威光年々衰へ、其方一人之権勢日々盛ニ相成、譬ハ上様ハ万事御倹約而已ニテ、其方初家来之者迄モ莫太（大）之奢り相極候事如何相心得候哉
附、諸大名官位之義ハ、奉達天聴モ有之至テ重き儀ニ候処、金銀賄賂候得ハ容易ニ取扱世話仕候義有之、尤溜之間席之義ハ、補佐之御役ニテ時ニ取候テハ重き御政事ニモ相加り候得ハ、雖為其家柄若年又ハ行跡不正之人ハ、其用捨可有之処、金銀致賄賂候得ハ、其撰も不仕、差別無之事
一、家柄之諸侯金紋之義、賄賂金ニテ取持、彼是取繕願之通被仰付候上、又々被指留之義、全其方一存之取計ニテ金銀ニ迷候致方顕然ニ候
一、嶺岡[1]之義ハ良蔭[2]の清洨[3]、岩石之地ニテ御先々代様御深慮ニテハルシヤ[4]馬御取寄、厚御世話被遊候御牧場ニテ年々繁昌之処、是又山師共賄賂金を以御為御益ト申名目ニ泥み、樹木を伐出し候ゆへ、日蔭薄く清流汚候テ牧馬多及死失候事

一、近年御用金ト申名目ニテ、呉服所ヨリ諸大名ヘ御貸附金有之候、尤御金ハ呉服御用金之内ニテ其利分を以年々御召物之御金ト相成候由、仮令御倹約ニ相成候テ御為トハ乍申、御貸附金之利足を以、御召呉服料ニ相補候義、鄙劣之至、言語同断之事ニ候、其上右御貸付之名目ニテ、諸権門家中金銀儲居候者共モ指加り、畢竟上之御威光ニテ、元利無滞取立、損金無之様ニト姦商之巧ニはまり、上之御徳を汚し候事

一、近年町人共ヘ御貸付金之義ニ付、種々姦曲等之義有之、其上預り候町人共、殊之外難義及迷惑候事

一、金座之義ハ、御由緒モ有之候得共、元来町家之事ニ候得ハ、家業柄ト申平生曽テ帯刀ニハ不及義ニ候処、是又賄賂を以、取持平生帯刀ニテ相勤候様相成候、依之御家人惣テ信服不仕候事

一、百姓・町人帯刀ハ、至テ重き御制度ニテ、古来ヨリ人数モ相定り候処、為指義モ無之を、兎角申立候得ハ、為御褒美御免被下候テ可相済候処、帯刀御免被仰付候ハ金銀賄賂ヨリ相調候事

一、御用達町人共之内、家業柄又ハ御由緒モ有之者共、年来知行并御扶持方等被下之、拝領屋敷等有之者共ハ格別ニ候得共、身元慥ト申計ニテ中奥御用達之者之内、火事場并道中帯刀之義、賄賂金指出願候得ハ取持候事

一、於殿中、熨斗目着用之義ハ、雖為御家人不容易儀之処、御用達町人共之内、是又賄賂金指出候得ハ取持御免被仰付候、尤是ハ一統之御用達ニ候得共、一同可被仰付候処、一人又ハ二三人ニ限り候儀、全賄賂金ニテ相調候事顕然明白事

四文銭の寛永通宝、明和5年に日本初の真鍮製

二朱銀貨、明和9年発行、初ての金貨単位の計数銀貨、8枚で金1両

鋳物銑鉄

一般的には文字銭（ぶんじせん）

一、波銭之義ハ、近年目方別テ軽く相成、依之通用之位年々相減候、是等ハ最初ヨリ姦猾之者深考ニテ真実之深智無之故、諸人之難儀衰微ニ相成候義、心附不申当分賄賂金ニ迷ひ候事

一、南鐐之儀ハ、表ニ八片を以、小判一両ニ換ト申銘有之候得共、全体姦猾之者巧故性分不宜、只今ニテハ弥怪敷相成、中々八片ニテ一両ニ換不申候、是又上ヨリ下を御欺き被遊候ニ相当り、畢竟賄賂金ニテ御為御益ト申筋ヨリ行はれ候得ハ、後代ハ衰微之階ト相成、其上近年通用之新銭ハ全体銑《ズク》具ニ泥土を交候故、通用之内、何程砕け捨り候義不相知候、寛永通宝ト申大切之文字をすへ文銭同様ニ通用被仰付候義全く御威光ニテ、下を御欺被遊候道理ニテ、無理至極ニ候得共、是又賄賂金ニテ相調候事

一、御曲輪内屋敷等、地面広く出張候普請有之并火除地俄ニ屋敷出来候儀、賄賂金指出候得ハ近年願之通被仰付候事

一、中橋広小路之義ハ古来ヨリ火除地ニテ、其上通用のため先年御堀迄掘割之義被仰付、御内吟味モ被仰付有之候処、近年御用達町人共ヨリ賄賂金指出候テ願候得ハ、追々拝領被仰付候事

一、浅草御蔵米火除地格別之御用地ニ候得共、近年町家之者共ヘ売渡被仰出候、全其方賄賂金ニテ相調候事、右数ヶ條之儀ハ畢竟金銀を貪り候ため、上之御制度并御用地権威を以売物ニ仕候ニ当り、其罪深重ニ候

一、駿遠参之三ヶ国ハ、御閑閑之地ニ付、如交代相勤候場所ニ候処、近年御役望之分ハ、在所ニ罷在候テハ、御役替之間ニ不合候故、金銀を以賄賂、大方ハ在所ヘ不罷越、病気と申立致

滞府候故、右三ヶ国相守候諸侯至テ相減候、是等ハ従古来大切之国々ニテ候処、閑空之事、如何相心得候哉、畢竟賄賂金ニ迷ひ候より諸御規定混乱ニ相成候事

一、近年諸国産鉄之儀ニ付、大坂表鉄座被仰付候砌、賄賂金指出願候分ハ、鉄座之外ヘ売出候様相成候事

一、九州辺ニテ近年川境争論有之、已ニ双方重立候役人出府有之程之儀ニ候、此等最初賄賂金取候テ偏頗被取計より事起り候事

一、其方家来**湖**(潮)**田典膳**奴僕、先年神田橋御門番所ニテ夜中狼藉之節、任権威無法之取捌ニテ、**稲葉**家来当番之重役、不調法ニ相成、列座之諸侯及憤怒候事

一、近年不学粗術之医者共賄賂金指出候得ハ容易ニ御目見被仰付候、此等ハ重々不届候、第一司命之職ニ候得ハ、御撰モ有之筈ニ候処、其処ニ不心付甚不実之至、就中其方妾之宿元医師右内縁を以、奥医師ニ被召出候儀、世上一統及嘲哢(弄)候事、是又上之格禄、伺(任カ)権威相奪ニモ当り候事

一、其方御加増之采知拝領之砌、近隣又ハ遠境ニテ、諸侯累年領来候膏腴之良田を引替候故、従来困窮之諸侯弥以及難儀候、依之其方ヘ含遺恨之義、数多有之事

一、八丈島産物之義、多年問屋有之前金指遣、所々ニテ数人渡世出来候、然処此度上より新規ニ御買上之役所相建候、依之是迄問屋共ヨリ指出置候前金、皆々損失ニ相成、家業ニ放れ、及困窮候、其上以後ハ、御役人之働ニテ、定テ長崎ニテ、唐船荷物御買上同様ニ、可相成事、如観掌中候、江戸問屋共之家業を奪候ハ乱世之基ニ可相成候事、古来其証拠有之

候故、八丈嶋之者共後来ハ直段引合申間敷候得ハ無是非、沖中ニテ抜売仕候義忽然ニ候、其節公法を以、罪科被仰付候儀も可有之候、是等ハ全下之金銀を御しほり被成候筋ニテ、聚斂《しゅうれん》ト申物ニ候、聚斂之臣あらむよりハ、寧《むしろ》盗臣あれとの聖語、不慎より之取計ニテ、苛政虎より恐しとハ、今世の事を申たる也、金銀之賄賂請候テ、彼是筋モ無之、権威を以取計候ニ付、家来重役之者共是又金銀私慾ニ公法を破り候故、夫を見習ひ、諸役人始、軽役人下々迄、万事取計、一人之私慾より一天下之士情を失ひ、只今ニてハ武士之義理廃り果候て、金銀を集め、身不相応之驕奢を極候を、能事と人々相心得居候様ニ相成候、自然と悪敷風俗ニ押移候義、其元限ハ其方壱人之大罪不可遁候

一、**原宗兵衛**企之一件取行ひ候ハ、誠以天下之乱亡たる事必然、其外上州絹相場、無人嶋、蝦夷、印旛泥（沼）之事、不及御沙汰候事

以上、　附此次翌年七月廿八日互見

今月十五日於江戸、御城使相勤在江戸之御歩**中村甚蔵**儀、早速御国へ罷帰候様可申渡旨、**篠原織部**殿御歩頭**長作兵衛**へ就御申渡ニ、則**作兵衛**小屋へ呼出申渡、翌十六日朝江戸発之処、旅中荒気色ニテ於所々逗留、同廿九日夕金沢帰着ニ付、御用番**篠嶋平左衛門**ヨリ慎之義、以小頭申渡置有之、翌晦日御用番**大炊**殿へ**平左衛門**ヨリ以紙面御達申候処、同日左之通被仰付候段被仰渡、但**甚蔵**儀七月廿八日御門出仕及深更罷帰候ニ付、則頭**作兵衛**ヨリ**織部**殿へ委曲御達申候処、病気トハ申なから及深更帰候間、追テ及指図候迄自分指控可申渡旨御申聞、則申渡置候処如本文

御歩　**中村甚蔵**

右**甚蔵**儀於江戸表、当七月廿八日九時前致御門外、堀之内妙法寺ヘ致参詣候処、途中ニテ煩出、四ツ谷新宿手前茶屋ヘ入致保養、夜中九半時頃御屋敷ヘ罷帰候ニ付、前後之様子委細相尋口上書被指出候、遠方ヘ罷越候ニハ刻限モ遅く御座候得共、長日之事故堀之内ヘ罷越候と有之候、七月下旬ハ次第ニ短日ニ向候時節ニ候得ハ、長日トハ難申可有之候、惣テ致御門外候テハ七時過ニハ可罷帰筈之義ニ候得ハ、遠方ヘ罷越候テハ道程之心付モ有之、御門外刻限之心得モ可有之義ニ候、且又茶屋ニ罷在候内、人足等ニテモ相雇、早速御屋敷ヘ可致案内処、腹痛致難儀、其義心付不申内少々快方ニ罷成、雇人之義モ致才覚候得共、相調不申旨等口上書之趣、始終不都合ニ相聞、不埒之至ニ候、依之御切米拾俵御減少、定番御歩ヘ被指加、逼塞被仰付候条、此段可被申渡候事

未十月

今月(空白)□**日**　左之趣於江戸、**織部**殿御申渡之旨等御横目廻状出

大目付ヘ

近来御役人之家来ト申、何之訳合モ無之、理不尽ニ人々姓名相糺、彼是権威を振又ハ喧嘩等無体之義致候類、押買代銭不相払類モ有之由相聞候、以来右体之者有之候ハ其者之姓名并主人之名承之、夫々被申達相糺候様可致候、尤不慥様子之者ハ弥先方家来紛無之候ハ其屋敷ヘ附随ひ参相糺、追テ可申出候、右体胡乱成者有之候ハ捕置、武士ニ候ハ頭・支配ヘ不及申達候、達次第捕方之者可指遣候、町方ニ候ハ早速町奉行所ヘ召連可出候、尤其段町奉

松井康福（寛6 327頁）

本多正行

行ヘモ申渡置候、右之通可被相触候、以上

七月

右松平周防守殿御渡候旨等、九月晦日大目付御廻状出

壬子十一月小　　御用番　本多安房守殿

朔　日　二日三日四日五日六日雨雪交、七日晴、八日雨、九日晴、十日雨、十一日雪積三寸余、十二日十三日雪、十四日晴、十五日十六日十七日十八日雪積尺余也、十九日微雪、廿日廿一日廿二日晴、廿三日廿四日雨、廿五日微雪、廿六日陰、廿七日雨、廿八日晴

同　日　就御風気ニ御表ヘ御出不被遊

三　日　左之通、御城代村井又兵衛殿被仰聞候旨等、御横目廻状出

付札　御横目ヘ

石川御門等御普請就被仰付候、往来指留置候処、御普請出来いたし候ニ付、当月十四日九ツ時過ヨリ往来指支不申候条、一統不相洩候様可被申談候、且亦右御普請中、若火事之節手寄之人々ハ土橋御門ヨリ致往来候様申渡置候得共、右同日ヨリ前々之通相心得候様、是又夫々可被申談候事

十一月三日

六　日　左之通被仰付

隠居料十五人扶持　　絹川弥市兵衛 改恵休

前田直方

政隣

家督無相違三百石　只今迄之御宛
行ハ被指除之　　　　　　　　　　同　右衛門

弥市兵衛儀、馬術達者ニテ数十年御用ニ相立、其上御師範モ申上候処、及老年候ニ付如斯
隠居・家督被仰付
附弥市兵衛今年七十才、団右衛門只今迄新番組御馬役也

十二日　宝円寺へ御参詣

十五日　左之通被仰付

来春御参勤御供　　　　　　　　前田土佐守
　　　　　　　　寺社奉行ヨリ　西尾隼人
　　　　　　　　公事場奉行ヨリ　織田主税
　　　　　　　　御奏者番ヨリ　前田左衛門
教千代様御用三人へ被仰付

右四人共、於御前被仰渡

十八日　五半時頃、才川々上覚源寺前ニ罷在候本多頼母殿家来硎善兵衛宅ヨリ出火、町家一軒
類焼四時前鎮火

十九日　左之通、土佐守殿被仰渡

来春御参勤御供組共
御道中奉行・御行列奉行兼帯　　御小将頭　多田逸角

右ニ付自分御横目并御大小将中モ順番之通御供被召連候段、多田氏ヨリ廻状有之

廿二日　左之通被仰付

来春御参勤御供

会所奉行　田辺五郎左衛門

割場奉行　九里平丞

斉敬（重教息）

二十三日　左之通被仰付

教千代様御近習ニ被召出

衣類代年中金三十五両宛被下之

人持組松平源次郎弟　松平安之助　改康十郎

廿五日　左之通被仰付

御膳奉行　御大小将組ヘ被加之

組外御番人ヨリ最前御勝手方等相勤　大田弥兵衛

廿六日　左之通被仰付

表御納戸奉行

御大小将組　戸田五左衛門

今月廿四日　安芸守[1]様御隠居・但馬守[2]様御卒去之旨、十二月十五日申来、依之普請ハ同日一日、諸殺生・鳴物ハ十七日迄三日遠慮之旨、同月御用番長大隅守殿御廻状出、右ニ付御国許安芸広島ヘ御悔之御使御馬廻組伊藤権佐ヘ被仰渡十六日発足、依テ小払金百五十両御貸渡、御代香同所ヘ之御使御馬廻頭不破和平ヘ被仰渡廿日発出、依之小払金三百五十両御貸渡、白銀十五枚拝領被仰付、且御香奠為裁許広島ヘ罷越候御歩中村新助万端和平請指図可相勤旨、御歩頭御用番河地才記申渡ヘ於彼地致着用候小袖壱・麻上下壱具拝領、小払（カ）金二拾五両御貸渡、但罷帰候上余分返上之筈、代銀図ニテ受取、右三人共尤中勘御扶持方代等請取之、此次翌年二月十八日互見

1浅野重晟（寛5 344頁）
2浅野宗恒（寛5 344頁）

癸丑十二月大　御用番　長　大隅守殿

朔日　二日快天、三日四日雨雪、五日晴、六日午ヨリ雨、七日折々微雨、八日快天、九日十日十一日十二日十三日十四日雨雪、十五日陰、十六日十七日十八日十九日廿日廿一日雪、「（空白）」廿三日晴、廿四日廿五日雪、廿六日晴夕方ヨリ雪、廿七日午ヨリ雪、廿八日廿九日晦日雪降

同日　左之通被仰付

御先筒頭兼御用人ヨリ　佐久間与左衛門
御持筒頭　松尾縫殿代
兼役只今迄之通

御表小将御番頭ヨリ　堀　三郎兵衛
御持弓頭　大屋武右衛門代
御近習只今迄之通

定番御馬廻御番頭ヨリ　野村次郎兵衛
御先筒頭　佐久間与左衛門代
当分盗賊改方御用兼帯

御近習御使番ヨリ　窪田左平
御表小将御番頭

御表小将ヨリ　勝尾吉左衛門
御使番　御近習只今迄之通

（御先手当分盗賊改方御用兼務）　山崎彦右衛門
兼役　御免除

病身依願役儀御免除

金谷御広式
御用物頭並
山崎次郎兵衛

新知百石被下　組外被仰付

新番組ヨリ
中宮半兵衛

奥御納戸奉行加人只今迄之通

二日　於柳之御間、御目通人持頭分御判・御印物ハ頂戴被仰付、但自分儀モ御役料知之御印物頂戴都合百三人始奥村左京終永原閑栄仕候事、翌三日モ御表小将ヨリ定番御馬廻組迄、四日モ組外・寺社奉行支配・御広式附御用人・御射手・御異風・町同心・御厩方・新番御歩・三十人頭・御医師・坊主頭・諸小頭・本組与力迄頂戴被仰付候事、右御礼勤ハ御年寄等加判之御面々并身当頭廻勤之事

六日　左之通被仰付

御近習番

教千代様御使番ヨリ
今井又忠儀

八日　左之通被仰付

来春御参勤御道中奉行并御行列奉行兼

御用人本役御持筒頭
佐久間与左衛門

御道中御近習騎馬、今月十五日被仰渡

御歩頭
河内才記

大組頭
久世平助

御先手
団　多大夫

順番之通、詰被仰渡

御大小将御番頭
伊藤甚左衛門

一、御近習　最初永原半左衛門へ被仰渡候処、今月
廿三日甚八郎へ御供も被仰渡　　同 御横目 前田甚八郎
御道中御近習騎馬、翌九日被仰渡　　御台所奉行 富田勝右衛門
御用部屋組頭並 横浜善左衛門　御小将頭 松原元右衛門　御奥小将御番頭 河内山久大夫　御表小将御番頭 窪田左平
御使番 久能吉大夫　御使番 勝尾吉左衛門　御奥小将横目 樫田折之助　御参勤御供被仰付

一、御表小将丹羽武次郎　村　為大　高山表五郎　中村才兵衛　中村右源太
林　平二郎　山口新蔵　加藤嘉孟　千羽昌大夫　同断御供被仰付

一、御居間方有沢惣蔵　田辺曽兵衛　吉田八左衛門　山崎郁賑　石黒嘉左衛門
牧　八百七　竹内吉八　広瀬多喜右衛門　同断御供被仰付

九日　同断

一、御近習番今井叉忠義　萩原又六　田辺吉兵衛　今村吉兵衛　沢村甚右衛門
池田半次　御参勤御供被仰付

一、御右筆　武市郎左衛門　桜井新八郎　同断

一、御膳奉行大田弥兵衛　奥御納戸奉行加人中宮半兵衛　同断

十一日　三十人頭吉田忠大夫　右同断

一、前月廿九日江戸発之町飛脚来着、左之通申来
十一月廿七日　種姫姫様御婚礼ニ付、御邸御門留之事

徳川家斉室

同日ヨリ

茂姫君様御儀、姫君様ト相唱可申事

十二日　宝円寺ヘ御参詣

来年頭御規式中披露役加人御大小将真田佐治兵衛・津田吉十郎ヘ申渡

十八日　左之通被仰付、御医師ニ被召出

新知弐百石　本多安房守医師　百五十石　松田紹安

同　百三十石　横山山城医師　六十石　中村随安

同　日　同断并前月十八日橋爪御門当番御馬廻遠慮、三ノ御丸当番御馬廻指控、石川御門当番与力指控、足軽共追込、是半左衛門等之塗笠見咎不申ニ付テ之御咎也、此次翌年二月廿三日・六月九日互見

付札　井上勘助ヘ　永原半左衛門

半左衛門儀、前月十八日犀川々上新町覚源寺前出火之節、火事所ヨリ直ニ致登城候処、頻ニ雪降候ニ付、御城中塗笠致着用候義、役筋不心得之至ニ候、第一家来若党火事帽子致着用候義ハ一向有之間敷義ニ候、剰右様之義を可相糺役筋ニ候得ハ、猶更心得モ可有之事ニ候、且又右之趣遮テ頭迄可申達処、其儀モ無之重々不埒之至、役筋令忘却候ト思召候、依之役儀被指除、遠慮被仰付候旨被仰出候条、此段可被申渡候事

十二月十八日

付札　多田逸角ヘ　水越八郎左衛門

御書立之趣、右半左衛門同断

付札　中村九兵衛へ　　小原惣左衛門

惣左衛門儀、前月十八日犀川々上新町覚源寺前出火之節、火事所ヨリ直ニ致登城候処、頻ニ雪降候ニ付、御城中往来塗笠致着用候段、役筋不心得之至ニ候、急度御咎可被仰付候得共、此度之儀ハ御用捨被成候、以来之儀厳重ニ相心得候様可申渡旨被仰出候条、此段可被申渡候事

十二月十八日

右夫々へ御城代本多安房守殿御渡、半左衛門頭井上ハ在江戸ニ付、堀平馬相組也・松原元右衛門へ御渡、同組御番頭伊藤甚左衛門立会、元右衛門申渡之、八郎左衛門へハ堀平馬・自分立会、頭逸角申渡之、御請紙面取立判形見届有之、惣左衛門へハ立会無之、九兵衛壱人ニテ申渡、御請判形取立有之、但今日定日寄合宿堀平馬宅ニ付、於同所夫々申渡有之

十九日　御城御煤払御規式、御例之通

廿一日　来年頭御松囃子内間仕《ましきり》申談、同役一統登城、廿八日御表小将・御大小将打合間仕ニ付、昼ヨリ御小将頭中并御番頭双方一統登城

廿二日　跡目、左之通被仰付并隠居家督同断

三千石　内千石与力知　前田数馬せかれ斎宮末期ニ願置候数馬実方弟　前田兵部おち　前田織部

千石　源太左衛門養子　稲垣大作

弐百五十石　弥左衛門嫡子　沢田順九郎

四百石

五百石　与右衛門嫡子　一木鉄之助

(二)三百五十石之三ノ壱　八拾石　源兵衛末期養子実弟　安井金十郎

同断　同　弥三(太)郎末期養子本役与力井上　権六郎せかれ　井上銀次郎

二百石　勘右衛門嫡子　小西小源太

同　伴之丞嫡子　北川倶老右衛門

百五十石　長三郎嫡子　不破八三郎

百石　只今迄之御切米ハ被指除　縫殿左衛門嫡子六組御歩　中村十郎平

百八十石之三ノ一　六十石　宗右衛門嫡子　比良二五一

百三十石　次郎吉養　斉藤悦次郎

二百三十石　常右衛門養子　後藤吉三(太)郎

四百ノ三ノ一　百三十石　和十郎末期養子実弟　飯田万作

弐百石　友右衛門養子　津田栄八郎

百五十石　権五郎せかれ　岡野政右衛門

三百石　丈庵養子　端　貞元

百五十石　平大夫養子 松田久右衛門
五人扶持　熊之助養子 八木小五郎
百石　清兵衛二男 上原勘兵衛
同　忠兵衛養子 雪野武八郎
五人扶持　安四郎養子 山本喜七郎
隠居料　三百石　定番頭 年七十二才 神保舎人 改夕可
護国院様御代以来、品々役儀及老年候迄全相勤
候ニ付、隠居被仰付
五百五十石　御馬廻へ被加之　同 権五郎
右家督無相違被仰付

同　日　九時前ニ至、我之御呼出ニテ左之通被仰付
御大小将横目　永原半左衛門代　御表小将ヨリ 前田甚八郎
同　水越八郎左衛門代　同断 由比陸大夫

廿五日　縁組・養子等諸願被仰出、其内左之通
御持筒頭 永原忠兵衛
病身等ニ付、依願役儀御免
定番御馬廻御番頭 永原弥三郎

依願改名　　御大小将友之丞事　馬淵嘉右衛門
但仲間ニ同名依有之也　　同　五兵衛事　神子田五郎介

廿七日　左之通被仰付　　御膳奉行ヨリ　中村八郎兵衛
定番御馬廻御番頭　永原弥三郎代

廿八日　跡目之御礼・役儀御礼等被為請

同　日　左之通被仰付　　御馬廻組　百五十石　新　三左衛門
御知行被召放
右先年ヨリ不行状、其上先頃於宅浄瑠理為語、聴聞人へ札を売、人集いたし候故之御咎ト云々

同　夜　追儺、御年男会所奉行高嶺久左衛門

廿九日　出仕以上之人々登城、右之内同役布上下着用
去廿五日被仰付　　御先手　伴　源太兵衛
御用人兼帯

晦　日　左之通被仰付　　新番組ヨリ　豊嶋左門
新知百石被下之
御異風組へ被加之

但家芸之義段々結構之被仰出有之候由也

御歩
寺岡吉大夫

不埒之趣有之、御知行被召放

御歩
藤田加右衛門　大脇次郎作
長谷川永蔵　篠田判大夫
山森貞助　岸　藤右衛門
渡辺甚左衛門　安田繁五兵衛
橋爪判兵衛　森　平兵衛
青木貞丞　古市忠蔵
中村新助　石倉判太左衛門
山田新九郎　小川嘉蔵

不埒之趣有之ニ付、六組御歩被指除定番御歩へ被仰付、繁五兵衛・判兵衛義ハ御知行之内弐拾石宛御取揚、相残分ハ御宛行並之通十俵宛御取揚、四十俵宛ニ被仰付

右不埒之子細ハ御歩組御知行被下置候者ハ旅行之節迄鎗為持候得共、若党召連候事ハ一向不相成義之処、只今迄流例を以、穏便ニ召連来候処、去夏以来表立召連度旨相願候得共、御歩頭不承届候処、強テ連名願紙面指出、押テ相願候ニ付、不得止事御達方有之処、六組御歩等御知行被下置候テモ、御歩ニ若党召連候義ハ一向不相成事ニ候処、私之流例を申立、不慎義ニ連判を以相願、其上頭ヨリ段々事を分申入候処不致承引、頭を蔑ニ致し御上を軽んし、重々不埒之至ニ付、右之通被仰付候段今日被仰出

定番御馬廻
中村十郎平

先組之内連判ニ付指控被仰付
但今月廿三日亡父跡目相続ニ付、組替

御叱之趣有之由

御歩頭
同小頭

同　日　左之通

付札　**宮井典膳**へ

御歩小頭
藤井清大夫

右**清大夫**義、当廿三日夜御小人小頭へ御門往来焼印札相渡候ニ付、翌朝当番**村上源右衛門**へ右札河北御門ヨリ請取候様可申談候処、致失念罷在、同廿七日夜相渡候往来札、翌廿八日請取ニ向候迄心付不申段、甚不念之至候条、急度指控罷在候様可申渡旨被仰出候条、可被申渡候事

十二月晦日

付札　御歩頭へ

御歩小頭
藤田吉左衛門　**中村本助**
村上源右衛門　**竹内十郎兵衛**
近藤源五兵衛　**木村惣兵衛**

当月廿三日夜、御用使指出候ニ付、御門往来焼印札御小人小頭へ泊番**藤井清大夫**相渡、右印札河北御門御番所へ指留置候間、廿四日朝印札受取候様**清大夫**可申送処、致失念印札受取候儀相洩候、数日印札御番所ニ指置申義ニ候間、右人々モ心付相改可申処、其義無之段不行届義ニ候、以来入念之候様可申渡ト被仰出候条、此段可被申渡候事

十二月晦日

右御城代安房守殿御渡ニ付、典膳宅へ夫々呼出、篠嶋平左衛門立合申渡之

来春御参勤之上、於江戸表御大小将役附

御式台取次

馬淵嘉右衛門　此二人一御集奉行　御先角 森　久五郎

宮崎清右衛門　同御使番代　吉田孫左衛門

此六人御近所火消并一御集奉行同御使番代相兼

千秋作左衛門

御先角 平田磯次郎　此三人一御集奉行　御先角 大脇靱負

堀　新右衛門　永原治九郎

別所三平　中　孫十郎

御供役并御給仕役

宮崎蔵人　土方勘右衛門　平岡次郎市

御先角 津田吉十郎　坂井権九郎　真田佐次兵衛

湯原友之助　御先角 岸　忠兵衛　成田長大夫

中村織人

大かね奉行

横地茂太郎　三浦重蔵

御中屋敷御近所火消

三宅平大夫　前田牽次郎

信尋

斉敬（重教息）

同断　御道中役附

宿割并
御宿拵相兼　宮崎清右衛門　千秋作左衛門　平田磯次郎
　　　　　　横地茂太郎
御旅館取次　宮崎蔵人　土方勘右衛門　堀　新右衛門
　　　　　　三宅平大夫
御表小将加人　森　久五郎　大脇靱負　湯原友之助
歩御供　津田吉十郎　岸　忠兵衛
一宿御先　坂井権九郎　中　孫十郎　別所三平

右、以別紙面御小将中へ夫々申談

今月廿二日　於江戸、為歳末御祝儀、御広式へ上使御広式番之頭
井坂又三郎殿を以、御例之通御拝領物有之

教千代様御名唱方区ニ候間、以来清候テ奉唱候様被仰出候段、今月晦日御用番大隅守殿被
仰聞候旨、御横目廻状出

若火事之節雨天之砌、御城中塗笠致着用候義不苦様ニ心得違之人々モ有之体ニ相聞へ候、
雨天ニ候共、御城中着用難成事ニ候条、右之趣一統向寄ニ可申談旨、今月廿八日御城代本
多安房守殿被仰聞候段、定番頭ヨリ廻状出

△若火事之節雨降候ハ御城中主人ハ手笠、家来末々迄菅笠、当分用申筈ニ候条、夫々可申談
旨、御城代**村井又兵衛**殿被仰聞候段等、翌天明八年正月廿日御横目廻状出

追加　今年六月被仰出ニ付、於江戸表聞番ヨリ御城坊主**松下閑悦**を以問合候処、左之通

松平越前守[1]様御家来**本多内蔵助**[2]、右御家ニテ格合并知行高御内々被聞合可被下候事

六月

付札　**本多内蔵助**御家老列ニテ候得共、尤上座不願御扱（カ）事ニテ候由、並ハ御家老ヨリ重き御取
扱之由、知行高弐万石城主ニテハ無之候由

同　公儀御格合御目見ハ陪臣之通、自分代替以使者、判奉書・御太刀馬代献上、自身出府
候得ハ御目見モ可有之哉、年久敷参府無之故不分明、三季ニモ献上物有之、御暇之節
巻物五拝領、席桧之間也、下乗迄乗輿之由

付記
寛政十二年四月廿五日**本多内蔵助**御目見、奉書紙二十束・銀馬代献上、同日御暇被下
巻物五拝領、御老中被仰渡

1 重富（寛4 12頁）
2 副充

天明八年

隆従

天明八戊申**歳**　甲寅**正月**大　御用番　**横山山城**殿

朔　日　快天余寒柔和長閑成気候、今朝六時登城、同半時過於表御式台御帳ニ附、九時過於柳之御間年頭御礼申上、青銅百疋献上、奏者**横山蔵人**、且又披露役御大小将指引暨御椽頬伺公同役五人代々勤之、七時前御大小将中御礼相済退出、但年寄中ヨリ若年寄中迄御礼ハ於桧垣之御間五時過被為請、夫ヨリ鶴之包丁等御規式去々年春之通也、都テ頭分以上ハ独礼被為請、御表小将ハ於船之間一統座付之御礼、御大小将ヨリ坊主頭以上於柳之御間同断御礼被為請候事

附近例之通諸大夫衆御礼モ長袴ニテ被申上、其外御大小将以上長袴ニテ御礼之事

二　日　三日雪、四日五日六日七日八日快晴、九日雪、十日晴、十一日雨、十二日十三日晴、十四日微雪巳ヨリ快天、十五日雪、十六日十七日晴、十八日雨、十九日廿日廿一日晴、廿二日雨、廿三日廿四日廿五日廿六日廿七日廿八日廿九日晦日晴陰交

同　日　昨日御用ニテ指支候頭分以上幷御大小将且御馬廻組（今日当日也）年頭之御礼一統座付ニテ被為請

同夜、御松囃子六時過始り五時頃相済、万端御例之通ニテ御都合能相済、今年**竹田権兵衛**出府無之、猩々舞等頭取**諸橋権進**勤之、御長柄御銚子御表小将**中村才兵衛**、同御加**村為大**、御流御銚子御大小将**安達弥兵衛**・**中川丹次郎**・**野村順九郎**・**別所三平**、御加**永原治九郎**・**神保金十郎**、役者指引**帰山長大夫**・**高田昌大夫**勤之、将又**大隅守**殿・**又兵衛**殿就所労登城無之候事、附御流頂戴人五十九人御囃子等御番附御例之通ニ付不記之

重教（十代）

三日　昨日就当番相残候御馬廻・定番御馬廻・組外等年頭御礼被為請、且九時御供揃ニテ表御式台ヨリ御出之節御通り掛り役者・町人・検校於御廊下通御礼被為請、夫ヨリ宝円寺・天徳院直ニ野田泰雲院様御廟ヘ御参詣、七半時頃従奥之口御帰殿

四日　於桧垣之御間、頭分以上嫡子等独礼可被為請処、少々御風気ニ付俄ニ被仰出、於柳之御間一統座付之御礼被為請、且昨日相残り候定番御馬廻・組外且与力暨諸小頭、於柳之御間一統座付之御礼被為請、畢テ御弓初吉田彦兵衛・吉田左大夫迄御覧、御射手中ハ御覧無之、御乗馬初・御打初御規式御例之通ニ候、御射手才許・御異風才許ヘ御紋付御上下一具宛、彦兵衛・左大夫ヘ染物二端宛、御射手・御異風中ヘ金三百疋宛、御馬奉行中ヘ御紋付御上下一具宛、御賄料理被下之、御異風以上ヘハ都テ、後御吸物前御雑煮・御酒被下之儀等御例之通

五日　夜前御用所ト御台所境之御廊下ニ有之候行灯不残燃、側之柱暨畳モ焦火、響道具所泊番坊主高村久清聞付之見廻候処、右之通ニ付、道具所之小遣小者申談、早速水を懸相消、右之趣当番組頭・御横目ヨリ委曲言上之処、今日右久清ヘ金小判三両、小遣ヘ鳥目三貫文為御褒美被下之

但是以後夜中一時ニ両度宛、風高之節ハ繁々二之御丸置付行灯之辺相廻り可申旨、同月八日御城代衆ヨリ被仰渡、道具所坊主・小遣召連見廻り候筈ニ相成候事

附右行灯以前ハ鉄行灯ニ候処、宝暦九年四月十日之御類焼ニテ焼失後ハ木竹之行灯ニ相成有之候処、今般不残鉄行灯ニ被仰付

政隣

六日　寺社方年頭御礼独礼なり御例之通被爲請
七日　出仕之面々一統今日ハ御例之通、年寄衆謁ニテ退出之事
十日　御宮・神護寺御参詣、年頭御作法書ニ有之候処、御延引之段昨日被仰出
十二日　五半時御供揃御装束ニテ表御式台ヨリ御出之節御通懸り御式台板之間ニテ十村・山廻年頭御礼被爲請、如来寺ヘ御参詣、夫ヨリ宝円寺ヘ御参詣、御装束被爲直拝被遊、奥之口ヨリ御帰殿
十三日　御例之通十村共ヘ於御台所御料理被下之
今夜五半時頃ヨリ宮腰足軽町ヨリ出火、四百軒計焼失、九時頃鎮火、右ニ付御用番山城殿等并御使番御横目不残登城、宮腰ヘハ定火消之内前田内蔵太、御使番・御横目罷越
十五日　於桧垣之御間小松御城番并永熕本復人御礼被爲請、於柳之御間熕本復等平士一統座付之御礼被爲請、一先被爲入、重テ於御同間寺庵方独礼被爲請、九時相済、且右以前御居間書院於御前左之通被仰付
物頭並御近習ヨリ　野村伊兵衛
御持筒頭　永原忠兵衛代
金谷御広式御用兼帯
同日　当御参勤御発駕御日限来月廿七日ト被仰出
十九日　御例之通御具足之鏡餅直御祝当番切頂戴被仰付、自分昼番ニ付、左之通、頂戴之御礼前々之通御台所奉行ヘ申述
小豆入御雑煮餅　鉢盛砂糖
批鰹　浅漬大根
御吸物　鯨　こほう
御酒
御取肴　巻鯣

光格天皇

同　日　左之通病身ニ付御大小将組被指除元組御馬廻へ御返　**坂井伊兵衛**

廿九日　余寒御尋之宿次御奉書并御鷹之鶴、今月廿三日江戸発、昨夜九時前金城到着、依之御礼使御馬廻頭**岡田太郎右衛門**へ被仰渡、来月二日発足

旧臘十四日之日付御年寄衆御連印之奉書、今月五日江戸到来、左之通被仰付

松寿院様附御用人ヨリ御大小将組　**竹田源右衛門**

松寿院様附物頭並　**寺西九大夫**代

晦　日　朝六時前、京都川東建仁寺町どんぐり之図子ト申所之風呂屋ヨリ出火、烈風及大火、四条川西仏光寺弓町等へ火飛、夫ヨリ四方へ火移り殊大風起り、同夜九時過此方様御邸御類焼、御土蔵ハ不残無別条、翌二月朔日昼禁裏炎上、主上下加茂へ御立退之処、火之粉烈敷ニ付、上加茂へ御立退、夫ヨリ又比叡山へ遷幸之段、朔日申刻京発之飛脚二月五日金沢着告来

一、下京東本願寺ハ悉皆焼失、西本願寺ハ御門築地迄焼失、本堂阿弥陀堂・御台所等残、興福寺・本国(圀)寺不残焼失、七条通北側迄焼失、南側ヨリ下京迄、東寺・東福寺大仏残、五条大橋欄干・六角堂・妙満寺・本能寺・誓願寺本尊ハ地車ニテ上京鞍馬口野辺へ出之等寺町迄寺方不残焼失、晦日昼、中京不残焼失、同夜上京へ火移り四時頃火勢弱く成候処、俄ニ大風雨ニテ雷鳴強く其砌、禁裡へ火移り不残炎上并宮様・御摂家方等公家衆不焼(残)焼失、相国寺・妙覚寺焼失、北野天神社并門前町家少々焼残り、上京西京鞍馬口迄不残、諸国御大名留守居邸不残焼失、内川東智恩院古門前**細川越中守**殿留守居邸一軒ハ残、三条大橋残、同小橋欄干

焼失、二（仁）条川東二王門通ヨリ東橋爪迄残
一、二条新地ハ二月朔日昼頃ヨリ夜中迄ニ不残焼失
一、上京辺二日暁迄鎮火
一、川東縄手通芝居座・伏見街道・祇園・清水・知恩院・高台寺・東山辺寺方、八坂塔幷町続残、西京町家不残焼失、壬生寺・嶋原残
一、仙洞[1]様ハ東山一条寺宮[2]様へ御立退、大女院[3]様ハ白川宮[4]様へ、新女院[5]様ハ聖護院宮[6]様へ御立退、親王様・宮様・御摂家方ハ上加茂へ御立退
一、町家等土蔵一歩通焼失、人損百人計
一、右火事同月三日昼頃町鎮火ト云々
右ハ二月四日京発之飛脚、同八日金沢着承之由ニテ京都中使棟取石渡屋（カ）三郎兵衛ヨリ会所へ注進之趣也

当御参勤御道中御泊附等左之通

今石動	御中休	高岡	御泊	東岩瀬	御中休	滑川	御泊
舟見	同	境	同	青海	同	糸魚川	同
名立	同	高田	同	関川	同	牟礼	同
丹波嶋	同	上田	同	小諸	同	追分	同
坂本	同	板ヶ鼻	同	落合新町	同	熊谷	同

『後桜町天皇実録』より
1後桜町上皇
2一条（乗）院は曼殊院であるが、上皇は青蓮院へ御所を移す
3青綺門院(藤原舎子)
4白川照高院
5恭礼門院(藤原富子)
6聖護院は誤伝カ。立退先は林丘寺

鴻巣 同 浦和 同 蕨 同

（原本に右の付箋あり）
「石ハ不ナラン」

乙卯二月小　御用番 村井又兵衛殿

朔日 微雨、二日三日晴、四日微雪、五日六日七日八日九日雪、十日晴、十一日雨雪降、十二日十三日十四日晴、十五日陰烈風申上刻ヨリ大風雨、十六日晴、十七日午ヨリ雨、十八日雪、十九日晴、廿日昼ヨリ雨、廿一日雨、廿二日廿三日快天、廿四日廿五日雨雪、廿六日廿七日廿八日廿九日快天、但八日朝ニ六寸余積雪

同日 小松・魚津、在番在住之人々、人持・御馬廻・与力并煩本復之人々年頭御礼、其外役儀之御礼等被爲請、且右以前於御前左之通被仰付

公事場奉行　御奏者番ヨリ 品川主殿
御奏者番　小松御城番ヨリ 前田主殿助

二日 頃日御家中持馬御覧有之、且昨朔日左之通被仰付

石動山金平村　兼御算用場奉行本役御馬廻頭 佐藤勘兵衛
金山御用主付　加州御郡奉行御大小将組 水原五左衛門
右山怪石等出候ニ付見分御用　御医師物産家 内山養福

三日 左之通被仰付

1重教（十代）
2奥村尚寛

三州御塩方主付御用

改作方等兼帯之定番御馬廻
御番頭　江守助左衛門

六　日　今日二之御丸於御居間書院

教千代様御弓初并御具足召初御規式御作法書前月廿三日於御横目所披見、別冊諸御作法書之内ニ記之互見御都合能被為済、今日御用懸之人々熨斗目上下着用五時揃、右之外年寄中初、当番之頭分以上ハ服紗小袖・布上下着用、従中将様、教千代様へ御弓矢等被進候、御使若年寄御居間書院宜段河内守等ヨリ申上、御規式初り候節、吉田左大夫御弓矢持之、桐之御間ニ罷在、宜時分上之、御替弓等根来三右衛門持之、桐之御間ニ控罷在、御巻藁ニテ御射初被遊、左大夫へ御次ニテ拝領物被仰付候段、若年寄申渡之、御目録御用人渡之、於御居間書院左大夫儀、中将[1]様・教千代様御前へ河内守[2]誘引ニテ被召出、教千代様御手自御熨斗鮑被下之、御両殿様御雑煮・御吸物、御祝御盃事相済御退座

一、御具足ハ干鯛一箱御添、御次ニテ神田吉左衛門于時御附御歩頭也へ御渡被進之

一、御射手小頭根来三右衛門義、右手伝御用就相勤候、桧垣之御間於二之間拝領物被仰付候段、若年寄申渡之、御目録御用人渡之

一、年寄中等へ於席、御吸物・御酒被下之、かよひ坊主、御近習頭分以上并御用人教千代様附頭分以上へ於御次、御吸物・御酒被下之、吉田左大夫・吉田彦兵衛・根来三右衛門へ柳之御間於二之間、御吸物・御酒被下之

一、今日四時頃教千代様御表式台ヨリ被為入、御熨斗目・御半袴御着用、其節奥村河内守・本多頼母階下へ罷出、当番之御奏者番・組頭等裏御式台前へ罷出、御大小将御番頭・御大小将常

服之事ハ詰所ニ罷在、御先立神田吉左衛門仕、御溜へ被為入、九半時頃御退出、其節御出之節之通也、委曲ハ御作法書ニ有之

七日　夜、御馬廻組伊東卯兵衛儀三之御丸御番人之処、塗笠一件ニ付、当時指控中也家来若党中林丈助ト申者を手討ス

一、昨日御用勤候御射手小頭根来三右衛門義、今朝迄無異之処、昼頃即死

十一日　今度御拝領之鶴今日御披ニ付、出仕以上之人々登城、九時前於桧垣之御間御年寄衆等御目見、於柳之御間出仕以上之人々御目見、三切ニテ鶴御吸物・御酒・御重肴頂戴之、九半時始り八半時頃相済、年寄中ハ於桧垣之御間ニテ頂戴之、給仕御表小将勤之、出仕以上之人々ハ柳之御間被下之、給事御大小将・新番・御射手・御異風勤之、且今日御用ニ携候御大小将御番頭・同御横目・御台所奉行、柳之御間於横廊下、御吸物等頂戴并兼役等ニテ詰合候諸番頭等相願右於向座頂戴、給仕御歩勤之、

但右出仕以上之人々ハ為御礼十三日四時ヨリ同半時迄之内登城服紗小袖・布上下着用、十一日ハ尤熨斗目上下着用也、御帳ニ付直ニ退出、夫ヨリ年寄中御宅へ廻勤、但御家老中へハ廻勤無之、将又諸番頭以下ハ主付御家老伊藤内膳殿へ即日、桧垣之御間於二之間、御礼申述相済、尤十三日登城等無之

右委曲ハ別冊諸御作法書之内ニ有之、互見

十二日　宝円寺へ御参詣

十三日　御判・御印物頂戴於御目通被仰付、御知行被下置候御歩以下ハ於御席頂戴、御用番御

浅野重晟

渡之、委曲ハ別冊諸御作法書之内ニ記之、互見

十四日　左之通被仰付

御加増五拾石　定検地奉行　荻原半左衛門

十八日　去年十一月廿六日記之通、広島へ御使不破和平被遣候為御答礼、安芸守様御国許広島ヨリ之御使者浅野民之助、十三日夜大聖寺止宿、十五日御当地参着主付組頭御馬廻頭今井甚兵衛・御小将頭大屋武右衛門・御馳走方御大小将佐藤八郎左衛門・宮川只右衛門曁御使番主付永原佐六郎、今十八日登城、佐藤八郎左衛門同道、委曲別冊諸御作法書之内ニ有之互見御直答可被仰述処、御疝積ニ付其御儀不被為在段被仰出、御家老役津田修理殿御返答被申述、右御使者退出後旅宿へ御大小将野村順九郎御使ニテ白銀五枚・絹三疋・御目録被下之右於御城、御料理被下之、民之助役儀物頭之由、且今十八日暮六時旅宿発足罷帰候事

廿二日　いまた北陸道深雪ニ付、当月廿七日御発駕御延引、来月六日御発駕ト被仰出候事

同　日　左之通被仰付

御加増五十石　教千代様御抱守　渡部五左衛門

廿三日　自分馬御覧被仰出候条、九時堂形御馬場迄可指出旨、毛附等御馬奉行へ可申達段、昨日若年寄横山又五郎殿ヨリ依御紙面、則今日指出之御覧相済候事、但口付両人沓籠持指添済、若党四人草履取都合五人

政隣

覚　附半剪（カ）折懸包

一、五歳　黒鹿毛

右能州出生之由ニテ建置申候、以上

二月廿三日　　津田権平

丹羽六郎左衛門様
井上井之助様　御馬奉行也

一、翌日、左之紙面折紙折懸包ニ認之、自分休日ニ付当番同役迄為持遣、若年寄方執筆へ被相達候様願遣之

一筆啓上仕候、私所持之馬、昨日入御覧難有仕合奉存候、右御礼申上度如斯御座候、御序之刻可然様御執成所仰御座候、恐惶謹言

二月廿四日　　津田権平
　　　　　　　　正鄰判

横山又五郎様

一、同日夕方左之通奉札到来、但折紙到来御請モ同様ニ認之折懸包箱入白（カ）封付

御自分所持之馬入御覧、被為成御慰御喜悦被思召候、此段自拙者宜申達旨就被仰出候如斯候、恐々謹言

二月廿四日　　横山又五郎
　　　　　　　　政賢判

津田権平殿

右自分他出之内、到来指置帰候ニ付、夜中又五郎殿御宅迄以使者

指出候御請左之通、但認方前ニ記之

私所持之馬入御覧、被為成御慰御喜悦被思召候旨御意之段御奉札之趣奉得其意難有仕合奉存候、御序之刻御請可然様御執成所仰御座候、恐惶謹言

二月廿四日　津田権平
正鄰判

横山又五郎様　人々御中

同　日　永原半左衛門・水越八郎左衛門去年十一月十八日火事之節、雪降候ニ付、御城中塗笠致着用、家来・若党火事帽子着用之処、及見咎候ニ付、十二月十八日遠慮等被仰付置候、御馬廻等今日夫々御免許被仰付、去年十二月十八日互見

廿五日　於金谷御殿御能有之、年寄中等拝見被仰付

廿八日　八半時頃御城中為御巡見、奥之口ヨリ御出、二之御丸唐御門・菱御櫓御覧、夫ヨリ橋爪御門・土橋御門・甚右衛門坂迄御見通、河北御門・尾坂口迄御見通、石川御門・昆（紺）屋坂新柵御見通し、車橋高石垣下御見通、水之手御門・東之丸八枚戸御覧、御本丸・薪丸御立帰、埋御門・松坂御門・玉泉院様丸・金谷御門・堂形御馬場御入口ヨリ御見通、御立帰り、鼠多門通奥之口ヨリ御帰殿、但竹之間跡モ御覧、右ニ付、御城代本多安房守殿菱御櫓迄御供、尤御普請奉行・御作事奉行等罷出、且富田織人等御近習頭御供、其外御供人ハ常御城中ヘ御出之節之通御行列也、御玄関前御通之節、表裏御式台前ヘ御城外御出之節之通当番之人々罷出、但富田織人等常服之侭御供仕候事

廿九日　八半時頃御出、大野ヨリ粟ヶ崎迄御行歩、夜五時前御帰殿、但御供人野間日笠御免、
且宮腰口町端少阿方ヨリ粟ヶ崎迄御早乗、同所御旅屋ニ御休之事

丙辰三月大　御用番　本多玄蕃助殿

朔日　二日三日雨雪交、四日五日快天、六日ヨリ旅中ニ付日記ス
今日出仕之面々年寄衆謁、御発駕前就御取込、御目見不被仰付段被仰出
△当六日就御発駕、当四日為伺御機嫌、四時ヨリ九時迄之内登城可仕旨、御用番安房守殿ヨリ頭分以上ヘ御廻文出、但四日各登城、御帳ニ付退出

三日　宝円寺・天徳院ヘ御参詣、但野田等惣御廟参ハ就雨天、御延引被仰出

四日　御加増之御礼等被為請、御印物頂戴モ被仰付
△火之元随分入念候様、御家中を初、町家ニ至迄不相洩様一統厳重可申渡旨被仰出候段、今日朔日御用番ヨリ御触出

五日　天徳院・宝円寺御参詣、同所御廟参、夫ヨリ野田惣御廟ヘ御参詣四時前御出九半時過御帰殿、但御下乗所最前之通本道通御廟参

付札　御横目ヘ
△御城中諸役所火之元之義、尤人々無油断可相守候得共、被仰出候趣モ有之候条、弥厳重相心得候様諸役所役人中ヘ可被申談候事
三月五日

（以下政隣日記）

前田斉敬（重教息）

神通川支流

右御城代被仰聞候旨、於御横目所披見申談有之

六　日　快天之処巳刻ヨリ陰、折々微雨、夜雨降続、**自分**儀今朝六時前出宅、御城へ御供ニ相揃、但六時過御供揃也、五時過御発駕年寄衆等前々之通被罷出、**教千代**様御式台階下迄御送、今日御近習騎馬本役御使番**久能吉大夫**・御大小将御番頭**自分**・御横目**由比陸大夫**、御玄関前ヨリ歩御供仕、河北御門之外ヨリ夫々騎馬所へ乗入、津幡御中休迄御供仕候事、但津幡御中休ヨリ御近習騎馬附今一人御表ヨリ加り人、御台所奉行**富田勝右衛門**、**才記**ト明日ヨリ繰々勤之、御発駕御着府ハ本役御近習頭ヨリ勤之御歩頭**河内才記**・御横目**前田甚八郎**代合、此後繰々半日宛勤之、**自分**義ハ一人役ニ付御発駕・御着府・城下・御関所迄騎馬、其外欠成ハ先達テ被仰渡有之

一、御先御筒支配大組頭**久世平助**・御弓支配御先手**団多大夫**・御長柄支配御表小将**村爲大**

一、御行列附御定書御道中触ハ去春三月四日記置候、同趣ニ付略ス互見

一、御馬ニテ御発駕之処、津幡少手前ヨリ御駕籠ニ被爲召、御小休ハ森下・倶利伽羅・今石動・福岡、夜五時前高岡御着之事

一、**前田土佐守**殿就痛駅々騎馬所并御馬上之節モ駕籠乗用御免許被仰出

一、御発駕前披見申談有之候御道中勤方帳之内、**自分**水橋川船場へ可罷出段有之候処、明日ハ瑞龍寺御参詣御供ニ付、右川場へ難罷出段、今夜**土佐守**殿へ相達并御道中奉行へモ相届候事、但代御旅館取次へ申談有之

一、今夜同所聖安寺爲伺御機嫌御旅館へ参出ニ付、及挨拶相通候様被仰出候旨、御近習頭申談

ニ付、及挨拶候事
一、明七日瑞龍寺等御供揃六時前、御小休小杉・下村、且御寺ヨリ一先御旅館ヘ御帰、追付御発駕ト被仰出
一、自分旅宿等之義別帳ニ記置候事

七日　風雨夜同、今朝六時過瑞龍寺ヘ御参詣、御供前々之通、御下乗ヨリ門内御先立勤之、御横目前田甚八郎・御表小将一先御旅館ヘ御帰、追付御立、然処千原崎川洪水ニテ富山ヘ御廻、夜ニ至、東岩瀬代々御中休ハ下村ニテ相済、新庄御小休、新庄御小休所迄被為入候処、水橋川モ高水ニテ指支、御通行難被為成ニ付、俄ニ新庄御止宿、且御先ヘ水橋川越候処、高水ニ相成、難立戻無是非、滑川ニ止宿之人々左之通河内山久大夫・自分・樫田折之助・三宅平大夫・堀新左衛門・加藤嘉孟・太田弥兵衛・中村右源太・田辺学兵衛、右之外御歩以下并惣様之荷物添、家来ハ不残滑川ニ止宿
一、御泊ニテ御用之御膳・長持曁御夜着入長持、前々之通御先ヘ抜、滑川御旅館ヘ参着之処、新庄御止宿ニ相成候得共、川支ニテ難立戻、依之新庄於御旅館梅干迄ニテ御夜食被召上、御挟箱入之御小袖等被為召被為済候事

八日　雨降昼ヨリ晴朗夜、漸昼過減水、舟立候ニ付新庄御発駕、水橋川御越八半時頃滑川ヘ御着、今晩当駅御泊ト被仰出、但昨夜俄ニ新庄御泊、元来小所ニテ別テ俄候事故、御供人止宿指支、足軽以下并惣従者之分夜終雨ニ濡立なから夜を明し候者過半、勿論乗馬共多分雨中ニ繋置候族ニテ、人馬之食餌も夜半之頃漸富山ヨリ到来之体、一々不能書記

早月川

前田直方

一、**自分**早朝ョリ御旅館ヘ出、**河内山久大夫・樫田折之助**申談、御用番彼是申談、早月川モ指支、今日御通行難為成様子ニ付御旅館取次**三宅平大夫**ヘ見分等申談遣候処、今暁八時前舟橋流切れ満水ニテ此上出水無之、段々減候テモ明昼迄ニテ無之テハ重テ船橋難懸旨等**平大夫**罷帰被申聞、且御一駅御先立之御大小将**坂井権九郎**等ヘ以飛脚昨夜新庄御泊ニ付、御用之程難計候間当駅御旅館迄被立戻候様申遣候処、早月満水ニテ飛脚之者モ難越由ニテ罷帰候ニ付、右之趣共為言上、**堀新左衛門**申談遣候処、水橋川場ニテ奉出合混雑之場所ニテ難申上候テ被罷帰候ニ付、右等之趣并**自分**義新庄迄難戻趣等御近習頭**久能吉大夫**を以申上、将又一宿御先魚津御宿迄呼戻之義モ伺之処、其通被仰出ニ付、以飛脚紙面遣候事

一、昨暁七時御供揃、魚津・三日市・浦山・泊御小休ト被仰出候事

九　日　快天朗夜、早月川舟橋重テ懸候処、水勢強押切、重テ懸直候ニ付出来迄御通行指支候段、川場ョリ注進有之、五時前之御供揃ト今暁被仰出、四時前舟橋出来ニ付、追付御発駕、夜五時頃境ヘ御着、但布施・片貝・小川も高水ニ付、三ヶ所共舟橋出来候事

一、**自分**早月川舟橋出来迫(カ)込暨渡り(ママ)候指引、御道中奉行申談罷越出来之御案内**三宅平大夫**を以申上候事

一、明朝御供揃六半時、外波御小休ト被仰出候事

十　日　快天之処申上刻ョリ夜終雨天、境ョリ御供之筈ニ候処、姫川渡二瀬有之ニ付、跡々舟場ヘ御旅館取次一人同道可相越候、関前等御供欠成之義ハ**土佐守**殿ョリ言上被致候旨、御用人昨夜被仰聞候ニ付、右川場ヘ罷越、御跡ョリ糸魚川ヘ着**御前**六半時御立、八時過糸魚川ヘ

御着、親不知等大ニ平也
一、明暁七時御供揃、鬼伏・遠崎・長浜・五智御小休ト被仰出
一、河地才記今日於御供先不念之趣有之、指控就被仰付候、自分義御歩小頭等并御細工者支配可仕旨土佐守殿就被仰渡候、御歩小頭等ヘ其段申渡候事、
但才記不念之趣ハ駒帰り御駕籠ニテ被為通不指支也ト御意之処、不指支段御請申上、則御駕籠ニテ御通之処中程ニテ御駕籠支御下り立御歩行御歩行ニ相成候場所、坂中ニテ甚混雑之趣有之候由也、依之指控伺候処、本文之通指控被仰付
一、今日舟場相替義無御座段、今夜御次ヘ出、樫田折之助を以言上、但此義此末記略
十一日　快天朗夜、大初川満水、橋危ニ付御見合五時前御立、暮六時過高田御着、自分御中休ヨリ本役騎馬所相勤御供ニテ着
一、自分義明日ヨリ御近習頭ヘ加り騎馬御供可相勤旨土佐守殿被仰渡、樫田折之助御奥小将横目也立会ニテ御前書拝見被仰付、誓詞・判形ハ追テ可仕旨被仰渡、右ニ付本役騎馬ハ江戸御着之節迄相勤、其外ハ欠成ニ被仰付候段、是又土佐守殿被仰渡候事
一、明暁七時御供揃、荒井・二本松・関山・野尻、御小休ト被仰出
十二日　快天朗夜、六時前御立、暮頃牟礼御着、自分朝ヨリ御中休迄御近習騎馬、夫ヨリ御泊迄富田勝右衛門、明日ヨリ如此半日宛繰々、此末記略
一、明日昼ヨリ之御供ニ付、筑間川ヘ難罷出段土佐守殿ヘ及御断候事
一、明暁七時御供揃、新町・矢代・榊御小休ト被仰出

十三日　快天朗夜、暁七半時頃御立、**自分**御中休丹波嶋ヨリ御近習騎馬、筑間川ニテ御先ヘ進、見分之上御召船宜段立戻申上候処、御歩立ニテ御渡舟不指支哉ト御尋ニ付、不指支段申上候処、則御乗船川向ニテ**土佐守**御待合、余程御待兼之御様子ニ付、川幅モ狭く候間、そろく被爲入候テモ無程**土佐守**可奉追付段申上候処御立被遊、前記之通矢代御小休之上御立、町端ニテ昨日会所奉行**田辺五郎左衛門**ヨリ今日御小休之義申遣候触紙面ニ、榊御本陣**宮原生吉**ヨリ付札を以普請いまた成就不仕ニ付、御小休御宿難仕旨調越、右持参之足軽**自分**ヘ爲見之候ニ付、其段奉言上候処、左候ハ戸倉ヘ御休可被遊旨御意ニ候得共、俄之義戸倉ニテハ無間指支候段申上候処、段々御意之趣モ有之ニ付、押足軽等遂僉議鼠宿御小休可然旨申上候処、其通ト被仰出、**自分**義御表小将同道御先ヘ罷越候様御意ニ付、**高山表五郎**同道、其外御歩横目一人・押足軽二人召連、早乗ニテ鼠宿ヘ罷越、**大西八左衛門**ト申者ヘ御宿申渡致見分候処、御縮等モ宜、其内**河内山久大夫**右御先抜ニテ鼠宿罷通、右御様子承罷越候ニ付、御待請引渡、**自分**早乗ニテ立戻、右等之趣委曲言上、夫ヨリ騎馬所御供仕、鼠宿ニ暫御休、追付御立夜五時前上田ヘ御着

一、明朝御供揃六半時、海野御小休ト被仰出

十四日　快天朗夜、朝五時前御発駕、**自分**朝御供、昼ヨリ**富田**、且又小諸於御中休被仰出、平野村ニ御小休、暮頃追分御着

一、御中休ニテ**牧野内膳正**殿ヨリ以御使者、寒晒蕎麦粉一箱御進物、**自分**別人御返答申述

一、明暁七ツ時御供揃、軽井沢・はね石・松井田御小休ト被仰出

政隣

勝左衛門

牧野康陛（寛6 237頁）

阿部正倫（寛10 354頁）

一、河地才記指控今夜御免許被仰出候ニ付、御歩等支配同人へ可引渡旨、御近習騎馬も御用無之候間、最前之通本役騎馬相勤候様、土佐守殿被仰渡候事

十五日　快天朗夜、今朝六時過御発駕、松井田ヨリ御出ニテ暮頃板ヶ鼻へ御着、自分御中休ヨリ本役騎馬所相勤、関所前前々之通騎馬之侭笠取御供仕候事

一、明暁七時御供揃、倉ヶ野・本庄・深谷御小休ト被仰出

十六日　快天夜陰、暁七時過御立、倉ヶ野ヨリ御馬ニテ暮頃熊谷へ御着、自分御中休迄騎馬御供、夫ヨリ御先へ抜、暮前御泊駅へ着

一、御泊へ阿部備中守殿ヨリ御使者来、御返答自分申述

一、今夜於御旅館明後十八日御着之上、御老中方御廻勤之御供、追付可為相揃哉之旨相伺候処、御着前ニ為揃置候様被仰出候ニ付、御着之御供仕候者之内ヨリモ余程右御供ニ罷出候間、其義ハ難相成段申上候処、其段ハ被遊御聞届候、左候ハ成限り急達為揃候様被仰出候ニ付、左之通夫々申談

御家老衆　土佐守殿へ達　　新番支配御使番也　勝尾吉左衛門へ達

御歩頭　河内才記へ　　御表小将御番頭　窪田左平へ　　御横目　由比陸大夫へ

三十人頭　吉田忠大夫へ　　割場　九里平丞へ　　御厩　九里平丞割場ヨリ兼へ

御大小将ハ御着之上御供触出之筈、尤江戸同役田辺長左衛門へ以飛札御供方之義申遣候事

右夫々口達ニテ申談、御旅館へ不在合分ハ以紙面申談

一、明暁御供揃七時、吹上・桶川・大宮御小休ト被仰出

十七日　陰夜朗、今朝六時御立、七時前浦和御着、**自分**今日休日ニ付七時出立八時過着

一、明暁八時御供揃ニテ御下邸御立寄、御用無之人々今晩ヨリ勝手次第御先ヘ発足ト被仰出

十八日　辰之刻ヨリ微雨、巳刻ヨリ雪晴朗夜、今暁七時前御発駕蕨御中休、御下邸御立寄四時過追分口御門ヨリ奥之口通御着殿、**自分**蕨ヨリ本役騎馬所御供ニテ参着、旅装之侭御家老衆席ヘ出、恐悦申述一先御小屋ヘ退支度、追付出夜四時過御小屋ヘ帰

一、御着後御老中方御廻勤御供同役**田辺長左衛門**罷出候事

一、今日御待請之御客衆等并御使者御料理出之義等都テ前々候通ニ付記略

十九日　快天、廿日廿一日同、廿二日昼ヨリ微雨、廿三日昼ヨリ晴、廿四日微雨、廿五日廿六日廿七日快天、廿八日雨、廿九日晦日晴陰交

今日ヨリ四時ヨリ暮頃迄同役ト代合一人宛詰、泊ハ組頭・物頭・同役打込繰々相勤、此末記略

廿　日　左之通被仰付

御表小将加人当分配膳役　　御大小将　**津田吉十郎**

廿一日　同役**伊藤甚左衛門**去十一日金沢発今日参着并交代之御大小将中モ参着、依テ翌廿二日**田辺長左衛門**并御大小将中も発足帰

△

当御在府モ近年之通、御城相図上野相図候ハ御行列不及相建ニ御小屋拵ニテ罷在、触拍子木次第可相揃旨火事方御役人ヨリ廻状到来、御小将方ヘ触出

廿七日　夜六時頃湯嶋六丁目出火ト近火打、無程鎮鐘打、火元**津国屋**《つのくにや》**太郎兵衛**ト申者家ヨリ出

火、以御人数防留、一番火消千秋作左衛門、二番火消別所三平、右ニ付自分儀壱ノ手御持方頭代可罷出筈之処、明日上使御内沙汰ニ付、御館へ出しらへ方ニ取懸リ罷在暫残遅滞之内鎮打候ニ付不罷出候事

廿八日　今度就御参勤上使御老中牧野備後守殿九時過御出、於御大書院御懇之上意御拝聴、於御小書院御饗応万端御前例之通被為済候、御当番御目付衆より御小人目付を以為御知申来候上、一統熨斗目・上下着用、上使御退出後、押付御供揃ニテ御老中方御勤、御供自分罷出候事

廿九日　美濃守[1]様御内[2]様前月十五日御袖下被留、且御着帯御祝義モ御整被成候、為御歓干鯛壱箱被進候、御使去廿三日相勤候ニ付、今日右従御内様御使者市川助直を以綿二把御目録被下之、但右助直御殿迄罷越相勤只今不詰合候間、追テ可相達旨前々之振を以、取次御小将被申述御使者相返、翌日右為御礼美濃守様御式台へ迄罷出候事

晦　日　明朔日御参勤御礼可被仰上旨并御家来両人被召連候様御老中方御連名之御奉書到来ニ付、御登城被仰出、奉自分諸向へ夫々申談候事

丁巳四月小　　金沢御用番　前田大炊殿

朔　日　陰申刻ヨリ微雨、二日昼ヨリ晴、三日四日晴陰交、五日雨、六日七日八日九日十日十一日十二日十三日陰晴交、十四日雨巳刻ヨリ晴、十五日十六日陰折々微雨、十七日十八日十九日陰晴交、廿日廿一日雨、廿二日晴天、廿三日微雨、廿四日廿五日廿六日陰、廿七日

牧野貞長（寛6 279頁）

1利物（大聖寺藩七代）
2利物室豊

前田直方

牧野貞長（寛6 279頁）

篠原

公遵守入道親王

同日 巳刻ヨリ雨、廿八日昼ヨリ雨、廿九日微雨下旬不順之冷也

同日 朝六時不遅御供揃ニテ同刻過御登城御下り御老中方御勤御用番ニテハ御立帰積御礼被仰述、四時過御帰殿御供**自分**罷出、今日御客等多御閙ケ敷ニ付、暫御小屋ニテ休息之上御殿ヘ罷出、且左之通於御席頭分以上ヘ**土佐守**殿御演述拝聴之、畢テ於竹之間御帳ニ付恐悦申上候事

当廿八日上使**牧野備後守**殿を以、被蒙上意、今日御参勤御礼於御黒書院被仰上、御懇之被為蒙上意、**土佐守・織部**御目見被仰付、重畳難有被思召候、此段何モ可申聞旨御意ニ候

一、**随宜楽院宮**様上野宮様御隠居也崩御之旨、昨日申来候ニ付、鳴物明二日迄遠慮之旨小屋触有之

同日 於金沢、御大小将町廻二番組当番左之五人、於廻先**寺西九左衛門**ト懸合一件ニ付御小将頭御用番**堀平馬**ヘ被指出候紙面左之通、今朔日私共町廻当番之処、廻先大手前於御城端、駕籠致乗用候者罷越候ニ付、足軽共町廻之旨申入候処、行成駕籠之戸少々明け、私共見分不仕内直ニ閉罷通候ニ付、人体モ見受不申改方指支候、元来町廻之儀ハ重キ御定モ有之義、乗用仕候者ニモ不限人体顕不申者ハ都テ急度相改申候、前々ヨリ駕籠致乗用候者モ町廻ト見受候得ハ彼方ヨリモ下乗有之候、尤私共ヨリ下乗之義申入候ニテハ無之候得共、重キ御縮方ニ付、依時宜候得ハ駕籠ヨリ出し改申義モ有之候、乍然駕籠を居《すえ》戸を明け作法能控罷在人体モ得ト分り改方ニ指支候義モ無之候得ハ無構相通申候、然処今般右於御城端出合候者

之義ハ其儀無之、前段ニ相調候族ニテ駕籠を早め罷通候ニ付、不案内ニモ有之候哉ト駕籠指留候様足軽を以申入候得共不致承知、難心得ニ付再往足軽を以申遣候処、一向不致承知、歩之者迄モ駕籠ヘ懸り、弥駕籠早め候ニ付難心得、私共立帰直ニ懸合可申候間、駕籠下し候様重テ申入候処、下乗モ無之不及応答ニモ候ニ付、足軽共ヘ申入、幾重ニモ駕籠指留め候様申入候得共、大勢駕籠ヘ懸り彼是混雑仕候内、無理ニ寺西九左衛門門内ヘ入、甚不埒至極之致方ニ付、無是非私共右玄関迄罷越見受候処、九左衛門ニテ御座候ニ付、私共申入候ハ町廻御縮方之儀、前々重キ御定モ有之候処、甚不作法之致方町廻御用儀ニ付申入候処、聞入無之、如何相心得候哉、甚不届ト存候段申入候処、九左衛門儀ハ前々ヨリ駕籠致乗用候共下乗等不致候格合ト申聞候ニ付、九左衛門ニ限り左様之趣一円合点不参ニ付、段々相糺候処、自分切左様相心得居申旨、其上兼テ身当り組頭ヨリ下乗等仕候様申談モ無之旨申聞候ニ付、最前出合町廻之段申入候節御作法モ不存、致方不作法之義ハ不案内ト申ニ存候、御用之儀懸合可申間、駕籠下し候様申入候ニ下乗不仕、大勢駕籠ヘ懸り無理ニ門内ヘ入候処、重々難心得奉存候段申入候得ハ九左衛門ヨリモ身当り組頭ヘ相達、追テ可及僉議旨申聞候間、勝手次第可相達旨申入、尤私共ヨリモ夫々可相達旨申入置候、已来ケ様之不届成趣有之候テハ第一御縮方モ不相立儀ニ御座候間、急度夫々被仰達候様仕度奉存候、以上

四月朔日

野村順九郎判　高田昌大夫判
斎藤忠大夫判　宮川只右衛門判
高田牛之助判

堀　平馬様

右

十月廿二日御小将頭御用番大屋武右衛門於宅、左之人々へ左之紙面を以申渡有之、高田牛之助ハ在江戸ニ付、於彼地多田逸角申渡之

野村順九郎　高田昌大夫
斎藤忠大夫　宮川只右衛門
高田牛之助

各儀四月朔日町廻之節、尾坂之下ニテ寺西九左衛門へ被出合候処、九左衛門下乗等モ無之、彼是被取合候趣意、其砌紙面モ被指出委曲奉達御聴候処、畢竟勤方之筋違失之体被思召候、子細ハ怪敷品有之候ハ誰ニ不依急度可相咎義勿論ニ候得共、九左衛門義分限相応之行粧ニテ罷通候事ニ候得ハ敢テ怪敷可存謂れモ有之間敷、駕籠之戸開不申義を怪敷被存被相咎候義ニ候得ハ心得違ニテ候、町廻之人々へ誰ニテモ出合候節、是非駕籠之戸開又ハ下乗可有之御定モ無之事ニ候得ハ、強テ此義を於途中騒ケ敷相咎可被申義ニテモ無之候、御縮方厳重ニ被相心得候義ハ尤ニ候得共、咎申間敷義を被咎候テハ役筋致相違、且ハがさつニモ相見得、御縮方却テ軽々敷成行候、此処甚以心得可有之事ニ候間、以来無油断勘弁有之、尤歴々之面々ニテモ怪敷品有之候得ハ、急度可被相咎義専御定書之大意厳重被相心得候様可申渡旨、以御書立拙者共へ被仰出之趣有之候条、猶以勤方心得等以来能々勘弁有之可被相勤候事

戊申十月

一、同月廿四日御大小将御番頭御用番奥村十郎左衛門宅ヘ町廻組合ヨリ壱人宛呼立、左之趣を以申談有之御小将中町廻之節、誰ニ不依乗用等ニテ罷通候面々モ怪敷品有之候ハ急度可被相咎義ニ候得共、人々分限相応之行粧ニテ相通候者敢テ怪敷義モ有之間敷候、駕籠之戸開不申義を怪敷被存被相咎候義ハ心得違ニ候、惣テ町廻ヘ出合之節、是非駕籠之戸開又ハ可致下乗御定モ無之事ニ候得ハ強テ此義を於途中騒ケ敷相咎可被申筋ニテモ無之候、御縮方厳重ニ被相心得候義ハ尤ニ候得共、咎間敷儀を被咎候テハ役筋致相違、且ハがさつニモ相見得、御縮方却テ軽々敷内行候、此所甚以心得可有之事ニ候、尤歴々之面々ニテモ怪敷品於有之ハ急度可相咎義勿論ニ候、御定書之大意能々勘弁可有之事ニ候、今般拙者共ヘ以御書立被仰出之趣有之候ニ付申談候条、右心得等之義町廻御小将中ヘ一統可有御申談置候事

戊申十月

多田逸角　井上勘助
松原元右衛門　堀　平馬
中村九兵衛　大屋武右衛門

一、町廻御小将中ヘ相渡候足軽、御小将中指図を受相勤候義ニハ候得共、以来がさつニ無之様相心得候様可申渡旨、十一月御用番本多安房守殿割場奉行ヘ被仰渡、則申渡有之候事

一、左之紙面等任一覧記之

私儀今日御城ヨリ罷帰候節津田修理表門前ニテ御小将廻ニ出合候ニ付、前々之通駕籠之戸開相通候処、足軽一人罷越駕籠下し候様申聞候ニ付、召連候家来小将組之者、相答候ハ前々

駕籠下し候義無之段申入無構相通候処、重テ足軽三四人罷越、御小将廻ニ候間、是非共駕籠下し候様申聞候ニ付、前々駕籠下し候義無之候、何れニモ追テ可及議旨家来ヨリ相答候得共聞入不申、駕籠ニ手を懸、彼是申合候ニ付私義駕籠ヨリ罷出前々之振合ニテ駕籠下し不申段、御小将中ヘ直ニ可申入ト存、駕籠下し候様申付候得共、大勢高声ニ申合候内ニテ、家来共聞付不申、私門内ヘ駕籠舁込申候、然処右御小将中門内迄被罷越候ニ付、私儀モ駕籠ヨリ罷出前々駕籠下し不申候故、今日モ駕籠下し不申段申入、再三及応答候得共御條目モ有之候段、被申聞訳立不申候ニ付、何れニモ組頭ヘ相達可申段申入候処、尤御小将中ヨリモ夫々相達可申旨被申聞候、名前之義**野村順九郎・高田昌大夫・斎藤忠大夫・宮川只右衛門・高田牛之助**ト承申候、右之趣御作法モ有之義ニ候得ハ追テ如何様ニモ僉議可相成義ニ候処、足軽共駕籠ニ手を懸申義等彼是不法之致方難心得義ニ奉存候、是以後モ御小将廻ニ出合申候節、只今迄之通、駕籠下し不申、戸開き候テ罷通候心得ニ御座候、御定モ有之義ニ御座候ハ被仰渡候様仕度奉存候、依テ御達申上候、以上

申四月朔日　　　　　**寺西九左衛門**判

長　**大隅守**様

右紙面指出候処、同月廿一日**大隅守**殿組方役人**池上清五右衛門・神保弥八郎**両人を以、右之様子猶更委曲被相尋候ニ付、重テ左之通紙面指出之

私儀当朔日途中ニテ御小将廻ニ行合候節之一件ニ付、先達テ紙面指出候処、重テ段々被仰聞候趣承知仕候、猶更遂一申上候、右之節駕籠之戸開罷通候処、足軽一人罷越駕籠下し候

様申聞候ニ付、家来小将組**木越勇左衛門**相答候義、先達テ御達申上候通ニ御座候、重テ足軽三四人罷越駕籠下し候様申聞候処、前々駕籠下し不申旨相答候処、右足軽共駕籠前後ニ手を懸申義相違無御座候、駕籠舁之者衣類モ損し申候、御小将中へ直ニ可申入ト駕籠下し候様申付候処、足軽共高声ニテ駕籠下し候様申候申故、家来共聞付不申段ハ心外ニ御座候、御小将中私門内へ被罷越候ニ付、駕籠ヨリ下り候得ハ可得御意旨（カ）被申聞候ニ付、何等之義ニ候哉ト相答候処、**宮川只右衛門**等年寄中方さへ被下り候ニ下り不申段ハ如何之義ニ候哉ト被申聞候ニ付、前々下り不申駕籠之戸開罷通候ニ付、今日モ右之通ニ御座候段相答候処、御條目モ有之段被申聞候ニ付、左候ハ被仰渡御座候様致度候間、組頭へ相達可申候、各様ニモ御達可被成旨申達相済申候、去々年冬欤去春欤出仕帰候私門前ニテ、御小将廻ニ出合申候節モ、右之通駕籠下し不申戸開罷通候、其節ハ何之義モ不被申聞候、右出合候月日ハ失念仕候、右之外可申上義無御座候、以上

申四月廿一日　**寺西九左衛門**

長大隅守殿

右紙面重テ指出候処、同年十一月十一日**大隅守**殿於御宅左之通**九左衛門**へ被仰渡

御自分儀、当四月朔日登城退出之節、**津田修理**裏門前ニテ町廻御小将ニ行合候節、及懸合ニ候一件委曲達御聴候処、御自分家来ト足軽共ト彼是及懸合候ニ付、御自分下り立御小将へ直ニ可申入旨、駕籠下し候様被申付候得共家来共聞付不申、心外之義ト被申聞候、畢竟其節之首尾家来共之心得モ不宜故ニ候、家来共心得不宜義ハ平生御自分申付方未熟成故ト

思召候、以来右体之族無之様可申渡旨被仰出候事

十一月

右ニ付、以後之義如何相心得可申哉ト**九左衛門**相尋候処、只今迄之通作法能相心得候様、
大隅守殿御口達ニテ被仰聞候事

二日 五半時御供揃ニテ広徳寺ヘ御参詣、夫ヨリ芝御広式ヘ被為入、夜八時頃御帰館、同役御
供**伊藤甚左衛門**

四日 於金沢、左之通被仰付

組頭並聞番再役　御先手兼御用人 **村田甚右衛門**
但手替足軽モ被下之候旨被仰渡

宮腰町奉行　**高畠五郎兵衛**代　御大小将 **恒川七兵衛**
右ニ付列組帳ニテハ数之外、惣列ニテハ只今迄之通

六日 **出雲守**様始テ御対顔之御振ニテ御招請、従御表式台御出、物頭二人敷付ヘ出、一先御
定席ヘ御誘引仕、御茶等御大小将出之、無程御近習頭**松原元右衛門**罷出、御居間書院ヘ御
誘引仕御対顔之上、二汁六菜御料理等御相伴**斉藤三六**殿、且御盃事モ相済、御定席ヘ被為
入、御客方組頭**多田逸角**ヘ御礼之御口上被仰述、表御式台ヨリ御帰、其節**逸角**御先立仕、
但従大御門外御立戻、其節敷付ヘ**久世平助**罷出御定席ヘ御誘引仕候処、同人ヘ御礼之御口
上被仰述、裏御式台ヨリ御退出之事

右携候頭分并御給事御小将布上下着用、其外ハ何モ常服、将又今朝以御使者鯛一折、御目録副被上之、尤御受納之事

増上寺塔頭

七日　五半時御供揃ニテ四時前御出、増上寺惣御霊屋御参詣、方丈御勤、池徳院御立寄暫御休息、増上寺門前ヨリ御馬上ニテ芝御広式ヘ被為入、夜九時過御帰殿、但右於御広式御歩以上昼御賄、御酒・御肴、夜ニ入御湯漬被下之、三十人小頭以下モ昼御賄

夜御湯漬被下之、自分等御賄左之通

煮物　煮田楽　すりからし　　御めし

浸し物　干大こん　三ツ葉　　御汁　つみ入　ふき

御湯漬

煮物　とうふ　　香物　　御めし

御酒御肴

鰤筋切身　ゆり　こんにやく　ごほう　いものこ

一、御庭拝見被仰付、大概左之通

富士見之御亭等五ヶ所并御馬場・御馬見所・御物見二ヶ所内一ツハ浜之御物見ト云、外海まで見へ、御合壁直ニ海也小山数ヶ所、大蘇鉄数十株、景所十二ヶ所所謂須磨明石等之模し也洲崎ニ杜若・河骨等多く、嶋数ヶ所外海ヨリ潮之指引有之、潟漫々面有之、鯉・鰤・鰻・鯔・沙魚《はぜ》等折々御慰ニ網釣等有之、御獲物多しト云々夥敷、館船一艘、其外網打船等

保科容頌（徳3 220頁）
松平頼起（徳3 100頁）

数十艘有、委曲巨細不能毫末候事
十　日　俄ニ被仰出、九時ヨリ御下邸ヘ被為入、暮前御帰、御供如前々御近習ヨリ罷出
十二日　五半時、御供揃ニテ上野広徳寺御参詣、同役御供伊藤
十五日　六半時、御供揃ニテ月次御登城、御下り肥後守様ヘ被為入、御膳被召上、夫ヨリ御三家様・讃岐守様御勤、八時頃御帰殿
一、今日当日為御祝詞御出之御客衆ハ御湯漬出、但御料理ハ前々記録ニ有之候得共、御湯漬ハ無之ニ付、左ニ記ス、此次ヨリ略ス

向指味　鰹　みる　庭とこの葉　猪口　芥子　酢みそ　御汁　くしこ　しいたけ　たたき　ちさ
御めし
煮物　こういか　ふ　つぶし玉子　猪口　当座鮨　塩鰤　車えび
香物　粕漬瓜茄子　御酒　御肴　重引　結ひ干瓢　鰹ぶし

十七日　六時前御供揃、御装束御狩衣ニテ同刻過御出、紅葉山ヘ御予参自分御供、且御歩小頭以上熨斗目、新番等服紗・袷上下、御手廻御中間・御傘持等白丁着用、組頭・間番・御使番・御表小将・御先詰之分布衣着用、御下乗所・坂下御門之外・橋爪外之方門ヘ御下り之節、御乗用ハ橋之内御門際也、四時頃御帰館
但御乗用之辺殊之外込合、御先供新番之内脇指鞘共抜落、早速拾ひ取帯し候得共、追テ

治脩室

利久（富山藩七代）

誰ニ候哉不相知、自分懐中之煙草菅押折候族也

十八日　公方様御結納御祝儀御整、依テ翌十九日五時御供揃ニテ同刻過御登城、九時前御帰殿御供自分、但御下り御老中御廻勤ト昨日被仰出候得共、於御城右御勤ハ被遊間敷段被仰出

十九日　於金沢宮等腰等ヘ為御行歩、俊姫様御出、御供御大小将ヨリ三人、御先角所代り候（カ）也、於宮腰ニ御焼飯等被下、於粟ヶ崎御賄并御菓子・御酒等被下之、御礼御附頭を以申上有之

廿　日　上野御成還御後、九時過御参詣、同役御供伊藤

廿七日　暁七時過、足軽廻り帰候御広式横御本宅也、則東御門前通候処女壱人在之、助けくれ候得と詞を懸候故、側ヘ寄り様子尋候処、只今迄山伏ニ被誘歩行候処、つき落され候段申聞候ニ付、火消当番宮崎清右衛門ヘ右足軽ヨリ相達、夫ヨリ御横目等ヘ届有之、但右女ハ年寄女中「（空白）」儀、三十日計以前ニ召抱、宿ハ本郷春木町之者ニテ平生繁花（華カ）懦弱ニ暮候者ゆへ、於御広式右年寄女中ヘ之奉公甚窮屈至極、大ニ込り候体ニテ気分モ悪敷、依之暇を乞候ニ付、主人承届代人召抱次第暇可遣段申渡置候処、代人無之ニ付、待兼候体之処、昨夜宵過迄モ右部屋ニ罷在候内、与風右之通ト云々、右ニ付異説多し、態ト不記怪談共也

廿八日　於営中御暇之御礼就被為請候、月次御登城相止候段、昨日大御目付衆ヨリ御書付来出雲守様モ昨日上使御使番土屋市丞殿を以、始テ御在所ヘ之御暇被蒙仰御拝領物有之今日御登城、御暇之御礼被仰上候事

廿九日　増上寺ヘ御参詣、夫ヨリ芝御広式ヘ被為入、同役御供伊藤

今月十一日　夜於金沢、白気之玉空中飛行、於江戸モ十三日夜同様之風説有之

戊午五月　大　　金沢御用番　本多安房守殿

朔　日　二日陰、三日微雨、四日晴、五日巳下刻ヨリ雨、六日七日八日晴、九日微雨、十日晴、十一日十二日雨、十三日晴、十四日昼ヨリ雨、十五日十六日十七日十八日陰晴交、十九日廿日廿一日微雨、廿二日廿三日陰、廿四日廿五日微雨、廿六日廿七日廿八日陰晴交、廿九日午ヨリ雨、晦日大雨

同　日　御登城御下り出雲守[1]様へ御勤、御供自分

二　日　於御居間書院出雲守様へ御料理被進之、為御取持斉藤三六[2]殿・佐野六右衛門[3]殿・能勢市兵衛[4]殿御越

五　日　佳節ニ付御表向一統平詰、五時ヨリ御館へ出、七時過退出、御登城御供ハ同役伊藤、今日御出之御客衆へ一汁五菜之御料理、御濃茶等後御菓子迄出

同　日　左之通、於御席篠原織部殿御申渡

御加増五拾石　先知合三百五十石　御表小将　中村才兵衛　附在江戸也

才兵衛儀勤向心懸宜、情ニ入実儀ニ相勤候ニ付、如此御加増被仰付候

六　日　御参勤後初テ御表へ、今日寿光院[5]様御招請ニ付、祐仙院[6]様・松寿院[7]様ニモ被為入御饗膳被進之、依テ於御式舞台左之通御能被仰付、当番切御歩並以上見物被仰付

但表立候義ニテ無之テハ一統見物被仰付候旨、名目従前々無之義ニ付、本文之通当番切ト被仰出候得共、御上邸詰ハ勿論、外在住暨御中下邸詰之御歩並以上不残出見物

1利休（富山藩七代）
2斉藤聡良（寛13 161頁）
3佐野運伝（寛14 37頁）
4能勢能弘（寛19 169頁）
5重教室
6吉徳女暢
7重教女頴

仕、将亦自分御礼御近習頭を以申上候、御小将中ハ多田逸角迄被申述、同人引請御近習頭を以御礼申上、都テ平士以下御礼此振之事、附無息之人々父兄ヨリ申上

嵐山　勝之丞　孫之丞　猪之助　太左衛門　与惣　源蔵
田村　吉之助　覚太右衛門　政吉　養左衛門　吉右衛門

間　猿聟　伝次郎

杜若　弥五郎　万作　伝蔵　太松郎　与惣　源蔵
道成寺　宝生太夫　新次郎　三助　太左衛門　仁九郎　養五郎

間　弥大夫

邯鄲　左一郎　駒之丞　子方松井小八郎　千十二　太左衛門　吉左衛門　養左衛門
船弁慶　宝生太夫　万作　五左衛門　太次郎　仁九郎　養五郎

間　三宅長左衛門

間　新森慶助

乱　弥五郎　勇左衛門　三郎右衛門　太次郎　新九郎　養左衛門

今参　弥大夫
縄ない　秋悦
唐人角力　八郎　通詞　山本藤九郎　日本人　小林伝六

太刀奪　秋悦
髭櫓　八太郎

同六日　於評定所御大目付松浦和泉守[1]殿・町御奉行山村信濃守[2]殿・御目付桑原善兵衛[3]殿御立会、**和泉守**殿左之通被仰渡、且伏見与力同心三人宛追放、伏見町人五人擲放被仰渡

1 松浦信程（寛8 102頁）
2 山村良旺（寛10 315頁）
3 桑原盛倫（寛22 252頁）

伏見奉行が伏見城を管理し、その地は山城（攝州・城州・山州とも）にあった

1大久保忠顕（寛11 387頁）

2小堀政方（寛16 111頁）

3小堀政登（寛16 111頁）

松平定信（寛1 303頁）

前田直方

大久保加賀守[1]殿へ御預　（ママ）駿州伏見城在番　小堀和泉守[2]

在所近江小室高壱万六百三十石

改易　右せかれ　同[3]　主水

死刑　右家老　森奥十兵衛

右用人　財満平八郎

遠嶋　右家老　加藤又兵衛

右用人　太田垣伊右衛門

八日　上野御成後、九時御供揃ニテ御参詣、御供自分

九日　五半時御供揃ニテ広徳寺へ御参詣、同役御供伊藤

今日御老中松平越中守殿、中仙道ヨリ為御見分京都へ御越、但御戻ハ東海道

十一日　諸物高直、詰人一統難渋ニ付、六月渡御扶持方代之内壱ヶ月分程繰上御貸渡之旨、今日土佐守殿被仰渡、則十五日印章小札を以、会所小払所へ家来指出受取之、金高別記ス、且同月廿八日右之分六月渡御扶持方ニテ被遂指引筈ニ候得共、夫ニテハ一統可為難渋候間、六月・九月・十二月三度ニ壱歩宛返上可仕旨、土佐守殿被仰渡、但一人扶持ニ三歩宛御貸渡ニ付、壱人扶持ニテ壱歩宛三度ニ返上也

同日　於金沢、御馬廻組三百石

山岸弥次介妻自害仕損、翌十二日為検使御大小将横目小幡八右衛門・今村三郎大夫罷越、見届之上勝手次第療養之義申談有之、但疵至テ浅食餌モ常体、畢竟嫉妬ニテ取登り候体ト云々、附無程平癒ニ候得共、縮所へ入置、追テ相宥候、後文化二年十一月病死、弥次介居

宅自分隣也
十二日　五半時御供揃ニテ広徳寺へ御参詣、御供自分
十五日　御登城、御下り松平伊豆守殿へ御勤但御老中西丸之御役邸へ此間就御引移候也、同役御供伊藤
廿　日　五半時御供揃ニテ広徳寺へ御参詣、御供自分
廿三日　来月十二日於広徳寺
△泰雲院様御三回忌ニ付、御茶湯御執行、依之十日ヨリ十二日迄普請・鳴物遠慮、且拝礼之義等前々之通触有之、於金沢モ右御法事触都テ去年御一周忌之節御同事
廿四日　於金沢
付札　大目付へ
△此度弐朱判吹方指止、丁銀吹方被仰付、勿論二朱判永代通用ト被仰出候、将又諸直段正路ニ相守、致下直ニ候様、江戸・京・大坂町々へ被相触候、且只今迄遠国等ニテハ二朱判通用不致馴場所モ有之哉ニ相聞候、以来永代通用之事ニ候得ハ少モ無指支様可致通用候、右之趣御領ハ御代官、私領ハ領主・地頭ヨリ并寺社領共不洩様可被相触候
四月
松平越中守[1]殿御渡之御書付写壱通相達之候間、被得其意答之義ハ山田肥後守[2]方へ可被申聞候、以上
四月廿四日　大目付
御名殿留守居中

松平信明（寛4 410頁）
重教（十代）
1松平定信（寛1 303頁）
2山田利寿（寛6 3頁）

本文於金沢、今月廿三日安房守殿・大隅守殿ヨリ御触有之

利物（大聖寺藩七代）

廿七日 美濃守様御内様へ今度御産後一昨廿五日御安産御女子御出生候也御見廻ニ生干御肴一籠・御目録、清水米一箱、被進之候御使相勤

己未**六月**小　　金沢御用番　**長　大隅守**殿

朔　日 二日三日晴陰、四日陰昼ヨリ雨、五日雨、六日七日八日九日十日十一日晴陰交、十二日十三日十四日十五日十六日雨、十七日午ヨリ晴、十八日晴陰、「空　白」（十九日脱）廿日雨、廿一日陰、廿二日廿三日微雨、廿四日陰晴、廿五日廿六日廿七日廿八日廿九日陰晴交、今月度々地震併不強大

同　日 少々御痛被為在、御正座被遊兼候ニ付、今日御登城御断、御客衆へ御湯漬被出、前記之趣ニ付御献立等略ス、於金沢、御用番被仰渡候旨ニテ前月□（空白）日御横目廻状出

綱紀息久丸

性空院様百回御忌御茶湯、今月二日一朝於宝円寺御執行、右ニ付御寺近之外ハ普請・鳴物不及遠慮候事

九　日 左之通於金沢被仰付

閉門御免御格之通遠慮　**奥村弥左衛門**　**稲葉市郎左衛門**
福田杢兵衛　**猪俣平蔵**

遠慮御免　**藤田兵部**　**小川八郎右衛門**
永原半左衛門　**水越八郎左衛門**

野村伝兵衛　　青地斎宮
寺島五郎兵衛　　中黒覚次郎
小森貞右衛門　　星野高九郎
八嶋金蔵　　福岡瀬大夫
伊藤久左衛門

指控御免　　中村十郎平　　宮井柳之助

逼塞御免　　中村甚蔵

流刑御免　願之通可遂出家旨　池田故忠左衛門次男**仙吉**

右人々御礼勤前々之通御用番御年寄衆并身当頭等依組ニ有差、被仰出候趣ハ此節之義故御免被成候旨也

十二日　昨今於金沢宝円寺**泰雲院**様三回御忌御法事御執行御奉行**長大隅守**、**教千代**様今十二日御参詣、右諸事去年五月之御取越御一周忌御法事御執行之節同断ニ付記略ス

同　日　於江戸、広徳寺モ御茶湯御執行、御寺詰**前田土佐守**殿・組頭**多田逸角**・御横目**由比陸大夫**、御香奠才許等御大小将四人、其外前々御茶湯之節同断、且六半時御供揃ニテ御参詣、読経等御聴聞、四時頃御帰館、御痛御平癒無之ニ付、増上寺ヘ御祥月之御参詣**自分**御供無御座候事、附昼後**自分**広徳寺ヘ為拝礼罷越

十五日　亥刻ヨリ土用、例年之通御登城無之

十六日　嘉祥御登城、如例年無之

1 牧野貞長（寛6 279頁）
2 松平定信（寛1 303頁）

十八日　昨夜泊番取次御大小将**森久五郎**儀今暁七時頃目覚厠ヘ罷越、無程罷帰枕元ニ如最前脇指・鼻紙袋等指置重テ眠休、朝六時過起候処、右脇指・鼻紙袋紛失之体ニテ無之ニ付、段々穿鑿有之候得共、弥無之ニ付、同廿日届書付出之候事

但右脇指ハ銘備州住三原正盛、鼻紙袋之内弐朱判二ツ印判等品々

右ニ付、同月廿六日東御門続饗応所ヘ御横目**前田甚八郎・由比陸大夫**出座、**久五郎**若党**徳山早太**相泊**中孫十郎**若党**長田市左衛門**両人共十八日早朝髪為撫付等用御殿ヘ罷越候者ニ付、呼出吟味之上、**早太**儀ハ無構旨、**市左衛門**義ハ申分不明ニ付、主人**孫十郎**ヘ御預之事

但於御館之紛失ニ付、本文之通御横目御吟味被仰付、且朝五時過ヨリ御吟味ニ取懸り廿七日朝六時過相済候事

右一件表向御吟味就被仰渡候、七月四日朝五時ヨリ割場吟味所ヘ御先手**団多大夫**・御横目**由比陸大夫**出座、**早太・市左衛門**呼出吟味之上、**早太**義ハ無構暮頃相返、**市左衛門**義ハ疑敷牢揚屋ヘ被入置、夜四時前相済候事

但御先手両人出座之御格ニ候得共、御先手**岡田友左衛門**就病気**多大夫**一人出座之事同月廿六日**多大夫・陸大夫**右同所ヘ出座、再吟味之処、右**市左衛門**盗取候段及白状、脇指ハ柳土手ニテ金弐歩ニ売払□（鼻紙袋ハ）御小屋前井戸ヘ沈め候旨申顕、依之同日ヨリ禁牢

廿六日　五半時御供揃ニテ御老中御用番**牧野備後守**[1]殿・同御用御頼**松平越中守**[2]殿御勤、夫ヨリ芝御広式ヘ可被為入旨昨日被仰出候処、少々依御不例御延引

今月九日暮頃ヨリ翌十日暁迄ニ金沢地震六度有之併不強大損所無之

庚申七月小　金沢御用番　横山山城殿

朔日　二日晴、三日晴陰大雨交、四日五日晴、六日陰雨、七日辰刻ヨリ晴、八日陰雨、九日十日十一日十二日十三日十四日十五日十六日十七日十八日陰晴交、十九日微雨、廿日廿一日廿二日廿三日廿四日廿五日廿六日廿七日廿八日廿九日陰晴交、金沢米価末ニ有之

同日　御持病之御疝痢ニ付御登城御断

七日　御登城自分御供、今日御出之御客衆等へ一汁五菜之御料理出、御献立左之通

沖鱠　鯛　しそ　白瓜　せうが

香物　みそ漬瓜

御汁　焼きす　なすひ　松茸

御めし

冷煮物　くしこ　竹の子　青豆

煮物　さきみるくい　ごほう

猪口　酒懸て　さし鯖　たて　花かつを

御肴　むし鮑

御吸物　車えひ　青こんふ

御茶受　きうひ飴　川たけ

後御くわし　墨形らくがん　小菊りん　等五品

十日　跡目等左之通被仰付、翌十一日縁組等諸願被仰出　廿六日互見

六百五拾石　御馬廻へ被加之　左兵衛嫡子　中村権平

八百石　同断　喜兵衛せかれ　松崎左兵衛

五百石　同断　彦大夫せかれ　石黒庄司郎

千二百石　久兵衛せかれ　北川権九郎

三百石　四郎兵衛せかれ　前田義四郎

弐百石之三ノ一　六拾石　平蔵せかれ　横井斉次郎

二百石　平蔵せかれ　板垣平馬

百弐拾石　江左衛門せかれ　横井弥門

四百石　源大夫せかれ　羽田要人

六百五十石之三ノ一　弐百拾石　多膳せかれ　長瀬善次郎

四百石　左門末期養子　加藤余所助

百石　織人せかれ　岡嶋鉄三郎

二百八拾石　伊織養子　山内忠太郎

二百石　安兵衛せかれ　長谷川幸助

百五十石　左膳末期養子　一色源右衛門

百石　八郎左衛門せかれ　青木和平

八十石　吉郎大夫せかれ　小谷平蔵

同　組外へ被加之　久安養子　笹田安左衛門

五拾石　左仲嫡子　久世平次郎

百五十石之内
弐拾人扶持　兵左衛門養子　毛利兵大夫
末期願置候通被聞召届候、依テ今石動在住与力石原菜次郎弟兵大夫儀娘へ聟養子被仰付、兵大夫義射芸未熟ニ付如此被仰付

百石　勘兵衛末期養子　上原民五郎

残知
三千六百七拾石　中川清次郎
本知都合五千石内千石与力知

同
弐百石　山本源太郎
本知都合三百石　組外へ被加之

残地
六拾石　水上助三郎

公遵入道親王（四月朔日参照）

重教女顕

亡養父勇助知行八拾石之内弐拾石御減少、只今迄助三郎へ被下置候御扶持方ハ被指除
候

百石　本知都合百四拾石　　片岡権九郎

十一日　於江戸、左之通於御席土佐守殿被仰渡

弐百石　　御射手小頭三右衛門せかれ
根来三九郎

御射手へ被指加之、只今迄被下置候御宛行ハ被指除之、新番組ニテ当春御供在江戸也

十二日　五半時御供揃ニテ広徳寺へ御参詣、夫ヨリ上野御本坊御勤、御供自分、但宮様御廟中
等ニテ御参詣後今日迄御延引

十三日　詰人一統諸物高直ニテ難渋ニ付、九月渡御扶持方代之内一人扶持ニ金三歩宛繰上御貸
渡之段、一昨日被仰渡有之、今日例之通印章・小札を以会所小払所へ使者指出受取之、但金
高等別記ニ委書ス

十四日　五半時御供揃ニテ広徳寺同所御廟参、同役御供伊藤

十五日　根来三九郎跡目之御礼并出府人御目見被仰付、今日当日為御祝詞御出之御客衆へ如例
一汁三菜之御湯漬出

同　日　夜五時過金沢神明後針屋町ヨリ出火、廿六軒焼失、年寄衆等登城有之

廿二日　四時御供揃ニテ芝御広式へ被為入、夜八時頃帰館、御供自分、今日ハ御年賀并御参府
後御祝儀旁御招請、従松寿院様御膳被上之、依テ従此方様モ交御肴一折被進、御近習頭窪
田左平御使相勤、右御膳御料理両度御後段等之御饗応、将又為御慰花火被仰付、其外座頭

被為召八人芸被仰付、但自分・御横目御供由比陸大夫一席ニテ左之通被下之、御礼御附頭竹田源右衛門を以申上御帰館之上御次へ出、窪田左平を以申上、委曲翌日調指上候

膾　焼いせこい　紅葉のり　白うり
香物　粕漬瓜　塩茄子
御汁《すまし》　くしこ　しいたけ　めうかの子
御めし
煮物　小鯛　さゝけ　長いも
焼物　かれい
御酒
御取肴　松葉鯣
右畢テ御酒
御小盞　鰡色付焼　ごぼう　早柚干
御下之西瓜
御菓子　御到来之由　常盤巻　まんぢう　美（カ）作餅
夜ニ入御賄
浸し物　干大こん　な
香物　沢庵漬大こん　塩茄子
御汁　小くずし　ゆ　なすひ
煮物　小あぢ　こんにやく
御めし

新番以上右之通、御歩ハ壱汁二菜・御酒・御取肴、御賄ハ一汁一菜、其外御酒・御小盞・西瓜被下之、右以下御賄両度御酒被下之候事

廿三日　御鷹之鶬《まなづる》御拝領之、上使有之御沙汰ニ付、五半時揃ニテ各御館へ罷出、御取持衆并御城坊主衆モ御越之処、頃日残暑ニテ雲雀致腐損候ニ付、上使相止候事

政隣の弟

鳥居忠洪（寛9 303頁）

田沼意次（寛18 364頁）

但御取持衆等へ冷素麺・御吸物・御酒・御肴暨一汁五菜・御濃茶・後御菓子迄之御料理出候

上、御退出候事

廿六日 去十四日出金沢発之町飛脚今日着、舎弟**三左衛門**義、**柘櫃一平太**娘聟養子之義、**一平太**ヨリ願之通、去十一日於金沢被仰出其段**自分**へ被仰聞御用番**横山山城**殿御紙面到来之由ニテ、於御殿**多田逸角**被渡之候ニ付、布上下着用、御奏者所へ於江戸ハ組頭席ニテ兼之御礼ニ出、夫ヨリ**前田土佐守**殿・**篠原織部**殿并頭**多田**氏御小屋へ廻勤致候事

廿八日 御登城、同役御供**伊藤**今日御鷹之雲雀五十、上使御使番**鳥居権佐**殿を以御拝領前々之通於御大書院、上意御拝聴之上御餅菓子等御相伴御取持衆出、九時過御退出、御出迎御送共鏡板中程敷附へ御取持御旗本衆御出等、都テ御前例之通ニテ御都合能相済、上使御退出後、追付之御供揃ニテ爲御礼御登城、御老中御勤、御供**自分**相勤

去年十月記之通、**田沼主殿頭**殿慎中之処、今月廿五日病死ニ付、今朝葬送、本郷御邸大御門前御通棺ニ候得共、御僉議之上警固足軽等出不申候事

今月朔日等金沢半納米直段左之通

地米　六拾目計　遠所米　平均四十九匁計

辛酉**八月大**　金沢御用番　**村井又兵衛**殿

朔日 二日晴、三日大雨、四日五日六日七日八日九日十日十一日十二日十三日晴陰交、十四日朝微雨、十五日昼ヨリ雨、十六日十七日微雨、十八日昼ヨリ晴、十九日朝微雨、廿日陰、

太田資同（寛19 152頁）

廿一日雨、廿二日廿三日廿四日晴陰交、廿五日廿六日廿七日廿八日廿九日雨、晦日晴、上旬ヨリ残暑退、追日秋冷催

同　日　御登城、同役御供伊藤、今日八朔ニ付如佳節、御館御表向一統平詰、御客衆ヘモ一汁五菜之御料理等出

八　日　暁七時過、下谷御徒町出火ト御櫓遠板打、一番火消堀新左衛門、二番千秋作左衛門御人数召連押出候処、火事所ハ湯嶋天神門前、町火元文三郎店藤太方ニテ竈数六十軒計焼失之処、御人数を以消口都合十三ヶ所有之、委曲火事場見廻御役太田内記殿等へ御達申引揚帰入、且又御使番代早出御大小将馬淵嘉右衛門火元見ニ罷出、火事所言上有之候ニ付、六時前触拍子木曁御櫓ヘモ近板打候様被仰出、依之一・四之手御人数過半相揃、御殿ヘモ過半各罷出

同　日　四時頃太田内記殿ヨリ聞番中迄以御紙面、今暁此方様御人数之（ニテカ）繁相働候間、別段達上聞、依之火消御役人堀新左衛門ヘ御懸合有之度候間、追付焼跡迄被罷出候様ニト申来候ニ付、則聞番ヨリ達御聴、然処同刻過太田内記殿御玄関迄御越、追付新左衛門義焼跡迄参出候様ニト新左衛門ヘ之御口上御申置、中孫十郎承之、早速通達ニ付新左衛門御殿ヘ出、勝尾吉左衛門を以達御聴候処、御聞届被遊候条、追付可罷越旨同人を以被仰出候ニ付、尤火事装束着用、使役召連御作事方御門外ヨリ馬上ニテ罷越候処、今早朝ヨリ消口等しらへニ使役両人、新左衛門等ヨリ指出置候者共へ内記殿等御懸合有之、消口等之義御聞届埒明、時刻モ移り候ニ付、旁御帰被成候旨内記殿御家来両人被残之置、新左衛門へ御申聞、猶又左

之通御紙面モ右御家来ヘ御渡置、新左衛門ヘ御指越、追付新左衛門罷帰、直ニ御次ヘ出、委
曲言上有之
今暁出火之節、御人数出情候段申上候間、猶又為念
再応及御懸合候
八月八日
太田内記　彦坂九兵衛[1]
久永源兵衛[2]　米倉千丞[3]
火事場役人中
御名殿

十　日・十一日　御下邸ヘ被為入
十二日　広徳寺ヘ御参詣、同役御供伊藤
十五日　御登城御供
十六日　昼、御広式ヘ、桂姫参上、十三歳、依テ為介副先桂姫隠居母モ参上、三十歳之由、両
人共美質ト云々、右桂姫ハ神宮后皇異国御退治御途出之節、御兜を奉為召候桂姫之子孫
ニテ京都ニ居住、尤女主ニテ代々地方五百石を領し、公辺就御代替出府、依之前格之通、
御三家様・此方様ヘ参上、供廻行粧数多、薙刀等為持之、勿論乗物ニテ参上、於此方様御
会釈宜給仕御中臈勤之、且代々女主ニ付男を召仕ひ、懐孕出生之上女子ニ候得ハ跡を譲
り嫡子ニ立之、男子ニ候得ハ他ヘ養子ニ遣ト云々
御饗応左之通有之

1 彦坂忠篤（寛6 27頁）
2 久永勝信（寛18 85頁）
3 米倉昌盈（寛3 291頁）

染牛蒡 田作り 雑煮膳 かつを 五月な いものこ 塗盃 銚子

吸物 鱸切角 ゆ 取肴 打するめ

二汁五菜塗木具

鱠 鱸 くり 紅葉のり 葉せうか 大こん短尺

香物 汁 焼魚 芋の子 しいたけ たゝきな 冷煮物 鮑小貝 かんひやう すたれふ

めし

二 汁 一塩はだ白 枝付山升 浸し物 桜えひ めうかの子

向詰 一塩小鯛 やきて 重引 きくりかまほこ 吸物 焼玉子 紅かくてん さきな

茶請 後菓子 紅(カ)白有平糖 紅墨形落雁 芡蘆(ふき)の葉

右之外酒三扁・濃茶・薄茶

献上物 被下物

同日 於金沢、左之通被仰付

付記　青木与右衛門へ

附記定番御馬廻只今迄十人扶持也
奥泉幸助

幸助儀、当二月十九日於山岸十左衛門宅乱行之体方、侍ニ不似合微陋《びろう》之為体ニ被思召候、諸士慎之義近年ヲモ厳敷被仰出候、就中幸助義不行状ニ付、久々御咎被仰付置、御免被成候テ未年月モ立不申内、右体之族別テ不届至極ニ被思召候、急度可被仰付候得共、思召有之御宥免、五人扶持被下、永く一類へ御預被成候旨被仰出候条、可被申渡候事

八月十六日

右ニ付実兄石川九郎右衛門方へ引取

付札　青木与右衛門へ

附記四人共定番御馬廻也
加藤与兵衛　大村直記
杉岡為五郎　脇本乙次郎

右四人共当二月十九日於山岸十左衛門宅乱行之致形、侍ニ不似合微陋之為体ニ被思召候、諸士慎之義ニ付、近年モ厳敷被仰出候処、沙汰之限ニ被思召候、依之閉門被仰付候旨被仰出候条、此段可被申渡候事

八月十六日

廿一日　朝ヨリ中津へ為御船遊御忍御行列ニテ寿光院[1]様被為入、花火等御覧、夜四時前御帰也

廿七日　五時御供揃本御行列ニテ桂香院[2]様へ寿光院様御伯母君也、松平相模守[3]様御母君芝金杉御下邸ニ御住居寿光院様被為入、翌朝六時過御帰、但品々御饗応有之、御供人頭分以上へハ二汁五菜、御酒・御吸物・御引菜・御茶受・后御菓子迄之御料理、平侍へハ一汁五采、其外同断、且御餅

1重教室千間
2紀伊徳川宗直女久
3池田重寛

菓子等夜中御賄料理両度被下之、其外御歩以下夫々右ニ准し被下之、右御邸ハ海際ニテ御庭之内ニ釣場・網曳場モ有之、御家中下小屋ニテハ窓ヨリ直ニ釣を垂候事相成候由也、附御広式附御用人**千秋丈助**義、右金杉御邸ニテ食傷体ニ煩出、御供難成御先へ駕籠ニテ帰候節、心得違、南御門ヨリ入候ニ付、御門番足軽共廿八日追込被仰付、**丈助**義ハ廿九日迷惑紙面出之指控伺之、**丈助**心得違之趣ハ御供ニテ南御門ヨリ出候故、是非片出片入ハ相成間敷ト心得違、南御門ヨリ帰入御作事方御門ヨリ不帰入故也、右**丈助**九月朔日指控被仰付、同四日御免許被仰出

廿八日 俄ニ被仰出、九時過ヨリ芝御広式へ被為入、**自分**御供仕、夜八半時頃御帰館也、右於御広式御賄左之通被下之

浸物 すいき　煮物 とうふ 初茸　香物 塩茄子　御汁 大こん 平かつほ　御めし

新番以上右之通、御歩以下少々宛応し違有之、且**自分**・御横目両人へハ御下之御餅菓子・御煮染被下之

但御賄ハ罷帰不及言上、御餅菓子等モ御内々故同断

壬戌 **九月**小　金沢御用番 **本多玄蕃助**殿

朔日 晴、二日巳ヨリ雨、三日雨、四日晴如炎暑微雨后俄ニ冷気甚、五日昼后大雨、六日雨、七

日八日晴陰交、九日十日十一日十二日十三日雨、十四日十五日十六日十七日陰晴交、十八日大雨、十九日廿日陰晴交、廿一日未上刻大雹一頻陰、廿二日廿三日陰晴、廿四日雨、廿五日廿六日廿七日廿八日連日陰、廿九日雨

同　日　御登城、御供**伊藤俄**ニ被仰出、八時ヨリ御下邸ヘ被爲入、暮前御帰館

三　日　**自分**夜前ヨリ強泄痢等ニ付、今日ヨリ五日迄御殿詰見合

四　日　**津田修理**殿参着、**篠原織部**殿六日朝発帰郷

五　日　於金沢左之通、前記去年四月廿三日互見、此次翌年二月廿三日互見

巡見上使主付御用　御小将頭　**中村九兵衛**

但**大屋武右衛門**ヘ**多田逸角**当御参勤御供ニ付、去年十二月被仰渡置候処、**武右衛門**来春江戸御留守詰番ニ付本文之通**九兵衛**ヘ被仰渡、御馬廻頭ハ去年四月被仰渡候通**神尾伊兵衛**也

江州御知行所巡見上使衆御通之節彼地ヘ罷越取捌　御大小将　**安達弥兵衛**

候御用主付被仰付候段、御用番被仰渡候旨、頭**大屋武右衛門**宅ヘ呼出申渡之

六　日　於金沢、左之通被仰付

教千代様御弓御師範　御大小将　**吉田彦兵衛**

但御稽古日ハ当番ニ候得ハ時々当番御番頭ヘ相達、御用引之事

八　日　於上野**浚明院**様三回御忌・御法会ハ四月五日六日二夜三日御執行、其節此方様御上邸

利物（大聖寺藩七代）

火消方間廻近方御成格を以昼夜出之、昨七日為赦、御上邸内五軒小屋之内、牢舎人之内出牢被仰付今日上野へ公方様御成、依テ殿様御予参之義申来候得共、御持病之御疝積ニ付、御断之段昨日被仰出

同　日　於金沢、右御法事於神護寺御執行、御奉行長大隅守殿都テ前之公義御法事之節同断ニ付、委記略ス

九　日　重陽御登城御供自分、罷帰御殿詰ニ出候事

十　日　今度御法会相済候ニ付、為御伺御機嫌御登城、夫ヨリ直ニ芝御広式へ被為入、同役御供伊藤、但夜九時過御帰館

十二日　広徳寺御参詣御供自分

一、御先手中川平膳儀、岡田友左衛門浮腫等煩御国へ之御暇奉願前月上旬帰為代前月晦日金沢発今日参着

来月朔日ヨリ金銀小払奉行　阿部波江代　田辺善大夫
於金沢今日申渡有之　中村半左衛門代　和田牛之助

十三日　上野御本坊へ御使ニ参上

十五日　御登城御供勤

廿一日　先頃以来美濃守様御脚気腫、御虚分之御症ニテ御滞之処、頃日余程御指引有之、御奥表ヨリ御見廻使毎度被遣之、廿七日夕方ヨリ御指引御不出来実ハ今廿七日夕御卒去、併御養子御僉儀等之趣有之、表向ハ同篇之趣也依之連日毎日御見廻使被遣之、御療医ハ養安院曲直瀬也法印也、

十月ニ至候テハ此方様御邸詰御医師モ代々被遣之
同月十六日御在所大聖寺ヨリ御家老野口兵部早打ニテ参着、于時十一月二日段々被加御療養候得共、不御宜旨、公辺へ御届有之、翌三日七時頃御指重り之段、御使者来候ニ付、急御供揃被仰出、前々之通、御供人呼候ニ付、各奥之口へ相揃候処、無程御出美濃守様御邸へ被為入、暫被成御座御帰殿、自分御供之処、御茶御試仕候様あなた御役人申聞候ニ付、御試仕、翌四日御跡目之義備後守[1]様御子勇之助[2]様御願書建部内匠頭[3]殿ニ倉橋三左衛門[4]殿御指添、御用番御老中へ御指出之処、無御滞御受取、同日暮頃最早被及御大切候段、御使者来、依之物頭代々御附使者相勤二時宛四人ニテ代り合相勤詰候内、一汁五菜・御酒・御吸物之御料理被出之、翌五日暁丑中刻御卒去、普請等鳴物遠慮、日数ハ追テ可申触旨、従御横目所小屋触有之、同夕方御横目中廻状ニテ普請等鳴物等明後七日迄日数三日遠慮之段申来

一、十一月六日八時御供揃ニテ右御邸へ被為入、暫被成御座御帰、同役御供伊藤

美濃守様御法号　覚成院殿

一、同十一日於広徳寺御中陰御法事御執行、御代香御家老役津田修理殿、御香奠持参御使中孫十郎御大小将之事

一、同十七日暁寅上刻御発棺、覚成院様御遺骸御在所大聖寺へ御越ニ付、為御附使者御先手団多大夫右御邸へ参上、御先手中川平膳為警固此方様御門前へ罷出

一、俊姫[5]様ヨリ美濃守[6]様御大切ニ付、御見廻之早打御使、御馬廻組二御丸御広式御用達井上太郎兵衛十一月十二日金沢発之処、道中人足支等ニテ遅々、十八日昼江戸参着、翌十九日

1 利精（大聖寺藩六代）
2 利考（大聖寺藩八代）
3 建部政賢（寛7 84頁）
4 倉橋久雄（寛16 183頁）
5 治脩室
6 利物（大聖寺藩七代）

1 松平定信（寛1 330頁）
2 大屋明薫（寛19 246頁）

昼過、早打ニテ罷帰候事

同　日　左之写ニ本多安房守殿・長大隅守殿以御添紙面御触有之、尤御請御取立之事

△

切金・軽目金通用方之義、先年ヨリ数度相触候処、上納金包方之節、後藤庄三郎方ニテ少々之疵金モ彼是申候ニ付おのつから両替屋共其外ニテモ通用滞、或相対を以歩合等受取候ニ付、武家并在町共取遣指支之趣相聞候間、上納金包方弥前々之通相心得通用可成分無指支包方可致旨、庄三郎ヘ申渡候間世上通用無指滞筋ニ候条、両替屋共其旨を存、前々之通堅相守五歩迄之切金、四厘迄之軽目金歩判之義モ右ニ准、少々之軽目共無滞通用可致旨、尤形かけ損穴明候類ハ五歩内之切疵、四厘内之軽目ニテモ金座ヘ指出、定法之通、直させ可申候、若通用可成分取遣差滞、又ハ歩合銀取候趣等於有之ハ吟味之上急度咎可申付候、右之趣安永七戌年相触候処、又々切金・軽目金通用差滞候趣相聞候、弥安永七戌年相触候通堅相守可申候、右之通武家并向々不相洩様、御領ハ御代官、私領ハ領主・地頭ヨリ寺社領共可触出者也

八月

右之趣可被相触候松平越中守[1]殿御渡之御書付写壱通相達候、被得其意答之義ハ大屋遠江守[2]方ヘ可被申聞候、以上

八月十九日　　大目付

御名殿留守居中

廿九日　御大小将組御膳奉行大田弥兵衛実弟吉岡吉大夫去年十二月晦日互見義弥兵衛方ニ致厄介

置候処、今月廿五日湯涌へ罷越候由ニテ他行直ニ不罷帰、出奔之体ニ付、弥兵衛在江戸故

代判小杉喜左衛門ヨリ断書付出之

今月十日　御馬廻組領弐百五十石沖辰右衛門儀粟ヶ崎へ為行歩罷越、於途中煩出、駕籠ニテ帰

宅死去ニ付、色々風説共有之、頭武田喜左衛門末期御礼為請、右辰右衛門宅へ罷越候処、

様子有之一先退出、相頭江守平馬同道重テ右宅へ罷越御礼受之、且家来共口上書モ取受之

附本文頭武田ト調候得共追テ承候処、頭ハ江守ニ候得共、同人気滞役引ニ付相頭武田為

御礼請被参、于時世上風説モ区有之、其上武田ヨリ申聞候趣モ有之ニ付、江守押テ出勤、

本文之通罷越、且辰右衛門月代之内摺疵体并眼上ニ青く打付体之疵有之、是卒中風ニテ

倒れ候節、自身に疼め候疵ト云々、世上ニハ相手有之被擲殺候ト風説有之

一、沖辰右衛門一類中ヨリ取立有之紙面左之通沖辰右衛門儀当月十日粟ヶ崎へ殺生ニ罷越、於

彼地同夜暁頃煩出翌十一日昼八時頃駕籠ニテ罷帰候段、同夜小森貞右衛門方へ及案内候ニ

付、即刻貞右衛門罷越辰右衛門様子見受け候処、病気之体其上言語調不申候ニ付、追々御

医師等申遣無油断療養相加申候、煩出之様子等召連候家来伊藤弥大夫并粟ヶ崎宿主相川

屋又助呼出、委曲相尋、尤口書取立置申義等、先達テ御届置申通ニ御座候、段々病気指重

り御医師等相招、転薬モ仕候得共、大切ニ罷成候ニ付、昨十五日喜左衛門殿御見廻、末期

御礼申上候、然処昨夕世上風聞之趣モ御聞被成、辰右衛門義於粟ヶ崎相手有之疵付候様成

取沙汰御聞被成、先達テ喜左衛門殿御見受被成候処、左様成疑敷疵之様子ハ無之候得共、

乍世評不軽義ニ付、重テ今夕平馬殿ニモ御出御見分、喜左衛門殿ニモ御出御再見分被成候、

猶更先達テ御医師中療養之次第、薬剤等之義モ重テ御尋、私共手前モ再往御尋被成承知仕候、先達テモ御達申候通、聊疑敷儀無御座候、併猶又今日被仰聞候義ニ付、行歩先召連候家来**弥大夫**手前并相川屋又助義モ呼出し再往精誠遂僉議候処、両人共口書之通少モ相違不仕旨申聞候、家来**弥大夫**手前ハ各様ニモ御呼出、御聞請被成候通、於彼地少モ口論ケ間敷儀無之旨申聞候、則両人之口書両通御達申候、乍世評不軽義ニ付各様ニモ難被成御聞捨、段々被入御念御尋之義ニ付、**弥大夫**・**又助**手前モ相返、種々遂吟味候処、聊疑敷義モ無之候ニ私共義モ存寄之義モ無御座候ニ付、重テ以紙面御達申上候、以上

申九月十六日

安井左大夫　**高崎平左衛門**
三浦重右衛門　**西村善右衛門**
明石源大夫　**桜井金兵衛**
小森貞右衛門

江守平馬様
武田喜左衛門様

右次翌年二月十日互見

今月廿日　金城土橋御門泊御番・御馬廻組**中川善五郎**等五人、十月□日ヨリ先自分指控被仰渡置候処、十二月十七日左之通被仰付

御馬廻組領二百石
中川善五郎

遠嶋　配所へ被遣候迄一類へ御預

但土橋御門泊番之節、御番所を明、三之御丸御番所ヘ罷越、大石弥三郎ト咄合候趣、彼是不届之義ニ付如斯被仰出

閉門　　笠間新左衛門

但同断之節、善五郎義御番所を明け、他番所ヘ罷越候節、可指留処、其義無之ニ付如此被仰出

逼塞　　大石弥三郎

但三之御丸泊番之節、中川善五郎逢ニ罷越、致対話候趣等彼是不届ニ付如此被仰出

遠慮　　大河原助丞
　　　　高山才記

但同断之節、善五郎義弥三郎ヘ逢ニ参候節、心付候趣ハ申入由ニ候得共、翌日頭等ヘモ不相断不都合不念之趣ニ付如斯被仰出

癸亥十月大　　金沢御用番　前田大炊殿

朔日　二日三日四日五日六日七日八日九日十日十一日十二日十三日十四日十五日十六日十七日十八日十九日廿日晴陰交、廿一日廿二日雨、廿三日廿四日廿五日廿六日廿七日廿八日廿九日快晴

同日　御登城、御供同役伊藤

同日　金沢本納米価左之通

地米　五十五匁計　遠所米平均　四十六七匁計

五　日　広徳寺御参詣、同役御供伊藤、頃日江戸中風邪流行、頚腫或内傷等品々軽重有之自分モ強風邪ニテ十日ヨリ十四日迄御殿詰見合養生ス

十二日　広徳寺御参詣、同役御供伊藤

十四日　増上寺ヘ御成還御後御参詣、夫ヨリ直ニ芝御広式ヘ被為入、御供自分見合候ニ付伊藤

十五日　御登城御供自分、今日ハ品姫君様御婚礼之御弘有之、御居残ニ付御退出九時過也

十九日　祐仙院様略御行列ニテ雑司ヶ谷ヘ御参詣

廿三日　暁七時過、金沢升形町後、御馬廻組領四百石木村喜左衛門若党部屋ヨリ出火、居宅不残焼失、其節大雨降候故類焼ハ無之、但土蔵并長屋ハ相残候事

廿八日　九時御供揃ニテ芝御広式ヘ被為入、夜八時前御帰殿、御供自分

同　日　於金沢左之通被仰付

御馬廻頭　和田清三郎代　御小将頭ヨリ　井上勘助

御歩頭　村田助三代　御先手ヨリ　松田権大夫

御先筒頭　三輪藤兵衛代　組外御番頭ヨリ　上月数馬

組外御番頭　上月数馬代　定番御番頭ヨリ　佐藤治兵衛

定番御馬廻御番頭　佐藤治兵衛代　御馬廻組　木梨助三郎

教千代様御用兼帯

徳川宗勝女
吉徳女暢

斉敬（重教息）

定番御馬廻御番頭　野村次郎兵衛代

御馬廻組　矢野仁左衛門

甲子十一月小　金沢御用番　本多安房守殿

朔日　二日三日四日五日六日七日八日九日十日十一日十二日十三日十四日十五日十六日十七日快晴続、十八日雨、十九日廿日廿一日快天廿二日雨昼ヨリ晴、廿三日廿四日廿五日廿六日廿七日快天、廿八日陰、廿九日快天風起

同日　御登城、同役御供伊藤、御出之御客衆ヘ御湯漬出、御献立如前趣

一、中根内膳殿・渡辺幸次郎殿・松原庄左衛門殿御出入被成度旨御申込ニ付御聞届、今日御招於御広間上之間初テ御逢、御取合佐野六右衛門殿、畢テ御料理一汁五菜・御酒・御肴・御吸物・御茶受等、後御菓子迄出之

十日　夜同役伊藤転筋ニテ余程難義、翌十一日ヨリ十六日迄御殿詰等見合之処、気分モ不宜ニ付十七日ヨリ役引有之十二月十日ヨリ押テ出勤、但御供断之処、翌年正月十二日ヨリ御供モ出勤之事

十二日　広徳寺御参詣、御供自分於金沢、美濃守様去五日於江戸御卒去之義、今日告来ニ付、

△諸殺生・普請・鳴物等今日ヨリ明後十四日迄三日遠慮之旨御用番ヨリ御触出

十五日　御登城御供自分

今朝六半時御供揃ニテ寿光院[1]様御姉松平越前守[2]殿御内室致姫[3]様ヘ被為入、夜八時頃御帰

廿三日　御三家様ヘ以上使、御拳之雁御拝領有之

中根正寧（寛9 246頁）

佐野運伝（寛14 37頁）

利物（大聖寺藩七代）

1 重教室
2 松平重富
3 重富室

4浅野重晟
5倉橋久雄（寛16 183頁）
6前田直方

廿六日　安芸守[4]様今度御参勤後、今日五時御供揃御見廻懸り之趣ニテ御出、敷附へ組頭・物頭四人罷出、組頭多田逸角御先立仕、御小書院へ御誘引仕御対顔、御料理ハ先達テ御断ニ付御餅菓子・御吸物・御酒、御重引ハ御前御持参、御盃事有之、御茶受後御菓子等出之、御給仕御表小将等勤之、九時前御退出、其節御式台御杉戸外迄御前御送、御取持倉橋三左衛門[5]殿等鏡板迄御送り、土佐守[6]等敷附迄被罷出、組頭等敷附居こぼれ其外前々之通

一、右あなた御参勤後御見廻懸り之趣ニ付、頭分以上并御給仕布上下着用、其外常服也、此義区僉議有之、今日御客方頭ヨリ申上、以後右之通ニ相極候事

廿七日　四時御供揃ニテ芝御広式へ被為入、夜九時頃御帰殿、御供自分、御供人一統御賄両度被下候義等如前趣

廿九日　広徳寺へ御参詣、自分御供、但和尚於囲《かこい》御茶被上之

今月七日　金城七拾間御門御番人之鎗二筋、身太刀折并石突を切取、柄ハ捨有之、御番人ハ御馬廻組金子新兵衛等、頭ハ佐藤勘兵衛、鎗主名前等追テ委記之事、附左二条同互見

同月廿七日　夜御馬廻組行山作兵衛神尾伊兵衛組儀、於途中手疵を負、生死不宜、為検使御横目今村三郎大夫・小原惣左衛門罷越、且手疵為負逃去候者ハ御馬廻組黒坂直記若党小者両人也ト風説有之

前記二条目ニ有之趣委承之処、今月六日七拾間御門泊番御馬廻組金子新兵衛・藤村五郎兵衛持鎗前記之通紛失、御城代村井又兵衛依被仰渡、盗賊改方野村次郎兵衛於手合、段々僉

重教室

議有之候得共賊相知不申候事

乙丑十二月大　金沢御用番　長　大隅守殿

朔日　二日三日四日五日六日七日八日陰、宵ハ雨無程朗也、九日十日十一日十二日十三日十四日十五日十六日十七日十八日十九日廿日廿一日快天続、廿二日廿三日雪、廿四日廿五日廿六日廿七日廿八日廿九日晦日快天

同日　御登城、御供自分、今日高岡瑞龍寺今度就入院代僧高台寺出府御礼被仰付、且御菓子被下之

四日　御表へ寿光院様就御招請舞囃子被仰付、御番組左之通、見物之御礼自分、御大小将中之分も引請、御近習頭を以申上

瀧田（吉之助）　千十二　太次郎
山太郎　養五郎

藤（諸橋権進）　伝蔵　吉田八左衛門
吉太郎　養五郎

融（弥五郎）　五左衛門　太左衛門
仁九郎　養五郎

昆布売　永哲　春哲

ぶす(附子)　楽三　春哲　春光
善焉　春元

三人片輪　秋悦　善焉

七日　於御敷舞台、御能被仰、付御番組左之通、御礼右同断

玉井（権進）　勇左衛門
五左衛門　吉左衛門
太左衛門　善左衛門

箙（吉之助）　武八郎
猪之助　山三郎
源兵衛

徳川治貞

重教室

松風　宝生大夫　孫之丞　三郎左衛門　仁九郎　養五郎

谷行　勝之丞子小三郎　新次郎　千十二　山三郎　太左衛門　源蔵

安宅　弥五郎　万作　三助　仁九郎　養五郎

小鍛冶　宝生大夫　新次郎　伝蔵　吉左衛門　太左衛門　善左衛門

入間川　八左衛門　猿座頭　秋悦　どぶかつちり（丼礚）　藤十郎

鬮罪人　秋悦　四堂方角　八右衛門

殿中御沙汰書之内

信州内山村百姓惣左衛門せかれ亀松十一才同道山ヘ罷越候処、狼出父惣左衛門面体ニ喰付候処、亀松鎌ニテ狼之口中ヘ押入、手を以両眼をぬき出し卒ニ仕留之、年十一才其上虚弱ニテ中々右体之働可成体ニモ無之処、親を大切ニ心得一身を捨、右之仕業ニ付為御褒美銀二十枚従公辺被下之、且惣左衛門数ヶ所疵を負候得共加療養候処存命、但去月上旬之事ト云々

十　日　辰六刻小寒ニ入、十二日広徳寺御参詣、自分御供

同　夜　九時頃金沢卯辰八幡宮社内ヨリ燃出焼失

十五日　御登城御下り直ニ松平左京大夫殿ヘ被為入御供代り合被仰出ニ付朝御供自分、昼御供御表小将御番頭窪田左平伊藤甚左衛門御供断故也ト昼九時過致交代、本郷御邸ヘ七半時過罷帰、但左京大夫殿御邸青山百人町末道程三里計ハ寿光院様御弟ニ付御養母方御伯父也、将亦御供代如前々迎人乗馬等本行列ニテ呼寄之、且三十人頭以上馬上ニテ交代、其以下モ応分限

迎人本行列之図りを以呼寄召連、各一集ニ段々列之通罷帰、暨代り合ニ罷越候人々モ同趣ニ候、右之趣故路次歩行遅滞之事

一、代り御供人罷越候迄自分・御横目両人ハ左京大夫殿御使人罷出上り候様及挨拶、御広間へ誘引、左之通御料理被下之、御礼挨拶人へ申述、御表小将以下ハ饗応所等へ誘引、茶・たばこ盆迄出候事

鱠　むつの魚(ママ)　はりくり　きんかん　　香物　瓜　大こん　　汁　小くずし　小な

煮物　鮪　長いも　葛西菜　　煮浸焼物　魚名不知　但はちめニ似候魚也

酒　　肴　鮪つくり(カ)　しやうが酢　　蓋塗椀　煮染ごほう　花かつを

吸物《うしを煮》　鰡切身　　以上、　附粗魚塩梅殊之外悪敷無造作ニテ一円難食族ニ候事

一、夜四時頃御帰殿也

十六日　於金沢跡目等左之通被仰付、十八日縁組等諸願被仰出

千　石　御馬廻へ被加之　　藤兵衛嫡子 **三輪千五郎**

二百石　組外へ被加之　　友左衛門嫡子 **岡田八百助**

弐千石　御馬廻へ被加之　内五百石与力知　　友左衛門嫡子 **小堀左兵衛**

千二百石　御馬廻へ被加之　主税嫡子　岡田主馬

三百石　組外へ被加之　直右衛門せかれ　村田左源太

千石　権佐養子　不破駒之助
末期願置之通弟駒之助養子ニ被仰付駒之助へ被下置候自分知ハ被指除之

二百石　源左衛門養子　濱名小右衛門

百八十石　猪左衛門せかれ　杉本孫六

二百石　久左衛門嫡子　高嶺左兵衛

百五十石　五兵衛せかれ　水野是助

七百五十石之内
六百石　左大夫養子　吉田辰次郎
末期願置之通、鷹栖左門次男辰次郎養子ニ被仰付、左大夫儀家業モ有之者ニハ末期願之趣心得不行届趣有之ニ付、本高之内百五十石御減少如斯被仰付

百五十石　源太兵衛せかれ　津田清大夫

三拾五俵
外十四人扶持　猪大夫養子　竹村多宮

五百石　采女嫡子　村上長次郎

八十石　浅進養子　原田大助

重靖（九代）

伝兵衛せかれ
大塚金五郎

十五人扶持

金五郎義鉄砲器用之旨ニ候得共、未熟ニ付如此被仰付

又五郎養子
分部久三郎

百五十石之三ノ一
五十石

伴左衛門嫡子
湯川六郎

百石　組外へ被仰付

了悦養子
丸山養軒

同

善大夫養子
坂井孫六

五十石

宇兵衛養子
長谷川左源太

八十石

御留守居物頭ヨリ
岡田是助
改有終

隠居料二十人扶持

岡田才記

家督無相違二百五十石

是助儀病身相成候ニ付、役義御免除願之趣被聞召届候、及極老候迄数十年全相勤候ニ付隠居家督被仰付、才記儀組外へ被加之

吉田久兵衛跡相続
吉田才一郎

三百石

久兵衛養子宇右衛門義、不届之趣有之、御知行被召放候、乍然久兵衛義、天珠院様御部屋住以来御代々御師範モ申上格別之者ニ候、依之寺西是助弟才一郎義弓術数年心懸致入情、吉田故九（久）兵衛以来習事モ伝授仕罷在候段被聞召候、其上吉田家へ筋目モ有之者ニ付、旁被召出如斯新知被下之、久兵衛跡相続被仰付、御馬廻へ被指加

十七日　春来諸物高直ニテ詰人一統難渋ニ付、銀四十五匁宛被下之、当七月十五日ヨリ壱人扶持ニ弐分八厘計之割増ニ候間、追々参着之者右割合を以当暮被下之候段、今日前田土佐守殿被仰渡有之

十九日　五半時御供揃ニテ肥後守[1]様・松平越中守[2]殿御用御頼之御老中・松平伊豆守[3]殿御老中御用番・安芸守[4]様御勤、夫ヨリ芝御広式ヘ被為入、夜九時過御帰殿、御供自分

廿二日　朝御広式ヘ歳暮為御祝儀、従公方様上使御広式番之頭岡本源兵衛殿を以、如御例紅白縮緬二巻御拝領、上意拝聴寺川斧右衛門紀州様ヨリ之御附頭也、御請ハ大女臈を以被仰上、二汁六菜御料理等出、御前ニモ御出御挨拶被遊、御都合能相済、且右為御礼御用番之御老中ヘ御勤可被遊候処、少々御勝れ不被遊候ニ付、御名代前田安房守殿ヘ御頼也

廿三日　安芸守様・善次郎様御同道御出、善次郎様ハ始テ御出ニ付、御熨斗三方、鰭之御吸物ニテ御盃事被遊、其節御刀被進之、御料理二汁六菜御引菜御前御持参、其外御作法前々之通

但御小書院御床飾有之、御杉戸之内御刀懸出る、是御招請之御含ゆへ也

廿七日　故美濃守[1]様御養子ニ御願置被成候備後守[2]様御実子勇之助[3]様今月七日御着府之処、今日御願之通御家督御相続被仰付、但いまた御忌中ニ候処、昨晩御老中方御連名御奉書到来ニ付、今日御用番松平伊豆守[4]殿御宅ヘ御名代御指出被成候様申来、則建部内匠頭[5]殿ヘ御頼有之、御出之処御家督之義被仰出

附十万石以下ハ四品之跡ニテ無之テハ忌中ニ家督無之御格ニ候得共、此方様御威光故右之通也、態ト不記具ニ候事

1保科容頌（徳3 220頁）
2松平定信（寛1 303頁）
3松平信明（寛4 410頁）
4浅野重晟（寛5 344頁）
岡本幸忠（寛20 163頁）
紀州徳川家
前田矩貫（寛17 294頁）
浅野斉賢（寛5 345頁）

1利物（大聖寺藩七代）
2利精（大聖寺藩六代）
3利考（大聖寺藩八代）
4松平信明（寛4 40頁）
5建部政賢（寛7 84頁）

廿八日　就御風気御登城御断

晦　日　就御風気、明元日御登城御断、依之御家来年頭之御礼不被為請段被仰出、然処年頭御礼追テ可被仰付旨、重テ被仰出有之候事

今月廿九日　夜金沢積雪三尺余

天明九年

政隣

天明九己酉歳　丙寅正月大　　金沢御用番　横山山城殿

今年二月三日ヨリ寛政ト改元

朔日　快天長閑也、就御風気御登城御断、御太刀前田土佐守を以御献上、従御家中年頭御礼追テ可被為請旨昨晩被仰出有之、御例之通於御居間書院鶴之包丁、御料理頭長谷川宇左衛門勤之、津田修理出座、御客衆ヘ如例年二汁五菜・一ツ焼鯛等之御料理出、竹之間御出入之者曁坊主衆等ヘモ同断例年之通

二日　快天、御客衆ヘ一汁五菜等、御出入人如昨日、但御客衆ヘ昨日ハ塗木具、今日ヨリ塗膳、御出入之者ハ尤昨日も塗膳也

三日　快天、御客衆等御料理如昨日

四日　快天、五日陰午后ヨリ雪、六日七日八日九日十日十一日十二日快天、十三日陰、十四日昼過ヨリ雨、十五日昼ヨリ霽晴、十六日晴陰、十七日雨、十八日十九日廿日廿一日廿二日陰晴交、廿三日微雪、廿四日廿五日廿六日廿七日廿八日廿九日晦日快天

但五日夜積雪二寸計

七日　御登城御供自分、但南御門前ヘ、市ケ谷八幡前萬(カ)屋理兵衛ト申町人、訴訟状持参有之、御先供御歩山田伴右衛門押留、御歩横目ヘ引渡、且御通行之節、御駕籠ニ向訴訟之趣声高ニ再往申達候得共、伴右衛門押留有之ニ付、御駕籠近くハ寄不申候、右理兵衛ハ最前御邸内ヘ入、詰人諸色用承候者之由也、且御歩横目ヨリ御作事方御門ヘ廻り可申候、ケ様之趣夫々取捌候役人有之段申含候ニ付、則御作事御門ヘ訴状持参御取揚有之、土佐守殿等

向坂政興（寛6 337頁）
長谷川正直（寛14 94頁）
佐竹義祇（寛3 79頁）

御席取捌ニ付、其訳委曲不知

同　日　上使御使番**向坂藤十郎**殿を以御拳之雁御拝領、御使番**久能吉大夫**・**勝尾吉左衛門**御玄関舗附ヘ出向受取之、御大書院ニ餝之、上使御出之節、御門外ヘ聞番三人、御門下ヘハ年寄中・御家老中、御白洲ヘ頭分八人、舗附ヘ御取持**長谷川太郎兵衛**殿等御出、**御前**鏡板ヘ御出迎、御大書院ヘ御誘引、御熨斗木地三方出之、上意御拝聴御鳥御頂戴之、御取持衆御相伴ニテ御餅菓子・御吸物・御酒、御重肴ハ**御前**御持参、御茶受后御菓子等段々出之、御給仕御表小将、畢テ御請相済御退出、其節御送等最前之通、但階上列居御前後共御用人・御番頭・御横目・御大小将、御刀取**中村織人**勤之、八時前相済追付為御礼御登城、御老中ヘモ可被遊御勤処、少々御風気御再感ニ付、御名代**佐竹壱岐守**様ヘ御頼之事

一、右御拳之鳥ハ七ヶ年目ニ御拝領之御例ニ候得共、今般ハ公儀御代替ニ付、早々御拝領也

八　日ヨリ御館御表向詰人、服紗小袖・布上下着用、御平生之通詰也、平詰昨日切ニテ相止ム

九　日　年頭御礼、明後十一日可被為請旨今日被仰出、今夜節分ニ付、御年男会所奉行**田辺五郎左衛門**勤之

十　日　御例之通上野御成、火消方御邸内間廻、前々之通三歩七歩、一時ニ両度、内一度ハ火消役御大小将指副

十一日　四時過於御居間書院、**前田土佐守**・**津田修理**長袴着用、独礼被為請、畢テ同四之間ニおゐて頭分并嫡子、御椽頬ヘ**土佐守**次男**前田内匠助**座付、一統御礼被為請、奏者御小将頭**多田逸角**、一先被為入重テ御出、最前御用ニテ相残候頭分并御表小将・御大小将・御馬廻組

吉徳女暢

徳川治保（徳2 256頁）

等ヨリ与力迄、四之間ヨリ蔦之間ヘ懸列座、一統御礼被為請、奏者御歩頭**河内才記**、一先被為入、重テ御出、御用ニテ相残候御表小将・御大小将等一統御礼被為請、奏者大組頭**久世平助**、但**後藤・本阿弥**・御手役者等モ蔦之間ニ着座御礼申上、此並ハ例之御通懸り之御礼ニ候得共、当春ハ御通り懸り之御序無御座候ニ付、如斯ニ候事

右相済聞番組頭並**村田甚右衛門**せかれ**政之助**、初テ御目見被為請

十二日 広徳寺ヘ御参詣、同役御供**伊藤**、但疼快、今日ヨリ御供方モ出勤候事

十三日 同役**伊藤甚左衛門**弟天台宗僧**勧行院**、旧臘廿九日夜病死之旨告来、今日ヨリ忌引、但十九日忌明

一、**祐仙院**様今日御本宅御広式ヘ為御年賀御出、夜中八時過御居宅ヘ御帰、但御供人ヘ御例之通御料理・御酒等於御台処被下之

十四日 暁七時前、根津裏門通出火ニテ、南御櫓近板打、一番火消**別所三平**・二番**馬淵嘉右衛門**、御人数召連押出候処、御隣水戸様御中邸ヨリ出火、六十間計之御長屋四十間計一面ニ焼立、火勢盛ニ候処、鳶之者等相働、二十間計以御人数防留、右ニ付一・四之手御備建、御館ヘモ各罷出、七半時頃鎮火鎮鐘打各退散、且右ニ付為御巡見、奥之口ヨリ御出馬、谷小屋辺ニ暫御馬被為建火御覧、夫ヨリ御居宅ヘ暫被為入、追付御帰殿、但御供之御大小将**岸忠兵衛**、インコ坂ニテ転ひ肩ヘ御馬障り、且転ひ候節面部摺疼、今日御番見合之候事

十五日 御登城御供**自分**、且御帰殿之上、去十一日御用等ニテ相残候頭分・平士、年頭御礼被為請、夫ヨリ御勝手座敷御客衆、為御対顔御出之節御通懸り、御料理之間・竹之間ニテ御手

役者并御出人町人共、年頭御礼被為請候事

一、於御前前田土佐守へ、当春御帰国御供被仰渡、津田修理へハ当御留守詰被仰渡

一、勇之助様今日以御名代、御家督之御礼就被仰上候、此方様へモ御家老野口兵部を以、御太刀金馬代被上之

前田利考（大聖寺藩八代）

同　日　於金沢、左之通被仰付

当御留守江戸詰順番之通

御小将頭　大屋武右衛門組共
御歩頭　松田権大夫組共
御用人　伴　源太兵衛

十六日　夜於金沢自宅、舎弟[1]芳左衛門義、反胃[2]等之症、去々年春以来寛病、数医種々雖加療養、本復無之候処、病屈之体ニテ部屋於床自殺相果候ニ付、実弟未移養家ヘ柘櫃三左衛門ヨリ自分代判、同役神保儀左衛門ヘ及案内、尤一類中ヘモ及案内候処、追付各被罷越示談之上、代判儀右衛門ヨリ遠類恒川七兵衛を以検使乞等之義、支配頭堀平馬ヘ申達候処、同人組御横目寺西弥左衛門申遣、両人共無程被参、芳左衛門部屋ヘ平馬・儀右衛門・弥右衛門罷通内見相済、翌朝五時過御用番横山山城殿御宅ヘ為検使乞平馬書付持参、夫々御達申重テ被参、然処同日暮頃前為検使御横目小幡八右衛門・今村三郎大夫被罷越候ニ付、代判儀右衛門委曲申述、平馬・大屋武左衛門対面可有之旨ニ付、右両人溜之間ヘ八右衛門等両人を恒川七兵衛誘引、猶更様子演達之上平馬・武左衛門曁検使八右衛門・三郎大夫右自殺之間ヘ罷通見分相済、取置之義勝手次第之旨八右衛門ヨリ平馬ヘ申達、各追付退出有之、但大屋

1政隣弟
2吐き戻し

武右衛門被参候趣ハ儀右衛門ハ自分同役之事故、立会指支、依之平馬へ申遣ニ付罷越、猶又寺西弥右衛門ハ検使済候迄被詰居并同役奥村十郎左衛門・田辺長左衛門被見廻、検使退出迄被詰居候事

右之趣江戸表へ二月八日告来、令承知候ニ付届書付出之、忌日数於旅中相済候ニ付、不致忌引、併今日ハ気分不勝候ニ付、御殿詰相見合候事

十七日　当春御帰国御供等、左之通被仰付

御道中奉行并御行列奉行相兼　御小将頭　多田逸角 組共

御用人　佐久間与左衛門

会所奉行　山口小左衛門

割場奉行　九里平之丞

右ニ付自分・御横目由比陸大夫・御大小将中多田逸角組之分、御供被仰付候段申談有之

十八日　九時頃、勇之助様始テ御出、御定席へ、河地才記中ノ口ヨリ御誘引仕、御茶等出之、御小将頭兼御近習之松原元右衛門罷出御聞御口上承之就御幼年御口上書御渡之達御聴、元右衛門御居間書院へ御誘引仕御対顔、御熨斗三方出之、追付御定席へ御復座、土佐守[1]・修理[2]被召出御意有之、無程御退出、重テ御定席へ御立戻、御礼之御口上御近習頭へ被仰述、無程御帰

但最前御出之節并御退出之節モ土佐守・修理御定席前之御廊下長囲炉裏之間境御杉戸之

前田利考（大聖寺藩八代）

1 前田直方
2 津田政本

内ヘ御出向等仕、就御幼少御刀持御大小将ハ中之口階上迄罷出、将又携候人々迄熨斗目・上下着用

同　日　左之通、当春御帰国御供被仰付

　御近習騎馬　御歩頭 河地才記　　御筒支配　大組頭 久世平助

　御弓支配　聞番物頭並 坂野忠兵衛　　御近習騎馬　御台所奉行 富田勝右衛門

十九日　御例之通、御具足御鏡餅直ニ付当番切、御雑煮・鯨御吸物・御酒・御取肴頂戴、御礼御台所奉行ヘ申述

　今日当御帰国御供被仰付　詰組御大小将横目 前田甚八郎

廿　日ヨリ御道中方役所建

廿一日　九時御供揃ニテ伝通院ヘ御参詣、夫ヨリ御三家様并讃岐守様ヘ御年賀御勤、自分御供

廿三日　五半時御供揃、御直垂ニテ上野御宮惣御霊屋御参詣御本坊御勤、於常照院御装束被為直、夫ヨリ松平越中守[1]殿・松平豊後守[2]殿御勤、直ニ芝御広式[3]ヘ被為入、夜五時過御帰殿、但於芝御広式御横目・自分一席ニテ左之通御料理被下之、其外御供人ヘモ夫々ニ応被下之

　　御汁　つみ入　せり　大こん

　鱠　魚 ひしき 大こん みかん　　香物　塩茄子　　御めし

　煮物　鮑 せんまい　　焼物　かれい　　御酒　　御肴　松葉するめ

松平頼起（徳3 100頁）

1 松平定信（寛1 303頁）
2 島津斉宣（寛2 353頁）
3 重教女頴の婚家（保科邸）

重教女頴の婚家（保科邸）

甚左衛門

御下　あん懸団子　小皿　沢庵漬大せん　御下

ちよく　さとう　小皿　小板かまほこ　御吸物　ほう〳〵　かきゆ

御膳下　御汁　小つみ入　うど　同上　御煮物　黄皮巻はべん　ひしき　麩

廿四日　九時過御供揃御直垂ニテ増上寺惣御霊屋御参詣、夫ヨリ芝御広式へ被為入、夜四時過御帰館、同役御供**伊藤**

廿七日　御近習御用**横浜善左衛門**等当春御帰国御供被仰付

但交名去々年十二月八日同断ニ付略ス互見

廿八日　左之通被仰付候段、**土佐守**殿被仰渡

御小将頭　**井上勘助**代　御歩頭ヨリ　**河地才記**

右役儀之御礼被仰付候上、用意出来次第発足、御国へ之御暇被下候段モ被仰渡

右ニ付当分御歩等支配可致旨**伊藤**・**自分**両人へ**土佐守**殿被仰渡候ニ付、**才記**ヨリ御用方引請、小頭中等ヨリ夫々申渡

但三月朔日御歩頭**松田権大夫**参着ニ付引渡、其段**土佐守**殿へ相達

同　日　御表小将等都テ御近辺之人々へ今日御帰国御供被仰渡

附二月朔日

御道中御長柄支配　御表小将　**村　為大**

政隣

おおあめ

公延法親王

同四日　左之通土佐守殿被仰渡

津田権平

御手前儀、当春御帰国御道中御近習頭ヘ加り、定騎馬相勤、尤城下・御関所等ハ本役之騎馬所相勤候様可申渡旨被仰出候、此段伊藤甚左衛門ヘモ申渡候条申談可被相勤候事

右伊藤氏ヘモ同趣ニ被仰渡候事

今月　早春ハ金沢快天続長閑ニ候処、廿日過連日雪降三尺余之積雪ト相成、曁越後辺深雪ト云々

同月　江戸快晴続候故、風起火災毎度、別テ廿日頃ヨリ連日二三度宛火事板木打不申ハ無之、併皆々小火等ニテ大火ハ無之候事

丁卯二月大　　金沢御用番　本多玄蕃助殿

朔日　快天、二日雨、三日四日晴、五日雨、六日折々微雪、七日八日九日十日晴陰交、十一日雨、十二日十三日十四日十五日十六日晴陰交、十七日昼ヨリ雨、十八日十九日廿日廿一日陰晴交余寒催、廿二日雨、廿三日廿四日晴、廿五日微雨、廿六日雨、廿七日廿八日廿九日晴、晦日雨昼ヨリ霰(霙カ)

同日　日光宮様御登城ニ付、惣出仕相止、依之御登城無之

三日　寛政ト改元ニ付惣登城

御前少々就御風気ニ御登城御断、但於金沢今月十五日**本多安房守**殿・**長大隅守**殿ヨリ御触有之

同　日　左之通被仰付、於御席**土佐守**[1]殿并御居間書院於四之間**修理**[2]殿被仰渡

御加増弐拾石　先知合百石　御歩小頭並ヨリ　**吉田八右衛門**

八右衛門義如斯御加増被仰付、組外ヘ被指加候、御近辺只今迄之通可相勤旨被仰出

新知百石　新番組御歩ヨリ　**石黒嘉左衛門**

嘉左衛門儀御部屋以来数十年実体ニ相勤、当時励敷情ニ入相勤候ニ付、如斯新知被下之、組外ヘ被指加候、御近辺只今迄之通可相勤旨被仰出

右**修理**殿御申渡

新知百石　只今迄之御宛行ハ被指除之　新番御歩御右筆見習ヨリ　**桜井新八郎**

新八郎義手跡達者ニ相成候心懸致出情候故ニ被思召候、依テ如斯新知被下之、御大小将組ヘ被仰付候、御右筆本役相勤可申候、猶無油断相励可申旨被仰出

右**土佐守**殿被仰渡

四　日　**公方**[3]様、**茂之宮**[4]様ト御婚礼御内御祝有之、御邸内火消方間廻、遠方御成格を以出、右ニ付翌五日為御祝儀従**御台様**御広式御用人**安藤長左衛門**[5]殿を以御肴一種（干鯛一箱也）御拝受、都テ御使番上使之御作法同断、尤御使之方御出向并為御礼御老中御勤ハ就御風気御名代**前田信濃守**[6]殿ヘ御頼也

六　日　**河地才記**役儀之御礼可被仰付処、御風気ニ付不為請段被仰出候ニ付、一昨四日献上物

1 前田直方
2 津田政方
3 徳川家斉
4 近衛経凞女　寔子　広大院
5 安藤定賢（寛17 201頁）
6 前田長禧（寛22 244頁）

7朝比奈泰諧（寛9　63頁）

御太刀銀馬代也相済、今朝江戸発帰郷之事

同　日　上使御使番朝比奈弥太郎[7]殿を以御鷹之鶴御拝領、御作法前々之通、今日ﾓ就御風気御名代前田信濃守殿へ御頼、上意御拝聴御請等御老中御勤ﾓ御同人御勤候事

十　日　去年九月十日同月廿九日記ニ有之沖辰右衛門を粟ヶ崎村方之者共手込ニいたし致打擲候風聞有之候条、辰右衛門家来暨村方之者共召出、遂吟味候様、御用番玄蕃助殿ヨリ改方御用野村次郎兵衛へ就被仰渡候、今日夫々召出吟味之処、村方之者共辰右衛門を致打擲候趣及白状候ニ付、禁牢等申付、四月七日公事場へ引渡候処、追々令牢死、頭振善七一人寛政二年九月廿七日於居在所斬罪之上梟首被仰付

附御大小将組御右筆也
高崎平左衛門

附記　付札多田逸角へ

右去年九月十日、沖辰右衛門儀於石川郡粟ヶ崎村ニ村方之者共ト及口論打擲候由、風聞有之候ニ付、辰右衛門頭江守平馬等ヨリ一類共手前様子相尋候処、且テ相手取候儀等無之旨申聞候ニ付、右平左衛門等連名之紙面取立置候段、平馬先達テ申聞候、然処右村方之者共并辰右衛門家来伊藤弥大夫等手前野村次郎兵衛被申渡、於改方遂吟味候処相手取候者とも有之体ニ相聞候、依之其節之様子、平左衛門手前被相尋口上書取立可被指出候事

去年九月十日沖辰右衛門儀於石川郡粟ヶ崎村ニ村方之者共ト及口論打擲ニ合候由風聞有之候ニ付、沖辰右衛門頭江守平馬等ヨリ一類共手前様子相尋候処、且テ相手取候義等無之旨申達候ニ付、私共連名之紙面取立置候段平馬先達テ申上候、然処右村方之者共并辰右衛門

家来伊藤弥大夫等手前野村次郎兵衛へ被仰渡、於改方被遂御吟味候処、相手取候者共有之体ニ相聞候旨、依之其節之様子私手前御尋口上書御取立御指出可被成旨御用番前田大炊殿被仰渡候段被仰談、奉得其意候去年九月十五日実兄安井左大夫方ヨリ以紙面沖辰右衛門儀御礼申上候処、一類共人少ニ候間私義も罷越可申段申越候ニ付、罷越様子承候処、辰右衛門義九月十日粟崎ヘ殺生ニ罷越、於彼地同夜煩出、翌十一日帰宅仕候、其節医師段々遂詮儀候処、石浦仙良療養ニテ薬剤を補中益気湯ニ人参三分加用申候、ころひ候体ニテ面体等ニ少々すりむき候所モ有之候ニ付、尚更今井元昌申談候処、元昌申聞候ハ外療之療治ハ無之旨申聞候、其外医師中段々呼寄、遂僉儀候処、何れモ卒中風之症ト申聞候、右辰右衛門煩出之様子并療養之趣、小森貞右衛門・安井左大夫申聞候、相頭武田喜左衛門御礼受ニ被罷越候内病死仕候、御礼相済候以後、右元昌・仙良被呼出、病気之様子委曲被相尋候、翌十六日江守平馬ヨリ遺骸其侭可指置旨、後刻見廻可申段申来候、則平馬・喜左衛門、辰右衛門宅ヘ被罷越、世上不軽風聞有之ニ付、猶更遺骸見請可申旨ニテ被致見分候、平馬等被申聞候ハ一類共存付之趣モ無之哉、将又辰右衛門召連候若党弥大夫并粟ケ崎村ニテ辰右衛門宿主相川屋又助右両人共委曲相糺可申段被申、弥大夫義ハ平馬等直ニ被呼出、辰右衛門煩出之様子委被相尋候、又助手前ハ私共尚更遂僉儀候処、両人手前疑敷義無之ニ付、弥大夫・又助口書取立并私共連判之紙面平馬方ヘ指出申候、猶更又助妻子モ呼出詮儀仕候処、且テ疑敷義モ承不申段申聞候ニ付、其段口書取立置申候、其上村役人共モ呼寄、其日其夜於同村口論ケ間敷儀モ承不申哉、且疑敷儀モ無之哉ト厳重詮義仕候得共、少モ疑敷筋相聞不申

候段申聞、則口書取立置申候、此外私義承請申趣等、可申上義無御座候、辰右衛門儀ハ実
兄安井左大夫妻弟ニ御座候、以上

酉三月廿九日　　高崎平左衛門　判

多田逸角殿
堀　平馬殿

右平左衛門外安井左大夫等へ御尋之趣并指出候紙面同趣ニ付記略、此次寛政二年七月廿七日互見

十五日　御風気尓々不被為在、御登城御断

同　日　於金沢、左之通被仰付

大聖寺へ被遣候御横目　御大小将　高田昌大夫
　　　　　　　　　　　　　　　　堀　勘兵衛

十六日　御表へ年頭初テ寿光院[1]様并祐仙院[2]様・松寿院[3]様御招請、依之於御敷舞台御能被仰付、
御番付左之通、御歩並以上見物モ被仰付、且御出入御旗本衆之内佐野六右衛門[4]殿・佐野六
十郎[5]殿・東儀幸次[6]殿・井戸左次馬[7]殿、右御能有之段及御聞、御頼ニテ御出、御家中見物所前
之方ニ腰屏風建、其内ニテ御見物、於御定席御勝手座敷、御料理・御菓子・御湯漬追々出之
候事

鶴亀　勝之丞　孫之丞　伝蔵　山三郎　太左衛門　養五郎

忠則　弥五郎　万作　三助　仁九郎　養左衛門

1 重教室千間
2 吉徳女暢
3 重教女穎
4 佐野運伝(寛14 37頁)
5 佐野運高(寛14 37頁)
6 東儀兼善(寛22 327頁)
7 井戸弘光(寛17 73頁)

松平頼起（徳３100頁）
（高松藩七代）

徳川治保（徳２256頁）
（水戸藩六代）

草紙洗 宝生太夫　新次郎　三郎左衛門 六蔵　養五郎　是界 権進　勇左衛門　五左衛門 山三郎　太次郎 源蔵

自然居士 宝生太夫　新次郎　千十三 仁九郎　養左衛門　紘上 弥五郎　万作　三郎左衛門 六蔵　太左衛門 養五郎

祝言 養老 吉之助　金三郎　政吉 山三郎　吉田八右衛門 源蔵

麻生　八右衛門　只八 弥助 永哲　宗論　秋悦　春哲 春元　鍋八撥　藤十郎　卯助 弥助

飛越　秋悦　藤十郎　首引　八右衛門　秋悦 春元　只八 春焉　春哲 宗元　永哲

十九日　夜五時前、番町通出火ト遠板打候処、烈火ニテ程近く相見候ニ付、一番火消**堀新左衛門**・二番**千秋作左衛門**義モ御櫓ヘ上り見分之上御人数召連押出有之候処、小石川御門之内**讃岐守**様御邸内御広式ヨリ出火、不残焼失、表御門続御長屋少々残ル、従此方様三ツ輪手合御人数被遣、御先手**団多大夫**罷越、右御長屋之内二ヶ所指留之、九時前鎮鐘打、暁天頃兵粮三百人前、**讃岐守**様（当時御在邑也）被進、御大小将**永原治九郎**為持罷越、右火事ニ付、**水戸様**ヘモ稲妻御手合御人数被遣、御先手**中川平膳**召連罷越、右一・二番御人数ハ方境外御堀内等ニ付、建場ニ控有之

今月七日於金沢被仰付

1重教女顕の婚家（保科邸）
2甚左衛門
本多政成
前田孝友

御馬廻組御番人
先年高岡町奉行
去年迄御作事奉行　脇田源左衛門

別宮口留御用

廿二日　九時頃俄ニ被仰出、芝御広式[1]へ被為入、夜八時過御帰殿、同役御供伊藤[2]

廿三日　於金沢、左之趣御用番玄蕃助殿被仰渡候旨御横目廻状有之、前記去年九月五日互見、此次今年三月朔日互見

△巡見上使衆当月下旬江戸表発足、越前路ヨリ御領国へ御越之筈ニ候条、金沢御到着之節見物ニ不罷出様家来末々迄急度可申渡候、若用事等有之、御通之道筋へ参り懸候ハ不作法無之、急度堅可申付候、尤火之元弥厳重ニ可申渡候

一、上使衆金沢町道筋、地黄煎町・玉泉寺前・野町・才川橋・石浦町・南町・堤町・袋町・博労町・尾張町懸作り・浅野川橋・森下町・金屋町・高道町・春日町・大樋

但博労町・御算用場前・大手先御堀端・尾張町・中町、右之通故、御道筋ニ相成申義モ可有之哉、依之掃除ハ可申付候

右道筋横、町侍中居屋敷見通しニ程近き長屋等修理之義、至テ見苦敷所ハ少々加修理可申候、外廻り窓有之処ハ窓ニ蓋懸、掃除可申付候、若御城内御通抜ニ候得ハ尻垂坂ヨリ公事場前寺西九左衛門・津田修理前ヨリ大炊・修理間を御通尾張町へ御出之筈ニ候条、屋敷前掃除等之義、其心得可有之候

右之趣、組等之内才許有之面々ハ其支配ヘモ不相洩様可被申談候事

甚左衛門

二月

別紙之趣、諸頭并役儀御免之頭分暨隠居之面々ヘモ不相洩様可被申談候事

二月廿三日

廿八日 御登城、同役御供**伊藤**

廿九日 明後朔日、御鳥披ニ付、今日御給仕習仕《(ならし)》、御表小将・御大小将等打込有之并諸席習仕も夫々申談、九半時揃ニテ七時前相済候事

晦　日 明日御披ニ付、御拳之雁御吸物ハ頭分以上頂戴被仰付候筈之旨被仰渡候由、御横目中ヨリ申談有之事

当御帰国御道中十二御泊付等左之通

蕨	御中休	浦和	御泊	鴻巣	御中休	熊谷	御泊
落合新町	同	板ヶ鼻	同	坂本	同	追分	同
小諸	同	上田	同	丹波嶋	同	牟礼	同
関川	同	高田	同	名立	同	糸魚川	同
青梅	同	境	同	舟見	同	魚津	同
東岩瀬	同	高岡	同	今石動	同	津幡	同
金沢	御着城						

前田長禧（寛22 244頁）

戊辰三月小　金沢御用番　前田大炊殿

朔日　晴、二日巳ヨリ雨、三日四日五日六日七日快天、八日雨、九日十日晴、十一日雨、十二日十三日晴、十四日十五日雨、十六日十七日十八日十九日廿日廿一日晴陰交、廿二日廿三日雨、廿四日廿五日廿六日廿七日廿八日廿九日晴陰交

同日　去年七月御拝領之雲雀、当正月御拝領之御拳之雁、前月御拝領之鶴御披ニ付、前田信濃守殿并御出入御旗本衆四十三人御招、御小書院并御勝手座敷ニテ御饗応、右御取持衆七人ハ御小書院溜ニテ御饗応并御城坊主衆二十人被為召、平生之溜ニテ御料理被下之御拝領之御鳥三種ハ於御小書院御前ニモ被遊御頂戴候、御上客信濃守様トハ御盃事モ被為遊、御台引モ御持参被遊候筈之処、御断ニテ御出無之ニ付、其御儀無御座候、右之外御客衆ヘハ御台引御取持衆前田安房守殿等七人也御持参、数之御土器之上、御取肴モ御取持衆御持参、尤三席共御出被遊御挨拶候、坊主衆溜ヘモ御通懸り御襖戸明之御会釈遊候、且又御取持衆御七人ヘハ別段御餅菓子・御吸物・御酒・御重肴出之

但御客衆之内、御断十三人有之候事

御表小将御給事役附

御熨斗三方　林　平二郎
御銚子　高山表五郎
御滴　津田吉十郎

御土器三方　千羽昌大夫
御肴三方　中村右源太
代御肴三方　辻　八郎左衛門

狩野常信
石山瀬田
御留石か

引物役　辻　八郎左衛門　山口新蔵　高山表五郎　千羽昌大夫
　　　　　　（御盃事無之ニ付御用無之）
　　　中村右源太　津田吉十郎　林　平二郎
御頂戴　御吸物　山口新蔵　林　平二郎　辻　八郎左衛門
　　平御給事　附記是ヨリ御大小将
数御土器（湯原友之助　宮崎蔵人）　数御肴（平岡次郎市　中村織人）（成田長大夫　高田牛之助）
（坂井権九郎　笠間他一郎）（土方勘右衛門　岸　忠兵衛）（大塚靭負　真田佐次兵衛）（森　久五郎　平田磯次郎）此両人ハ御客減候ニ付、取次へ加り候事
御小書院溜御給事
御勝手座敷御給事　但両席共数之御土器等都テ御小書院同断ニ出、御給事御大小将、御勝手座敷新番加ル、御小書院溜不足之分無息ヨリ多田武二郎・久世権太三郎・長瀬作左衛門御雇加人
御小書院御飾
養朴筆
二幅対　梅　御卓皆朱
　　　　御香炉　獅子手燭
　　　　御掛物　百人一首
　　　　後小松院宸筆
御硯箱　瀬田蒔絵　御料紙青白
同　御溜

狩野尚信

中国書家の趙孟頫

主馬筆
一幅　鶴

御勝手座敷

子昂筆
一幅　孤松之図

御献立

熨斗鮑　木地三方　みそ
御吸物　御拳之雁　山のいもさん
岩たけ

御料理　二汁七菜　塗木具御膳

鱠　たい　さより
栗　せうか　金かん

香物　塩
山椒

御汁　御拝領之鶴　いてう大こん
浅蕨　生しいたけ
鶴筋　よめな

二

杉箱　くしこ　みるくい
結ひしき　敷葛

当座鮨　なよし
こういか
漬たて

御汁　鱸背切
さんしやう

八寸
指味　鯉子付　玉子せんべい　わさひ　巻塩引
交かくてん　小みる　巻れんこん　笹　南天葉　煎酒
猪口

向詰　小鯛焼て

御台引　みそ漬鱒
青くし

御肴　大板かまほこ

御吸物　御拝領之雲雀　いとな
懸瓜　黒くわゐ

御茶漬　枸杞ねり　川たけ　御盃事無之ニ付此三品不出
御土器木地三方
御肴木地三方　まきするめ　らん切
御下捨土器木地足折

後御菓子　弥生糖　黄貝尽　宇治川
数御土器木地三方
同御取肴木地三方打鰑

一、昨日ニ記候通、頭分以上於長囲炉《いろり》裏之間　片方御近達　片方御表向　左之通御吸物等頂戴被仰付

御吸物《みそ》　御拳之雁　山のいもさん　岩たけ
御酒　御重肴　かまほこ

右御礼御近習頭を以申上

同日　当御帰国御暇今月中ニ被仰出候ハ来月十一日可被遊御発駕旨被仰出候事

同日　御大小将**安達弥兵衛**、巡見上使為御用近江国へ被遣候ニ付、今朝金沢発足、前記天明七年四月廿三日等、今年十二月廿三日互見　且道中雪有之、馬足立兼候処も就有之由ニ、御貸馬難為牽候段**弥兵衛**ヨリ御用番へ御達申候処御聞届、依之御貸馬不受取段、若年寄衆へ及御届、右御用相済四月八日帰着、将又頭**大屋武右衛門**ヨリ再往之上、他国御使並金五十両御貸渡有之

附記　四月五日、左之通御用番**本多安房守**殿御触有之
巡見上使衆、当十七日頃此表御着之御様子ニ候、御逗留中御旅宿前往来遠慮可有之候、家来末々迄モ可申聞置候、侍中門前御通之義ハ門を打、窓有之所ハ窓蓋軽く申付、横見通し

候処ﾓ右之趣ニ可心得旨被仰渡候事

一、右御旅宿前幷其辺程近き所ヘハ御小将町廻被控候筈ニ候、其心得有之候様、組合筆頭々々迄御番頭田辺長左衛門四月十二日申談之

一、四月十七日、巡見上使御使番筑紫従太郎[1]殿・御小将組大久保長十郎[2]殿・御書院番堀八郎左衛門[3]殿御着、依之御年寄衆等玉泉寺前迄御出迎、今晩金沢御止宿、翌十八日御発出有之

一、右御用主付御馬廻頭神尾伊兵衛・御小将頭中村九兵衛義、巡見上使衆於越中御旅宿間違之趣有之ニ付自分ニ指控可罷在哉之旨五月六日御用番大隅守殿ヘ相達候処、追テ可被及御指図旨被仰聞候ニ付、依之同日ヨリ相慎罷在、但用遣も有之候処、同月十九日右両人不及指控段被仰渡有之、出勤之事

二日 四時過御供揃ニテ肥後守[1]様等五ヶ所ヘ御勤御年賀ナリ、夫ヨリ直ニ芝御広式[2]ヘ被為入、夜八時過御帰殿、御供自分

三日 御登城御下り、広徳寺御参詣、御供同役伊藤、上巳御祝詞御客三十人計御出、如例一汁五菜御料理出

四日 於金沢、左之通御用番被仰聞候旨、御横目廻状出

付札 御横目ヘ

御城中所々御番所等火之元之義、去春被仰出候趣ﾓ有之、厳重相心得候様可申渡旨、其節頭・支配ヘ申渡置候、尤人々無油断相守候得ハ弥厳重相心得候様、夫可申渡置旨、諸頭暨諸役所役人中ヘ向寄可被申談候事

---

1 筑紫于門（寛12 154頁）
2 大久保忠救（寛12 13頁）
3 堀直安（寛12 374頁）

1 保科容頌（徳3 220頁）
2 重教女頴の婚家（保科邸）

正隣

甚左衛門

三月四日

同　日　於江戸、御扶持方代渡、但壱人扶持ニ中勘八拾目宛之割図也

六　日　江戸中疱瘡流行、尾張様御嫡孫二郎太様ハ御疱瘡

七　日　佐竹右京大夫様、今日始テ御年賀旁御出、於御小書院鰭之御吸物ニテ御盃事被遊、御刀被進之、阿方ヨリ御持参之御太刀馬代、組頭披露之、御取持衆指出、右畢テ二汁六菜之御料理御相伴佐野六右衛門殿ニテ出之、御引菜ハ御持参被遊、夫ヨリ後御菓子迄段々相済御退出也、御取持ハ倉橋三左衛門殿・長田甚左衛門殿・右六右衛門殿之事

八　日　先達テ藤姫様御儀、御養女ニ被遊度旨之御願書御指出置候処、昨七日御用番宅ヘ聞番被召呼、御願之通被仰出候段被仰渡候ニ付、為御礼今朝五時御供揃ニテ御老中方御廻勤、同月十一日頭分以上布上下着用御席ヘ罷出候様被仰渡候段御横目中申聞ニ付、四五人宛申談罷出候処、左之通土佐守殿御演述ニ付、恐悦申述退出

藤姫様御儀、御養女ニ被遊度段、御願之通被仰出、難有御仕合被思召候、此段何モヘ可申聞旨御意ニ候

十　日　祐仙院様御五十之賀御祝、今日於御居宅有之

十一日　御大小将森久五郎疱瘡、去五日ヨリ御番引之処、時疫モ相混、元来肉損空虚之症ニテ難治至極之段、医師申聞、依之人参拝借之義頭多田逸角ヘ相頼候処、御聞届ニテ同九日自分詰番之節大人参六服御近習御用横浜善左衛門被渡之候ニ付、早速指遣、段々療養有之候得共、不宜今十一日朝最早及大切候段、同組御大小将千秋作左衛門、拙者御小屋ヘ参出

徳川宗睦

徳川治行の長男

佐竹義和

佐野運伝（寛14 37頁）

1 倉橋久雄（寛16 183頁）

2 長田繁趣（寛9 27頁）

重教女

前田直方

吉徳女暢

松平信明（寛4 410頁）
夏目信郷（寛6 164頁）
建部政賢（寛7 84頁）
酒依信道（寛3 314頁）

被申聞、末期御礼申上度段、**多田逸角**へも申込候段申聞ニ付、押付右**久五郎**御小屋へ罷越、**逸角**ニも無程被参候処、暫以前病死之旨同組**宮崎清左衛門**演述、押付病間へ**多田氏・自分**罷通候処、類中詰合無之ニ付、同組**平田磯次郎**布上下着用御礼之趣演述、畢テ於最前之間遺書見届相済、**多田氏**被帰候ニ付**拙者**義も御小屋取携等之義夫々申談致退出候事

但跡式相続願之義、同姓**森鳥左衛門**弟**栄左衛門**今年三十二才、此者願之段被調置候事、

附同夕駒込吉祥寺へ葬送有之、御小屋等取捌主付之**平田磯次郎**之事

十二日 広徳寺へ御参詣、同役御供**伊藤**、明十三日御国へ之御暇上使之御沙汰有之、夫々申談置

十三日 上使御老中**松平伊豆守**殿を以御国許へ之御暇被蒙仰、如御例巻物三十・白銀百枚御拝領、従**御台様**も御使御広式御用人**夏目摂津守**殿を以、巻物等御拝受被為遊候、然処、**御前**御風気ニテ御鼻液多被為出候ニ付、御名代**建部内匠頭**殿へ御頼、上意御拝聴等被為成候、尤如御例上使へ二汁六菜御料理、御相伴御名代**内匠頭**殿ニテ御饗応有之、御使**摂津守**殿へハ御重菓子等出、御相伴御取持之**酒依清左衛門**殿其外都テ御作法前々之通ニ付留略

十四日 御老中方御連名之以御奉書、明十五日御登城御暇之御礼可被仰上旨、且御家来両人可被召連旨も申来、依テ明朝六時御供揃ニテ御登城、御下り御用番之御老中外御老中方并若御年寄方ハ御風気ニ付御名代を以御勤之筈御勤可被遊旨被仰出、然処夜中四過御風気ニ付明十五日御登城御断被遊候段被仰出、依之一統不及平詰旨、御横目中ヨリ申談有之候事

十五日 当日御祝詞御客等有之、一汁三菜之御湯漬出之

十八日　昼過ヨリ広徳寺ヘ年頭為拝参正月中拝参可致候処、御用透無之延引罷越、夫ヨリ浅草辺行歩、
上野広小路花木等見物、暮前帰、同伴久世平助之事

廿日　御風気御快勝ニ付何時御登城被遊候テモ御支無御座旨、公義ヘ今日御届有之候事

廿二日　金之助[1]様肥後守[2]様御嫡孫、今日十五日初テ御目見就被仰上候、今日御見廻懸り之趣ニテ
五半時御供揃四時頃御出、於御小書院御対顔、御持参之御太刀馬代御小将頭松原元右門
披露、鰭之御吸物ニテ御盃事被遊、畢テ御取持長田甚左衛門殿御相伴ニテ二汁六菜御料理・
御酒・御吸物・御肴・御茶請・後御菓子迄段々相済、御庭ヘ御出御見物高山之御亭ニ御休、御
干菓子・御茶上之、御小書院ヘ御帰座之上、あん懸団子・御酒・御吸物・御肴・後御菓子出之、
七時頃御退出、御取持衆倉橋三左衛門[1]殿等四人、但従此方様御刀被進之
讃岐守[2]様ト藤姫[3]様御縁組御内約相済候ニ付、今日従讃岐守様御留守居御使者を以被進候ニ
付、於御広間溜、右御使者ヘ二汁五菜御料理等間番相伴ニテ被下之

同日　寿光院[4]様五時前御供揃ニテ青山千寿院ヘ御参詣、御帰ニ御実弟松平左京大夫[5]殿青山百人
丁末也ヘ御立寄、翌暁七半時頃御帰之事

廿三日　五半時御供揃ニテ御両隣様等所々御勤、御直ニ芝御広式[1]ヘ被為入、夜ニ入御帰、同役
御供伊藤[2]

廿五日　九時御供揃ニテ水戸様[3]・尾張様[4]・讃岐守様ヘハ近々御帰国ニ付御暇乞御勤、松平左兵衛[5]
督殿・相模守[6]様ヘハ為御年賀御勤、七時過御帰自分御供

同日　大塚筋ヘ御成之処、俄ニ御延引、是ハ今日御妾[7]腹ニ姫君[8]様御誕生、即刻御台様御養子ニ

1保科容住（徳3 222頁）
2保科容頌（徳3 220頁）
長田重趯（寛9 27頁）

1倉橋久雄（寛16 183頁）
2松平頼起（徳3 100頁）（高松藩）
3重教女
4重教室
5（紀伊）松平頼謙（徳2 244頁）

1重教女顥の婚家（保科邸）
2甚左衛門
3松平治保（徳2 256頁）
4松平宗睦（徳2 220頁）
5佐竹義和（寛3 77頁）
6池田治道（寛5 60頁）
7御満
8淑姫

1浅野重晟（寛5 344頁）
2浅野斉賢（寛5 345頁）
3佐野運伝（寛14 37頁）
4宴席で即興に絵を画く事
5食後の食物

1重教女頴
2保科容住（徳3 222頁）

被為成候由云々

廿七日　**安芸守**[1]様・**右京大夫**[2]様御父子御同伴四時過御出、於御小書院御取持**倉橋三左衛門**殿・**佐野六右衛門**[3]殿、御相伴ニテ二汁六菜之御料理等相済、御庭へ御出御見物、夫ヨリ於御馬場御客馬御覧、於御馬見所品々御饗応、御小書院へ御復座之上、**諸葛翰**・**伯円**席絵[4]御覧、素仕舞・一調一管・語、夫ヨリ御囃子、小塩・乱相済、御後段[5]并御夜食等品々御饗応之上御退出

但右御客馬之節、御大小将**宮崎蔵人**ヘモ乗馬被仰付

廿八日　於御敷舞台御能有之、御番組左之通、就夫**松寿院**[1]様・**金之助**[2]様御広式へ御出、於同所御饗応之上御表へ御出、御能御見物有之

翁　千歳　喜六
　三番叟　秋悦
　面箱　春哲

久世戸　左一郎　武八郎
　千十二　太左衛門
　山三郎　養五郎

目近　秋悦

経政　衣之助　覚理左衛門
　政吉　源蔵
　平五郎

土筆　春元

西行桜　弥五郎　孫之丞
　伝蔵　太左衛門
　仁九郎　養五郎

御中入

葵上　弥五郎　勇左衛門
　五右衛門　八左衛門
　山三郎　太次右衛門

武悪　秋悦

熊坂　勝之丞　七五郎
　猪之助　太左衛門
　平五郎　源蔵

悪太郎 藤十郎　米市 秋悦　土蜘 吉治助 武八郎　附祝言
一、仕切御扶持方代并御供人壱人八十目宛之割御扶持方代昨廿七日渡、委曲別記ニ有之
廿九日　明朔日惣登城四時過揃之旨御大目付衆ヨリ御廻状来、是公方様[1]ニ今度姫君[2]様御出生、
御七夜中ニ付御表ヘ御出無御座故也
右ニ付此方様御国許ヘ之御暇被為蒙仰候義故、月次御登城之義御用番御老中迄御伺之処、
不及御登城段御指図ニ付、明朔日不被遊御登城段被仰出

大目付へ
覚

△一、不益ニ手間懸り候高直之菓子類向後可致無用候、是迄拵来候共相止可申事
一、火事羽織・頭巾結構之品可致無用并町方火事場まとひ錫箔之外用間敷事
一、能装束甚結構成モ相見得候間、向後軽く可致候并女之着類モ大造之織物・縫物無用ニ可致事
一、はま(破魔)弓・菖蒲甲刀・羽子板之類、金銀かな物并箔用申間敷事
一、雛并もてあそび人形之類、八寸以上可為無用候、右已下之外ハ粗末之金入緞子類之装束ハ
不苦候事
一、雛道具梨子地ハ勿論蒔絵ニテモ紋所之外無用之事
一、櫛・笄・髪指等、金ハ決テ不相成候、銀・鼈甲モ大造ニ無之ハ不苦候并目立候飾り細工入組高
直之品ハ売買堅停止之事
一、きせる其外もてあそび同前之品ニ金銀遣ひ申間敷候并蒔絵等結構ニ致間敷事、右之條々急

1 徳川家斉
2 淑

松平定信（寛1 303頁）
牧野成賢（寛11 49頁）

度可相守候、惣テ奢たる品拵申間敷旨、元禄・享保年中触之趣、猶又此度改テ右之通被仰出候、尤只今迄商人仕入候分ハ当年限りニ致売買、来戌年ヨリハ書面之通売買可為停止候、停止之品自今若誂候者有之候ハ奉行所ヘ相伺可受指図旨町方ヘモ相触候条可被得其意候

酉三月

右之趣向々ヘ可被相達候、松平越中守殿御渡候御書付写壱通、相達之候条被得其意、答之義ハ牧野大隅守方ヘ可被申聞候、以上

三月十五日　　大目附

御名殿　留守居中

当御留守詰交代御大小将、今月廿一日立四人四月三日江戸着、今月二日（ママ）立四人四月四日江戸着、御供代御大小将横目小幡八右衛門御大小将三人今月廿六日立四月七日江戸着、同断同役奥村十郎左衛門御大小将三人同道四月八日江戸着今月同廿七日金沢立、其外先達テ参着之分共都合当分御大小将詰ニテ数四十六人曁諸頭并諸役人不残四月八日御留守詰之人々着揃、御邸中御人多賑敷事也

但四月十一日御発駕ト先達テ就被仰出候本文之通ニ候処、就御風邪ニ御暇之御礼未被仰上候故、十一日御発駕御延引、今月十五日右御礼被仰上候得ハ、翌十六日前御発駕可被遊旨四月六日被仰出候事

前記御小将頭大屋武右衛門四月五日三月廿三日金沢発、御用人伴源太兵衛三月十八日金沢発三月廿八日着

己巳四月大　　金沢御用番　本多安房守殿

朔日　晴、二日陰、三日雨、四日五日六日七日八日九日十日晴陰交、十一日午刻雨前後晴、十二日十三日十四日十五日十六日十七日十八日晴陰交、此末旅中ニ付日記ス

同日　昨日記之通ニ付、今日御登城無御座候事

寿光院様ヨリ今日御内々御附頭原弥三兵衛奉書を以御供ニテ近々罷帰候ニ付帯地弐御目録添拝領被仰付候ニ付、御次ヘ出御近習頭樫田折之助を以申上、弥三兵衛御小屋ヘ為御礼相勤候事

但頭分以上御供并交代共罷帰候前被下之御例也、先達テハ御細工物も添被下候処、近年ハ依御倹約右御添物ハ相止

三日　四時、御供揃ニテ慶次郎[1]様御勤、夫ヨリ芝御広式[2]ヘ被為入、夜八時御帰殿、御供自分

四日　四時、御供揃ニテ為御年賀松平土佐守[1]殿御勤、夫ヨリ松平豊後守[2]殿ヘ被入、寛々被成御座、同役御供伊藤

五日　九時過、御供揃ニテ上野御宮惣御霊屋・広徳寺・伝通院、松平大学頭[3]殿・紀州様[4]御勤、同役御供伊藤

六日　伊達遠江守[1]殿・松平左京大夫[2]殿・真田弾正大弼[3]殿ヘ為御年賀御勤、地徳院ヘ御立寄、御装束被召替、増上寺惣御霊屋御参詣方丈御勤、夫ヨリ芝御広式ヘ被為入、然処伊藤・自分両人共足踏出し痛、草鞋喰候テ強痛、御供難相勤ニ付、一両日御供御用捨被成下、御表小将御番頭被召連被下候様、昨日横浜善左衛門を以、相願候処御聞届ニ付、今日ハ窪田左平御

重教室

1南部利敬（寛4 111頁）
2重教女顕の婚家（保科邸）

1山内豊雍（寛13 308頁）
2島津斉宣（寛2 353頁）
3松平頼亮（?）
4徳川治宝（徳2 246頁）

1伊達村候（寛12 345頁）
2松平頼謙（徳3 39頁）
3真田幸弘（寛11 60頁）

1保科容頌（徳3 220頁）
2浅野重晟（寛5題344頁）

供相勤候事、但五時御供揃ニテ夜九時過御帰館
当十五日御暇之御礼被仰上候得ハ翌十六日可被遊御発駕旨、今六日被仰出候事

七日 四時、御供揃ニテ**肥後守**[1]様へ寛々被爲入、前記之通ニ付今日モ御供**窪田左平**相勤

九日 四時、御供揃ニテ**安芸守**[2]様へ寛々被爲入、夜九時御帰館御供**自分**、疼所押テ相勤、今日右於御邸御料理等品々御饗応、爲御慰、御囃子・一調一管・蹴鞠等有之、将又御供人一統末々陪従者迄御料理・御酒等被下之、新番以上ハ左之通御献立、其以下左ニ准候、御献立段々有差

鱠 魚 うと きくらけ 防風　香物 粕漬瓜　御汁 つみ入 ちさ

御めし

煮物 玉子巻（カ）くずし 蕨 長いも さんしやう葉　御引菜 鯔輪切 てうせん漬

焼物 かれい　御酒　御肴 一塩焼魚 みそ青串　後御干菓子品々

夕方左之通

小豆煮 雑煮餅　猪口 砂糖　小皿 大こん酢浅　御吸物 みそ 角はべん みつ葉　御酒

猪口 こういか 青あへ　小皿 魚 よりてん 酢みそ

夜左之通

汁 ちさ しいたけ　焼物 はちめ おろし身　香物 粕漬瓜

めし
煮物　大くずし　うとめ
御酒　猪口　品失念
御肴　さより　しそ　鮹

右ニ付御出前、御大小将御使を以、鮮御肴一籠被進之

十一日　前田安房守[1]殿御嫡熊次郎[2]殿始テ御越、於御小書院御目通、御盃事之上、御装刀被遣之、従熊次郎殿モ御太刀銀馬代被上之、畢テ於御小書院溜右御父子御相伴佐野六右衛門[3]殿ニテ二汁五菜御料理・御後菓子迄段々遣之

同　日　肥後守様昼ヨリ御暇乞旁御出之筈ニ付、寛々御饗応御客馬モ有之筈之処、御隙入夕方御出ニ付御客馬無之、暮過御退出

同　日　於金沢、左之宗門奉行紙面写を以、御用番安房守殿御触出

御家中幷御領国中等ヨリ毎歳四月宗門相改指出候帳面、近年延引ニ相成候儀モ有之、其分人々紛方不宜体ニテ寺号相違仕或文字モ自分ニ大体ニ調出候様子ニテ役所帳面ト甚相違候分モ有之、宗門所しらへ方混雑仕候、畢竟寺証文、人々手前へ取請候義延引等ニテ日限相延、無是非先及承候寺号を調出候義モ有之候哉、左様ニ御座候テハ第一御縮相立不申候条、右之族無之様一統夫々被仰渡候様ニト奉存候、且又寺庵ヨリ指出候寺証文之内ニモ所付等相違之分モ有之、入院之後、又ハ役僧交代之節等、前々之調方ト相違仕候哉ト奉存候、尤寺証文之義ハ御縮之第一ニ御座候間、在々等ヨリ軽き奉公人等、縁借旦那相頼候テモ其人々之旦那寺ヨリ送紙面無之候分ハ弥相対ニテ寺証文差出不申様、寺庵へ申渡有之様、寺社奉行へモ被仰渡候様ニト奉存候、以上

1 前田矩貫（寛17 294頁）
2 前田矩方（寛17 294頁）
3 佐野運伝（寛14 37頁）
保科容頌（徳3 220頁）

1松平頼謙（徳3 39頁）
2松平頼看（徳3 39頁）
3松平頼亮（？）

酉二月廿日
武田喜左衛門
神尾伊兵衛
津田林左衛門
不破和平
各判
本多安房守様
長　大隅守様

十二日　広徳寺ヘ御参詣、同役御供伊藤、但御暇乞之御参詣今日被為済候ニ付、今日ハ惣御霊拝被遊候、且従和尚御茶被上之候事

十三日　宿割曁御宿拵兼之、御大小将宮崎清右衛門・千秋作左衛門・平田儀次郎・横地茂太郎、今朝致江戸発足候事

同　日　松平左京大夫殿[1]・同雅楽頭殿[2]・松平大学頭殿[3]御出、於御小書院御餅菓子・御吸物・御酒等出之暫有之、二汁七菜・御焼物等之御料理・御酒等・御濃茶・後御菓子迄段々出之、御庭ヘ御出御見物、於御亭品々御饗応、於御馬見所乗馬御覧之内ニモ御饗応有之、御客馬相済、御小書院ヘ御復席之内、席絵狩野伯円・諸葛翰（監）ヘ被仰付、仕廻宝生太夫等一調一管、脇師語曁御囃子有之、右之内御後段・御夜食等出、九時前ヨリ御出、夜五時頃御退出之事、但右御客馬之節御大小将ヨリ坂井権九郎・土方勘左衛門・堀新左衛門ヘモ乗馬被仰付

十四日　八時前、明十五日御登城、御暇之御礼可被仰上旨、御老中方御連名之御奉書并御家来両人可被召連旨御別紙モ到来、右ニ付弥明後十六日昼九時御供揃ニテ御発駕、御下邸ヘ可被遊御立寄旨被仰出

＼明後十六日御発駕ニ付、明十五日昼過ヨリ前々之通火事御行列相建不申段ヘ火事方主付頭・

御横目連名之廻状出

十五日　頃日之依御奉書、今朝六時之御供揃ニテ同時過御登城之処、於御黒書院御暇之御礼被仰上、御懇之被為蒙上意、御鷹二・御馬二御拝領并前田土佐守・津田修理御目見、巻物三巻宛拝領被仰付

右ニ付為御礼、御老中方・若御年寄衆御廻勤并土佐守・修理ト自分々々御礼廻勤之事

右之趣於御席、重畳難有被思召候段御意之趣、土佐守殿御演述、頭分以上五六人宛罷出承之、於竹之間御帳ニ付恐悦申上候事

同　日　昼過、御馬黒毛・鹿毛松平伊豆守殿ヨリ御使者添来、請取方御作法前々之通、御鷹モ大鷹二据暮頃来、是又受取方御作法前々之通

十六日　九時御供揃ニ付同刻頃御殿へ相揃、夫々御小将中揃之義も御横目所へ相届之候処、七時前三品但坂本駅迄ハ二品ニ候也押出候様被仰出、七半時頃御発駕、御下邸御立寄、夜九時前頃浦輪駅御着、自分本役騎馬所巣鴨町端迄相勤、夫ヨリ御先へ罷越、定騎馬久能吉大夫御近習頭本役御使番・御横目由比陸大夫前田甚八郎戸田川場へ出候ニ付、浦輪迄通し御供、且大組頭久世平助も川場へ罷出、昼ヨリ定騎馬伊藤甚左衛門、御昼代々御中休前記ニ有

十七日　六半時御供揃ニテ五時御発駕、御中休前記之通ニ付此末記略、大宮・上尾・吹上御小休、七時頃熊谷御着、定騎馬朝自分・御横目前田甚八郎、昼ヨリ定騎馬富田勝右衛門伊藤共二人繰々勤之、但城下御関所御着城之節ハ伊藤・自分本役騎馬所相勤候ニ付其刻ハ富田定騎馬勤之、附御発駕御着城之節定騎馬ハ御近習頭本役ヨリ勤之、御横目由比陸大夫、右之通繰々ニ付、此末日記略ス、今暁

御旅館ヘ従阿部豊後守殿御使者有之、別《ベツ》人御用之旨ニテ自分泊宿ヘ呼ニ来候ニ付、追付罷出御返答申遣候事

一、自分御供中大宮町端ニテ上尾御本陣・脇本陣共普請中ニ付、御小休御宿難仕旨申越候段、会所奉行山口小左衛門申聞候ニ付其段言上、桶川ヘ御小休可被遊哉ト相伺候処、段々御尋之趣共有之候上、伺之通ト御意ニ付、御表小将等前々之通同道罷越可申渡旨申上、早乗ニテ罷越、猶更於上尾遂僉議候処、細井弥一ト申者方御小休不指支旨弥一御請申上候ニ付、夫々見分致し御縮等申付候処、御近習頭窪田左平罷越候ニ付、同人ヘ御先詰引渡、自分義ハ早乗ニテ立戻候処、同駅町端ニテ奉出合候ニ付、桶川迄罷越申渡候テモ俄之義御請仕候者難計ニ付、猶更上院ニテ僉議仕、細井弥一ヘ御宿申渡候趣等委曲言上仕、夫ヨリ定騎馬所ヘ乗入候事

但自分御先ヘ罷越候内、暫之間前田甚八郎繰上騎馬之処、無程御近習頭河内山久大夫騎馬罷在候ニ付久大夫ト代り合候事

一、明日六時、不遅御供揃、深谷・本庄・倉ケ野御小休ト被仰出

十八日　六時過、御発駕七半時過板ケ鼻御着、但自分昼ヨリ定騎馬当番ニ付、例之通からす川ニテ御召舟為見分御先ヘ進、尤由比モ同断、於川端御召舟宜御座候得共御先勢いまた舟ニ乗不申ニ付、暫御猶予之義申上候処暫有之、御先勢越済候段由比申上御船ニ被召候ニ付、尤自分御同船仕、且川端ヘ可進ため御後ヘ迄罷越候節被為召候ニ付御側ヘ罷出候処、竹腰[1]山城守殿御嫡右衛門[2]殿御通懸り之処、御通行ニ付控被罷在候、依之御尋之趣有之御請申

阿部正識（寛10 370頁）

政隣

1竹腰勝起（美濃今尾藩）

2竹腰睦群（カ）

上、相伺候上御表小将千羽昌大夫ヘ御使申談候、委曲ハ事永く其上御表小将ト御歩ト之一件等ニ付委記略ス
一、御道中ニテ御歩等支配之義、同役両人ヘ江戸御発駕前被仰渡候ニ付、伊藤氏ト隔日ニ御用主付相勤候、前洩ニ付爰ニ記之
一、明日六時、不遅御供揃、松井田・はね石・沓懸御小休ト被仰出、且越中東岩瀬ニテモ御泊可被遊旨今夜被仰出有之
十九日　快天風起朗夜、五時前御発駕、七時過追分駅御着、明朝六半時御供揃、海野御小休ト被仰出
廿　日　暁天ヨリ雨、昼ヨリ霽陰朗夜、五時前御発駕、八半時頃上田ヘ御着、明暁八半時頃不遅御供揃、榊・下戸倉・矢代・新町御小休ト被仰出
廿一日　快天朗夜、六時前御発駕、暮頃牟礼御着、但上田ヨリ自分定騎馬、伊藤上田城下本役騎馬之処、欠成ニ被仰付、伊藤才川船場ヘ出、御旅館取次ヨリ宮崎蔵人も出
一、於榊辺、巡見上使ヘ御出合ニ可成哉之義ニ付、御会釈之義横浜善左衛門を以相伺、御横目并御歩小頭ヘ申談候一件事永等ニ付記略
一、丹波嶋御中休、御宿於柳沢瀬左衛門方、同人所持之三才鹿毛馬御覧、御馬乗役斉藤久之助ニ乗馬被仰付御覧之上御用無之段被仰出、同所ニテ真田弾正大弼[1]殿ヨリ御使者を以挽秡蕎麦粉[2]一箱・鶉卵一箱御進上有之、自分御返答申述、但右御受納也、取次ハ御旅館取次御小将也、明朝六時不遅御供揃、御小休ハ柏原・関山・荒井ト被仰出

1真田幸弘（寛11 60頁）
2純粋な白い上等のそば粉

1重教女
2治脩

塔ヶ崎

歌・宇田

同　日　於金沢、一昨日御用番大炊殿ヨリ一役連名之依御廻文、今朝五時頭分以上布上下着用登城御帳ニ付、其後於柳之御間御年寄衆等御列座、左之通御用番安房守殿御演述、但大炊殿ハ一昨日切御用番也

藤姫[1]様御儀中将[2]様御養子ニ被成度段御願之処、御願之通被仰出候、此段可申聞旨御意ニ候事

三月廿一日

右御礼之趣、当座ニ恐悦可申上候、年寄中等宅ヘハ罷越ニ不及候、幼少・病気等登城無之人々ハ向寄ヨリ伝達、今明日中為恐悦御用番宅ヘ使者可指出候、且又今日御礼之趣、組・支配之人々ヘモ承知有之様、寄々可申聞旨被仰渡候段、御横目中申談候事

廿二日　快天朗夜、六半時頃御発駕、暮頃高田御着、明日六時不遅御供揃、御小休長浜・遠崎・鬼伏ト被仰出

廿三日　快天之処昼ヨリ陰、夜ヘ懸雨降、六半時頃御発駕、暮六時過糸魚川御着、明朝御供揃五時、御小休雅楽ト被仰出

廿四日　雨天昼ヨリ霽(はれ)、快天朗夜、自分其外御先抜之人々、姫川舟場迄向候処、高水ニテ船渡不申ニ付立帰、糸魚川ニ逗留、且段々御僉議有之候得共、御渡船難被為成旨ニテ御逗留、明日五時御供揃、雅楽御小休ト被仰出

同　日　左之趣御算用場ヨリ於金沢廻状出

△早打御使人ヘ御貸渡金、是迄返上無之分幷是迄廿ヶ年賦ニテ上納仕来候分共、今年ヨリ三十ヶ年賦を以可取立旨、且又御使之様子ニより当り之外不時御貸渡之分ハ百石ニ付弐拾目

宛之図りを以、今年ヨリ可取立旨、将又他国常御使、早打御使モ都テ是以後旅行年ハ上納御用捨、翌年ヨリ可取立旨、前田土佐守殿被仰渡候条、来月廿日を限り、当り借用・不時借用共、夫々別紙ニ可書出候事

廿五日　快天朗夜、五時頃御発駕、七時頃境へ御着、但姫川少々高水、駒返・不親知波穏静至極、今夜御飛脚出候ニ付、東北、本兼同役中へ御用状出之、明日六時御供揃、御小休泊・浦山・三日市ト被仰出、且先達テ於板ヶ鼻駅・東岩瀬ニ御増泊被仰出候得共、右御止めニ相成、左之通ト被仰出

　廿六日　魚津　廿七日　高岡　廿八日　津幡　廿九日　金沢御着

一、御旅中ニテ鳥被遊御見懸候得ハ、御行列ハ行成ニテ少々脇道へ被為寄、御鉄砲可被為打旨今暁被仰出、右ニ付脇道へ被為入候節、御先立三十人頭相勤候筈之処、吉田忠大夫壱人役、其上老人ニ付、御歩小頭ヨリ三十人頭兼帯可申渡旨被仰出候段、土佐守殿被仰渡候ニ付、御歩小頭三人へ伊藤・自分連名之判形以紙面申渡、猶更勤方吉田忠大夫可承合旨モ申談候処、段々申聞之趣有之ニ付、御次へ出、御歩小頭御先立等仕付不申者共之義ニ候間、不身体等之義可有之御座候、此段兼テ被聞召届置候様仕度段、勝尾吉左衛門を以申上候処、被遊御聞届候段被仰出候事

　但御歩小頭御供所御先ニ罷在候テハ、俄ニ御先立御用之節、彼是指支候趣有之ニ付、三十人頭御供ニ不罷出候節ハ、御駕跡ニ御供為仕、御先ハ欠成ニ仕置被申哉ト是又勝尾を以相伺候処、伺之通ト被仰出候ニ付、其段モ竹内十郎兵衛等へ申渡并御駕跡ニ御供仕候節ハ草

（ふご）溜水の池

履取も御駕籠廻り之面々ト草履取ト一集ニ相立候様申談、右両様等之趣、夫々御横目中へモ相届置候事

同　日　於金沢、左之趣御用番ヨリ御触有之

犀川橋ヨリ上内川共、当四月朔日ヨリ御留川ニ被仰付候条、御家中ハ勿論、川請負人たり△共、惣テ於右御留川之内ニ川殺生御停止之旨被仰出候段、若年寄中申談

但才川橋ヨリ下并浅野川ハ不依誰ニ御貪着無之事

廿六日　薄陰朗夜、六半時頃御発駕、七時過魚津へ御着

但朝之内御鉄砲ニテ鳥御貯被遊候得共御打留無之、昼後鷺壱・鴟壱被遊御打留候事

明朝七半時御供揃、訃（カ）橋・下村・小杉御小休、但当所（魚津也）ヨリ滑川、夫ヨリ加茂川橋御越、市之江村・小出村・西水橋御小休、夫ヨリ御鷹野道通東岩瀬御中休、夫ヨリ往環通り下村御小休、小白石村ヨリ高木村不湖御廻り、夫ヨリ小杉御小休、往環通り高岡御着御泊ト被仰出候

右東岩瀬御泊相止候段、且御鷹野御道書御行列奉行等ヨリ廻状到来ニ付、本役并兼役支配中へ触出候事

一、今日、川網被仰付、御覧有之

廿七日　快天朗夜、六時前御発駕、夜九時前高岡御着、明朝六時御供揃等之義被仰出、但御小休所福岡・倶利迦羅、今日千原崎川へ**多田逸角**・**由比陸大夫**等、水橋川へ**伊藤甚左衛門**・**湯原友之助**等罷出

今日終日御行成御鉄砲、且前記之通御廻り道被遊、其節野間御供御表小将御番頭**窪田左平**并配膳役不残野間装束ニテ御供被召連、御表小将ハ御廻り道ヘハ御供不被召連候、御鷹御拳ニテ鷭壱ツ、御鉄砲ニテ鴇・鷺・鴎・鴨壱ツ宛、からす二ツ御打留有之并配膳**中村才兵衛**等ヘ被仰付、打留候からす六ツ有之、東岩瀬於御中休、鰡引網被仰付、御覧有之

同　日　夜五時頃、金沢浅野穢多町出火、六十軒計焼失、四時過鎮火之事

廿八日　快天朗夜、六時過瑞龍寺ヘ御参詣、同役御供**伊藤**右ヨリ一先御旅館ヘ御帰追付御発駕、七時過津幡ヘ御着、明日五半時御供揃ニテ御発駕、森下御小休ト被仰出、将又御用無之人々ハ今暁ヨリ勝手次第発足可致旨モ従御道中奉行伺之通ト被仰出候段、旅宿触有之

同　日　於金沢、明日御着城之上、**泰雲院**様御廟ヘ御参詣可被遊候、若雨天ニ候ハ宝円寺ヘ御参詣可被遊候間、御着城前御供揃罷在候様被仰出候旨、従御道中申来候由、御馬廻頭**武田喜左衛門**諸向ヘ夫々申談

廿九日　快天朗夜、四時頃御発駕、森下ニテ御猶予八時前御着城、定騎馬御近習御使番**勝尾吉左衛門**等ハ本役騎馬、御大小将横目**由比陸大夫**前々之通河北御門外ヨリ御駕脇ニ歩御供仕、夫ヨリ御殿ヘ上り御席ヘ出、御用番**安房守**殿ヘ恐悦申述、且御歩方并御細工者支配夫々ヘ引渡、退出帰宅候事

同　日　御着之上少々御風気ニ付、野田御廟参等御延引被仰出

今　日　御着之刻、三ノ御丸ヘ人持・頭分等前々罷出候役柄之人々橋爪ヘ、年寄中敷付ヘ、御近習頭・御表小将鏡板ヘ、御城代**安房守**殿并**奥村河内守**殿・御家老中・若年寄中罷出、御城代

等ヘ御会釈有之、**教千代**様階下迄御出迎御会釈有之、御先立若年寄**横山又五郎**、階上ヘハ御近辺之人々各罷出、将又御大小将御番頭・御横目・御大小将列居

同　日　御帰国為御礼、江戸表ヘ被指出候御使人持組**多賀帯刀**、御目見被仰付候後、於御年寄中席紗綾二巻・御羽織一被下之、披露御大小将**永原治九郎**勤之、畢テ発出之事

同　日　如前々御着後、於御式台人持・頭分為恐悦御帳ニ付退出、御供之頭分以上ハ旅装束之侭御席ヘ出、御用番ヘ恐悦申述退出之事

晦　日　御在国中夜中御仕廻之義、前々之通組頭并御横目ヘ廻申談之節、向後ハ御歩横目召連、二ノ御丸中御番所等、火之元厳重ニ可申談旨被仰出、依之坊主・足軽共詰所ヘモ組頭等相廻、御歩横目火之許之義申演候筈、尤只今迄御仕廻之義、直ニ組頭申談候ヶ所ニテハ火之元之義モ直ニ申談候筈之旨為承知、今日御横目ヨリ夫々ヘ申聞有之候、右ニ付手先々々ヘモ頭々等ヨリ為承知申達置有之候事、今晦日快天朗夜

庚午 **五月**小　　御用番　**長　大隅守**殿

朔　日　二日雨、三日四日五日六日七日八日九日十日十一日晴、十二日雨天、十三日十四日晴、十五日陰雨洒《そそぐ》、十六日十七日十八日十九日廿日晴陰交、廿一日陰酉ヨリ大雨、廿二日昼后一雨有、廿三日廿四日廿五日廿六日廿七日廿八日廿九日晴陰交

同　日　御表ヘ御出無御座、出仕之面々年寄中謁ニテ退出

同　日　**改田主馬**儀、支配所於越中城ヶ端旅宿自殺ニ付、為検使御大小将横目**今村三郎大夫**・

小原惣左衛門翌二日罷越、御用相済同四日罷帰候事

五　日　出仕之面々、年寄中謁ニテ退出

十　日　左之通被仰付

表御納戸奉行　**大村武次郎**　**山辺左盛**

大屋宇右衛門

十二日　御風邪ハ御宜被為在候得共、御痛所御居敷[1]根太[2]尓々不被遊ニ付、今日モ御寺御参詣無御座候事

十三日　**中川善五郎**今日配所へ被遣之、前記［　　］(以下空白)

十四日　同役寄合宿**田辺長左衛門**

十五日　御痛いまた御平癒不被遊ニ付、今日も出仕之面々年寄中謁ニテ退出之事

十六日　六時過御供揃ニテ宮腰・粟ヶ崎へ為御行歩、**藤姫**[1]様・**亀万千**[2]殿御同道被為入、御大小将ヨリ**成田長大夫**・**宮崎磯太郎**・**前田作次郎**御供ニ出、御菓子・御賄等被下之

一、**湯原友之助**持馬星栗毛六歳、御用ニテ去十一日ヨリ御厩モ(カ)被建候ニ付、今日御目録金十両被下之候段、若年寄**横山又五郎**殿、右御目録、頭**多田逸角**へ御渡、則**逸角**ヨリ**友之助**へ申渡、御礼勤ハ前々之通り申談有之

十九日　左之通被仰付

今石動・氷見・城ヶ端支配　**改田主馬**代　御持方頭兼御広式御用ヨリ　**野村伊兵衛**

＼江戸多賀別当へ御免勧化ニ付、百石五厘三毛二歩宛之割合を以、御家中一統御切米取等ニ

1いしき（尻）
2ねぶと、腫れもの

1重教女
2斉広

至迄可指出旨、各支配頭ヨリ触付頭等迄取立之

廿二日　左之通被仰付

三十人頭　湯川伴右衛門代　御歩小頭ヨリ　藤田吉左衛門

兼役御免除　御先手組御預地方御用　柘櫃一平太

廿三日　御用番於大隅守殿御宅、左之通被仰付為指引御横目今村三郎大夫・寺西弥左衛門罷越

小松御蔵番足軽、御年寄衆ヨリ御指図無之処、自分了簡を以召抱、不埒ニ被思召候、依之役儀被指除、小伝次ニ指控モ被仰付　小松御馬廻御番頭　伊崎所左衛門　佐藤小伝次

廿四日　左之通被仰付

小松御馬廻御番頭　伊崎所左衛門代　御使番ヨリ　葛巻内蔵太

佐藤小伝次代　御役御免頭列ヨリ最前御大小将横目　浅井和大夫

右内蔵太御役料ハ只今迄之通百五十石被下之

同　日　左之人々御大小将へ被仰付、翌廿五日御詰有之

千二百石　二十二才　岡田主馬　康貞

七百石　十八才　辻　晋次郎　武美

六百五十石　三十五才　中村権平　後助大夫　子諒

五百石　十九才　一木鉄之助　篤忠
三百石　十七才　前田義四郎　正弥
三百石　十九才　鈴木仁三郎　成弥
改 左膳
二百石　十九才　堀　七之助　善勝

重教

廿七日　左之通被仰付

夜中無提灯ニテ外出等
之義ニ付遠慮　御馬廻神尾伊兵衛組　行山次兵衛

廿九日　暁七半時過、安江木町白尾屋辺、町家十軒余焼失、六半時頃鎮火、御年寄中等各登城

同　日　六半時御供揃ニテ五時前御出、宝円寺・天徳院夫ヨリ野田泰雲院様御廟ヘ御参詣、四半時前御帰城、御供同役庄田要人、但庄田義御帰之節桃雲寺辺ヨリ脚気、御横目前田甚八郎強持病之眩暈ニテ御供下り、欠成ニテ直ニ帰宅、翌朔日ヨリ役引之事

今月晴勝ニ付、頃日所々水涸、田畠等損多し

聞番見習被仰付候段
昨廿八日御用番大隅守殿御小将頭
御用番中村九兵衛被仰渡　御大小将　菊池九左衛門　在江戸

右ニ付今廿九日出、江戸ヘ申達有之候処、六月十日江戸ヘ相届、則頭大屋武左衛門御館於竹

重教女

之間申渡之
附、**菊池**爲代**安達弥兵衛**閏六月朔日発足出府、依之巡見上使跡しらへ御用ハ爲代**堀新左衛門**ヘ申渡有之

辛未**六月大**　御用番　**横山山城**殿

朔日　二日三日晴頃日夜雨、四日雨、五日六日七日八日陰晴、九日十日十一日雨、十二日十三日晴、十四日十五日十六日十七日十八日雨続大雨交、十九日昼ヨリ雨、廿日雨、廿一日夕ヨリ雨、廿二日雨折々降、廿三日陰夕方大雷数声、終夜大雨、廿四日大雨、廿五日廿六日廿七日廿八日廿九日快晴、晦日朝一雨ニテ霽《(はれ)》陰アリ

同日　出仕之面々於柳之御間一統御目見御意有之、於桧垣之御間役儀之御礼等被爲請、且九半時御供揃ニテ八時前御出、大豆田口御放鷹、犀川上之船場辺ニテ鮎御釣被遊、暮頃御還城、但御鷹ニテ鶴三、御鉄砲ニテ鷺・鴉十、御竿ニテ鮎十六御獲物有之

二日　六半時御供揃ニテ五時前御出、粟ヶ崎・宮之腰筋終日御放鷹、御休所粟ヶ崎於御旅屋一統御賄被下、暮頃宮腰ヨリ御還城、御獲物鶴六ツ、御鉄砲ニテ鷺・鴉数多有之

四日　同役**庄田要人**去月廿九日御供之節煩出、当朔日ヨリ役引之処、被仰渡義有之候条、今日登城可有之旨御用番**山城**殿ヨリ昨日依御紙面押テ今日ヨリ出勤有之登城之処、**藤姫**様御縁組御願之通被仰出候得ハ公辺ヘ御礼之御使被仰付候筈之旨、於御席御内証**山城**殿被仰渡

此次閏六月八日互見

斉敬（重教息）

同日　五半時御供揃ニテ八時御出、亀坂筋御放鷹并御鉄砲ニテ鴉壱御打留、御竿ニテ鮎二ツ被為釣

五日　八半時御供揃ニテ同刻過三之御丸於稽古場御射手中的御覧、十度矢数二十本宛也、毛利伊平太十三本、堤源太左衛門十二本中り、其外ハ二三本ヨリ十本宛之中り、姉崎五左衛門ハ壱本モ不中

六日　九時御供揃ニテ八時前御出、七ツ家筋御放鷹ト昨日被仰出置候処、今日俄ニ犀川上へ可被為入旨被仰出、則於同所御投網ニテ鱒壱本、御鉄砲ニテ鴉一羽御獲物有之

七日　九時御供揃ニテ同半時頃御出、七ツ屋口へ御放鷹、鷸三ツ・雉子二・よしごい（葦五位）壱・水鶏一御獲物有之

同日　左之通被仰付

教千代様御抱守　割場奉行ヨリ　高畠源左衛門

木村茂兵衛

同　御次番　平野是平

石黒織人

役銀奉行　神尾八郎右衛門

御預地方御用加人　青木新右衛門

割場奉行本役　加人ヨリ　橋爪又之丞

十日　八半時御供揃ニテ七時過御出、三之御丸御異風中鉄砲御覧、十放宛二十人也

重教（十代）

横山隆従

十二日　六半時御供揃ニテ同刻過御出、如来寺・宝円寺、夫ヨリ野田泰雲院様御廟ヘ御参詣、四
時過御帰殿
教千代様ニモ五時御供揃ニテ宝円寺ヘ御参詣
十三日　九時御供揃ニテ八時前御出、七ツ屋ヘ御放鷹、御獲物鶴・鷺・鴉十五有之
十五日　出仕之人々一統御目見御意有之、夫ヨリ滝谷妙成寺入院之御礼、息方初テ御目見被仰付
十六日　左之通於御前被仰付
役料二百石　御持方頭兼御近習頭ヨリ　堀　三郎兵衛
教千代様附御小将頭被仰付、諸事御用向西尾隼人等申談、且又神田吉左衛門等ヘ
加り御番等モ可相勤旨被仰出
廿　日　左之通御用番山城殿被仰聞候旨等、御横目廻状出
今度於江戸表御上屋敷御普請被仰付候
△
教千代様御座所新御居宅ト唱候様被仰出
廿一日　八半時頃御出、宮腰口御放鷹、夜五時頃御還城
但御供揃八時也
廿二日　左之通、於御席御用番被仰渡
新知七拾石宛被下御算用者小頭並　御算用者ヨリ　芝山直左衛門
被仰付、直左衛門ハ御家老中席執筆　同断　牛圓新左衛門
新左衛門ハ御用所執筆只今
迄之通

拾俵宛御加増

御算用者
永井弥太郎（三）カ
上田皆左衛門

喧嘩追懸者役
六月廿六日ヨリ原田又右衛門代
只今迄之通
柘植一平太
富永右近右衛門

△

廿三日　月次経書講釈、於実検之間有之、自分当番ニ付聴聞、但論語

廿五日　八時御供揃ニテ同半時御出、宮腰筋御放鷹、中山主計方ニテ御休、夜五半時過御還城

同　日　左之通御覚書御用番御渡、頭々於宅、相頭并御番頭立会申渡有之、尤御請判形見届有之、但馬淵義拙者同組ニ付為立会出席

付札　多田逸角へ
馬淵嘉右衛門

右不応思召趣有之ニ付、御大小将組被指除、組外へ被加之指控被仰付候旨被仰出候条可被申渡候事

六月

付札　松原元右衛門へ
岡嶋五兵衛

右御書立之趣、馬淵嘉右衛門同断

付札　堀平馬へ
姉崎太郎左衛門

右太郎左衛門儀、不届之趣共有之候、依テ御大小将組被指除組外へ被加之閉門被仰付候旨被仰出候条、可被申渡候事

伊奈忠尊（寛15 46頁）

小笠原長禎（寛3 403頁）

六月

廿七日　今暁ヨリ土用、暑為御伺公辺へ之御使御馬廻組**津田主税**廿九日金沢発足

今月十七日　朝六時江戸伝馬町ヨリ出火、**伊奈摂津守**殿（関東御郡代）等并町家六百軒余焼失、五半時頃浅草見付御門升形ニテ鎮火ト云々

同晦日　朝六時過江戸小石川伝通院前ヨリ出火、富坂**小笠原惣次郎**殿邸まて焼失、四時前鎮火、右之節鳶之者御抱之内**勝次郎**・**権太郎**烈敷働、屋根ヨリ落候処、頭之上へ石落、打破り、**勝五郎**（ママ）ハ同日昼死去、**権太郎**ハ存命ニ候得共、本復難計旨、閏六月四日出、同十五日金沢着之便ニ申来、但**勝五郎**（ママ）死骸取片付料鳥目三貫文、且代人被召抱候義火消役御大小将ヨリ御家老衆へ願有之候処、格別之趣を以御聞届有之、右鳥目被下之、代人召抱之義割場へ御申渡有之候段モ申来

附**権太郎**ハ本復之事、此次七月九日互見

閏**六月**小

御用番　**本多玄蕃助**殿

朔日　二日三日四日五日六日大雨昼夜降続、七日昼過ヨリ霽、八日晴、九日一頻宛雨、十日雨昼後霽、十一日晴、十二日巳ヨリ雨、十三日晴、十四日雨昼ヨリ霽、十五日快天、十六日昼ヨリ雨、十七日十八日十九日廿日廿一日廿二日廿三日快天続、廿四日廿五日雨、廿六日巳刻ヨリ晴、廿七日廿八日快天、廿九日雨風昼ヨリ晴天

同日　出仕之面々於柳之御間、一統御目見、桧垣御間ニテ役儀之御礼并京都町人**菱屋五郎兵**

前田斉敬
（重教息）

四日　衛・桔梗屋源蔵御目見被仰付
左之通被仰付
砺波・射水御郡奉行加人　御馬廻組　稲垣外記

五日　昼ヨリ両川等洪水、犀川大橋桁等流、中程五・六間計橋切れ、藤棚辺小家流出、右辺其外河原町等宝久寺町等都テ川近之家々ヘ溢水込入、下之方ニテハ御郡地ヘモ水切れ込候体、同日夜御使番中・御横目中追々登城、夜中故、委曲之不能見分旨等言上、浅野川モ洪水、一頻ハ小橋之上ヘモ水乗候得共無程減水、大橋・小橋共無別条、母衣町等川際家ヘハ水付候旨、是又右御役人等ヨリ言上有之、但天明三年之洪水ヨリハ大ニ候得共、橋ヘ大木等懸り少き故悉くハ不流失、且防方も宜ニ付溢水モ少也ト云々、水勢盛之節ハ常水ニ壱丈余之高水ト云々

同日　左之通被仰付
御近習番御大小将組ヘ被加之　教千代様附御大小将ヨリ　田辺群吾

六日　今度御帰国御道中歩御供無懈怠相勤候人々ヘ、今日於御次横浜善左衛門を以、布・金銀前々之通り夫々ニ応拝領被仰付、但御大小将ヘハ八講布二疋宛御目録を以被下之

七日　朝六時過ヨリ両川等洪水ニ付、御使番・御横目等追々登城言上有之、且被仰出を以所々ヘ為見分度々御使番被遣之、浅野川ハ一先減水之処、昼頃又々出水ニ候得共、無程減水、大橋・小橋共損し無之、犀川ハ一昨日ヨリ出水ハ少き方ニ候得共損所多、大橋モ流失、曁所々ヘ切れ込、宝久寺辺家数七軒流失、川向乞食小屋辺モ不残流失之体ニ候得共、通路無

之ニ付、附、右小屋過半流失、且蛤坂横岸七・八間藪等崩ル委曲不知、川上張出し三ヶ所共流失、併御田地損所無之、八半時頃ヨリ段々減水、七半時頃川場ヘ出候御役人引取、直ニ登城、右等之趣言上有之、将又浅野川近之馬場・堀川筋等ヘモ水溢込候得共、床之上ヘ上り候家稀也、惣体天明三年之洪水トハ少ニテ水勢モ弱く損所不多ト云々

八日 讃岐守[1]様御嫡雄丸[2]様ト藤姫[3]様御縁組御願之通前月廿八日被仰出候段、今日従江戸早飛脚到来、依之前月四日記ニ有之通、右御礼江戸表ヘ被指出候御使御大小将御番頭庄田要人ヘ被仰付候段、御用番玄蕃助殿被仰渡、発足之義当十一日ト御用人中申談有之、同十日弥明十一日可為発足旨御用番被仰渡、則於御席御紋付御羽織壱・白銀五枚附、右二品之拝領被仰渡五ヶ日之内発足ニ付テ也、是御定之趣前記ニ有之・御目録拝領被仰付

(上欄書き込み)庄田七月十四日金沢ヘ帰着也、但同月四日江戸発出

九日 左之通、於御席御用番被仰渡、但竹内ハ於桧垣之御間二之間、御家老衆御申渡之

御弓料
一、五拾石　坂倉善助

右膳助義家芸心懸宜及老年候処、今以弓術専修行仕、其上教千代様御稽古御用モ被仰付、彼是烈敷相勤候、依之如斯御弓料被下之

御弓料
一、五拾石宛　小西吉左衛門　古沢又右衛門　石丸勘大夫　奥村平右衛門

1徳川頼起(徳3 100頁)
2徳川頼儀(徳3 101頁)
3重教女

斉敬(重教息)

其方中家芸心懸情ニ入相勤候段被聞召候、依之御弓料被下之

御異風料
一、三拾石　**武藤固忠太**　**吉田甚左衛門**

其方中家芸心懸情ニ入、流義モ相極罷在候段被聞召候、依之御異風料被下之

御異風料
一、参拾石　**池田半次郎**

半次郎義、家芸心懸情ニ入相勤候段被聞召候、依之御異風料被下之

新知
一、百石　**竹内善大夫**

只今迄被下置候御切米・御扶持方ハ被指除、**篠嶋平左衛門**組御歩小頭被仰付、如此新知被下之

神通川カ

十日　越中富山前月廿三四日之大雨ニテ龍頭川洪水ニテ二之丸迄溢水込入、其外御城下不残溢水込入、僅溢水無之処、二町有之候得共、廿六七日以来段々減水之処、今月二日・三日頃ヨリ重テ洪水、其砌ハ三十ヶ年已来之大水ト申候処、此頃ニ至候テハ段々増水、御城内水深き事壱丈余、其外侍町等家蔵崩れ流失損し等夥敷、于今至テハ富山御分国以来未曾有之洪水之旨、昨夜御飛脚を以申来、依之御大小将**野村順九郎**ヘ早打御使被仰渡、今日七時過御城ヨリ直ニ発出、御使番**久能吉大夫**ヘモ指急御使被仰渡、翌十一日暁発出、但**順九郎**ハ十一日夜八時前帰着、直ニ登城、泊組頭御小将頭**河内才記**ニ付御次ヘ誘引、御近習頭を以委

本多政成

1重教女
2松平頼儀

四尺二寸五分（通常は四尺を省略）

曲言上、夫ヨリ順九郎ハ御用番玄蕃助殿御宅ヘ罷越御使書御同人ヘ相達之

十二日　五半時御供揃ニテ宝円寺ヘ御参詣

同　日　暑気御尋之宿次御奉書去五日江戸発今日八時過到来、御郡奉行受取上之、依之御礼之御使御馬廻組頭**佐藤勘兵衛**ヘ被仰渡、同月十五日金沢発足、但今般之洪水ニテ乗馬難爲牽今石動ヨリ留守宅ヘ相返候事

（上欄書き込み）七月廿一日帰着之事

十三日　御用番依御廻文、物頭以上布上下着用五時登城之処**藤姫**[1]様御儀**松平雄丸**[2]様ト御縁組御願之通被仰出候御弘有之

但前例之通、当番之御番頭并御大小将中、右登城之人々退出迄布上下着用

十五日　少々御疝煩ニ付、出仕之面々御目見不被仰付、年寄中謁ニテ退出之事

廿五日　御家中持馬近々御覧被仰出、毛附等可書出旨ニ付同役四人并御小将中共都合十八疋有之、御小将頭御用番**中村九兵衛**迄夫々ヨリ取立相達之

附**自分**左之通書之

栗毛拾歳　新川出生　長ケ弐寸五歩

廿七日　俄ニ被仰出、八半時之御供揃ニテ七時過御出、大豆田筋御放鷹、犀川舟橋ヨリ千日町野間御廻り、十一屋村ヨリ暮頃御還城

今度之洪水、越中富山ハ莫大之水損ニ候得共、御領ハ左程之御損毛無之、小松辺・能美郡ハ御損田夥敷有之、且諸国之内分テ京大坂筋等都テ上方ハ洪水多しト云々、将又洪水ニ付慥説

色々雖有之多分虚談之体ニ付不記之

壬申七月小　御用番　前田大炊殿

朔　日　二日大雨有霽間、三日晴陰交、四日大雨昼ヨリ晴、五日六日七日八日九日十日晴夜ハ大雨等交、十一日大雨雷雨、十二日晴、十三日未ヨリ雨、十四日雨、十五日十六日十七日十八日晴陰交、十九日雨昼ヨリ霽、廿日廿一日晴、廿二日廿三日廿四日雨天、廿五日廿六日晴、廿七日廿八日大雨、廿九日快天

同　日　出仕之面々一統御目見

当半納今日米価

地米　五十二匁計　　遠所米　三十七匁以上四十目七分計迄

二　日　朝、御細工者**興津熊次郎**於宅縊死、為検使御大小将横目**前田甚八郎**・**由比陸大夫**罷越

七　日　出仕之面々一統御目見

△河北・石川両御郡共稲ニ花付実入ニ相成候ニ付、今月八日ヨリ九月十日迄御家中鷹野遠慮触到来、前々之通ニ付略記ス

九　日　於江戸、左之通火消役御大小将等ヘ拝領物被仰付、今年六月晦日上餌指町出火之節、御人数を以所々消留相働候段、達御聴、依之左之通拝領被仰付候旨、於御用所御用人演述、御目録渡之幷御人数ヘ被下候覚書モ同断渡之

晒布二疋宛　御目録　**林　与八郎**　**不破忠三郎**

中川丹次郎　**遠田誠摩**

金百疋宛　足軽小頭六人　白銀十匁宛　足軽三十八人

白銀五匁宛　鳶小頭二人　壱貫三百文宛　鳶之者三十一人

五百文宛　小者六十五人

右火事之節、致怪我相果候鳶**勝五郎**老母ヘ御不便ニ被思召候旨被仰出を以、金小判三両被下之

十　日　跡目等左之通被仰付

三千石　内千石与力知　主膳嫡子 **前田掃部**

同　内五百石与力知　両左衛門嫡子 **上坂平次兵衛**

故**永原閑栄**ヘ被下置候隠居知五百石御引足知最前本高

都合弐千五百石　内三百五拾石与力知　**永原主税**

右之通被下之

二千四百石之三之一 八百石　織人嫡子 **富田権三郎**

弐千二百石　内四百石与力知　主馬嫡子 **奥野左膳**

二百五十石　組外ヘ被加之　判左衛門嫡子 **池田権丞**

三百石　同断　孫八郎養子 **本保加右衛門**

五百石　御馬廻ヘ被加之　善右衛門嫡子 **松原安左衛門**

二百三十石　組外へ被加之　知右衛門二男　馬淵又五郎
三百石　同断　久五郎末期養子　森　栄左衛門
千四百石之三ノ一 四百六十石　雅五郎末期養子 同姓富田権佐二男　富田小与之助
五百石　茂平嫡子　井口勇次郎
同　平馬養子　葭田左守
三百石之三之一 百石　五郎介せかれ　辻　辰太郎
三百石　平蔵末期養子　野村直勝
二百五十石　理右衛門養子　山岸斧人
同　五郎兵衛末期養子　岡本久平
二百石　伝兵衛嫡子　野崎栄八
二百石之三ノ一 六十石　左平せかれ　多羅尾左一郎
百五十石　沖左衛門せかれ　岡田庸左衛門
百三十石　次郎左衛門嫡孫　今村鍋作
同　平右衛門せかれ　萩原惣左衛門
百二十石　正助末期養子　木村左助
百石　吉四郎末期養子　吉田兵十郎
三十俵六人扶持　善大夫せかれ　横地善助

斉広（十二代）

三百五十石　覚次郎せかれ　中黒多宮
百二十石之三ノ一
四十石　左平次嫡孫　岩田八十次郎
八十石　御厩方　市左衛門せかれ　村田市五郎
十五人扶持　同　甚大夫嫡子　桜井弘次郎
同　甫庵養子　小瀬竹庵
百二十石　坊主頭　延長嫡子　高柳宇左衛門
百五十石之内五十石御減少
百石　本組与力幸助せかれ　久世幸助
百石之内四十石御減少
六十石　同断　八ニ丞末期養子　板坂隼之助
内五十石父遺領、十石御加領
八十石之三ノ一
二拾石　忠四郎せかれ　山田万作
百石　定番御歩余四郎嫡子　木村九左衛門
百四十石　三大夫嫡子　神戸金三郎
只今迄就御側小将ニ被下置候衣服料ハ被指除之
附亀万千殿御側小将也、前記互見
残知左之通被下之
但本高を記ス
二百石　山東久次郎

四百石　沢田八十吉
百八十石　比良二五一
四百石　飯田万作
百三十石　和田与三郎
百五十石　久世平次郎

十一日　左之通跡目被仰付、且縁組・養子等諸願被仰出

百五十石　小松御馬廻万平養子　疋田八兵衛
依病気願之通役儀御免除　公事場御横目御大小将　久田義兵衛
養方弟亥三郎義嫡子願被仰出　御大小将　吉田孫左衛門

同　日　菱御櫓続御長屋出来ニ付左之通拝領物被仰付
但今日御祝被仰付

白銀五枚・晒布三疋　主付御馬廻頭　今井甚兵衛
晒布三疋　同定番御馬廻御番頭　野村与三兵衛
同　二疋宛　御作事奉行　高畠五郎兵衛
小寺武兵衛
吉田八郎兵衛
八講布二疋宛　御作事横目　小塚斎宮
中村九郎右衛門

内作事奉行六人
金三百疋宛　御医師二人
同二百疋宛　御外料三人
白銀壱枚宛　御城代方与力四人
御大工頭等四人
小判三両宛　主付御大工三人
同　二両宛　同断　並　両人
金三百疋宛　主付壁塗等六人

右之外足軽小者金百疋宛并鳥目五百文宛之被下方有之候事

十二日　少々御不予、宝円寺御参詣無御座候事、但盆中野田御廟参、両御寺御参詣モ御延引ト被仰出

十三日　御馬廻組**津田林左衛門**組御普請奉行**阿部昌左衛門**、役先不念之趣有之ニ付、先自分為指控置可申哉之旨、頭**林左衛門**ヨリ御用番**大炊**殿ヘ迄今日伺置候処、同月十七日指控被仰付被仰出之趣左之通

付札　**津田林左衛門**ヘ

阿部昌左衛門

右**昌左衛門**義御厩方**村田市左衛門**御屋敷拝領之義願置候処、**市左衛門**当五月致病死候ニ付此度不被仰出処、しらヘ方違ニテ願之通被仰出候段、御馬奉行ヘ申遣、せかれ**市五郎**ヘ申渡、不念之至被思召候、依テ指控罷在候様可申渡旨被仰出候

条、此段可被申渡候事

七月十日

御普請会所定番御歩 **武藤和左衛門**

右同断しらへ方等閑不
念之至ニ付指控被仰付

右**昌左衛門**・**和左衛門**、指控八月十四日御宥免被仰出

十八日 左之通御用番**大炊**殿被仰渡候段、定番頭御用番**津田平兵衛**例之通廻状有之

不押立縁組願之義ハ小身者等老母或幼少之子共等有之、家内縮方モ不行届ト申様成義ニテ至テ無拠趣有之処、再縁且再々縁之儀ニモ候故、相願候義ハ格別ニ候、然処子細無之テ再縁等ニ候得ハ押立不申縁組相願之義不苦様ニ相心得候人々モ有之体ニテ近年度々右願有之、畢竟自由ヶ間敷義ニ相聞ヘ候、以来ハ至テ無拠趣ハ格別、一通り再縁等之願等ハ不承届候事

廿五日 跡目之御礼等**永原主税**献上紗綾二巻・御太刀馬代御引足知被下之、御礼被爲請

廿六日 八半時御出、大豆田筋御放鷹

廿七日 左之通被仰付

会所奉行 御大小将ヨリ **仙石兵馬**

公事場御横目 同断 **千秋作左衛門**

今月十四日 於江戸、左之通被仰付

1 重教女
2 徳川頼起（徳3 100頁）
3 同等の敬意でつき合うこと

御居宅御用人加人御用無之
最前之通可相勤旨
但右ニ付御大小将へ加り御給仕役加人申渡有之

江戸在住組外
青山五左衛門

当月盆前以来、中買等之町人縊死并出奔多有之、町方銀支一円取引等無之曁諸士支困窮人多し

同月廿日　於江戸、左之通御家老衆御申渡候旨御横目廻状有之

付札　御横目へ

△今度**藤姫**[1]様御縁組御願之通就被仰出候、**讃岐守**[2]様初向後御両敬[3]ニ被仰合候条、被得其意寄々可被申談候事

酉七月

此間従大坂来状之内、要文抜書左之通

大坂玉造稲荷明神ハ凡千七百年計以前、大坂始りし頃ヨリ之社ニテ物寂たる宮ニ候処、不斗当閏六月中旬ヨリ夜中右宮之内ニ大勢人集り在之体ニテ踊り候様子ニ近郷ヘ聞へ、人々慥々参り見候処、二口ト申処より人声無之ニ付立退候得ハ又々如最前大勢踊り候ニ付、是ハ明神之宮普請之吉哉と氏子中申合、花田山ヨリ地形ニ成候砂を少宛持運候処、十日計以前ヨリ何れヨリ申出したるともなく玉造明神へ之砂持とて、大坂中一統ニ家業を止め砂寄進ニ群集致し、夜ハ提灯数百張灯し、夫ニ准し寄進物夥敷、堂嶋町此方様御邸辺也ヨリ弓張提灯千二百・馬五十疋、至テ見事ニ拵、米三俵宛附之、太鼓を打、夜終運ひ候、寔ニ前代未聞、先年伊勢御願参り之節ヨリハ甚仰山成事ト申候、且又不思儀之事有之候、今年ハ大坂表厳重之

御触出、別テ装束等粗を用候様被仰渡有之、天満宮之祭礼モ只今迄之十ヶ一程之事ニ成候処、大坂御城代ニ狐が附候哉等と申平均《ならし》候程ニ候、然処無程右稲荷繁昌大騒きニ相成、御城近之事ニモ候間、被仰渡も無之テハ不叶事ニ候処、却テ先達テ之御触とは違ひ男女共紅之縮子或ハ紗綾・綸子・縐紗等色々之結構成模様物を着し、扨寄進物ハ車に積運ひ、色々之飾り物、難尽言語、金銀の費に不構、男女子共ハ一統ニ結構成装束之上ニ紅ちりめん之襷を懸、花籠ニ砂を盛入持運申候、是等之事を頼り候者ハ夜中寝之内ニ鼻を墨にて塗り置、洗にても落不申無是非明神へ致参詣願候得ハ墨落申候、大坂中砂持不仕ものハ鼻黒く成候と申ならし、きやり歌にも諷ひ申候、余り不思儀成事二三百年ニモケ様成繁昌ハ承伝候事無之、先見受候事百ヶ一計申上候処、如此ニ御座候、以上　七月□(空白)日

廿九日　御参勤御往来御供人通馬増賃銀、天明六年ヨリ同八年迄打込、寛政元年ヨリ廿ヶ年賦被仰渡候ニ付、銀高年賦当り、当八月二日ヨリ廿六日迄之内、毎歳上納候様会所奉行廻状

△有之

癸酉**八月大**　御用番［（空白）］

朔日　二日三日四日五日六日七日晴陰交、八日大雨昼ヨリ霽、九日十日十一日十二日十三日晴陰交、十四日大雨辰刻ヨリ霽折々雨、十五日雨天、十六日十七日快天、十八日雨昼ヨリ晴、十九日廿日廿一日廿二日廿三日快天、廿四日雨、廿五日快天、廿六日雨昼后ヨリ霽晴、廿七日廿八日快天、廿九日雨、晦日昼ヨリ雨天、上旬ヨリ秋冷催

同　日　少々御不例ニ付出仕之面々御目見不被仰付、年寄中謁ニテ退出

四　日　八時御供揃ニテ同半時頃御出、大豆田口御放鷹、御餌柄御近辺ヘ被仰付、鉄砲ニテ打留之鴉一羽

十二日　御風気ニ付御、御寺御参詣無御座候事、今朝大手御門前ニ扇子箱程之大さ唐油包台居之物有之、御横目ヨリ上之

十四日　左之通

今度巡見上使能州御通行之節不念之趣有之候ニ付指控相伺、依之今日ヨリ先自分指控

能州御郡奉行　**奥村左大夫**

金森弥二郎

改作奉行　**坂井小兵衛**平

右之通ニ候処、同月廿五日**左大夫・弥二郎**ハ役儀被指除**小平**ハ役儀其侭ニテ三人共指控被仰付

十五日　御風気未御宜出仕之面々御目見無之、年寄中謁ニテ退出

十七日　宝円寺和尚気脚之処就指重候、為御尋御使者御大小将**前田牽治郎**を以、今朝御尋右為御礼代僧登城、翌十八日重テ御使番［　(空白)　］御使者を以御尋

十九日　右和尚死去

廿三日　夜、与力**松宮作助**弟**小太郎**、野町町端を通候処、何者共不知頭ヨリ頬耳之辺迄刀を以疵付逃去、併薄手故無難ニ帰宅、為検使御大小将横目**小原惣左衛門・寺西弥大夫**罷越

甲戌**九月**小　　御用番　**長　大隅守**殿

朔　日　陰、二日昼后ヨリ雨、三日四日五日快天、六日昼后ヨリ雨天、七日雨、八日九日快天、十日十一日十二日雨、十三日快天、十四日雨、十五日快天、十六日十七日十八日十九日廿日雨天、廿一日快天、廿二日廿三日廿四日雨天、廿五日廿六日廿七日廿八日晴陰交、廿九日昼ヨリ雨

同　日　出仕之面々一統御目見御意有之

二　日　左之通被仰出

御用番并加判御勝手方御免除　　**前田土佐守**

但組ハ是迄之通御預

四　日　九時御供揃ニテ同刻過御出、野々市筋御放鷹、暮頃御還城、御拳之雁壱羽有之

同　日　小立野上野出町**越中屋仁右衛門**家ヨリ出火、二十軒計焼失、七時過鎮火、御寺相図之太鼓ニ付各登城

六　日　九時過之御供揃ニテ八時ヨリ御出、粟ケ崎筋御鷹野暮過御還城、御拳ニテ雁二羽、御脇鷹ニテ雉子一羽被為獲、外ニ鉄砲之鴉二羽、竿之小鳥十被為獲候事

同　日　卯辰観音院へ**藤姫**[1]様・**亀万千**[2]殿御同道御参詣

七　日　左之通御用番**大隅守**殿於御宅、**横山山城**殿御立会、御大小将横目**小原惣左衛門**・**由比陸大夫**指引を以、**大隅守**殿被仰渡

1 重教女
2 斉広（十二代）

御手前義勤方等不心得之趣有之、甚不応思召儀有之候ニ付、役義被指除、自分知九百石之内三百石御減少知行高六百石ニ被仰付、逼塞被仰付候旨被仰出候事
町奉行 松尾縫殿
町同心 池守庄大夫
役儀被指除、組外並ニ被指加逼塞被仰付候段、町奉行九里幸左衛門於宅申渡

九日 出仕之面々前々之通年寄中謁ニテ退出、且於御前左之通被仰付
御加増百石被下都合六百石ニ被仰付、町奉行松尾縫殿代
御馬廻組御作事奉行ヨリ 小寺武兵衛
物頭並ニ被仰付御作事御用只今迄之通
同断ヨリ 高畠五郎兵衛

同日 左之通被仰付候段頭於宅申渡
御作事奉行
御馬廻組 矢部友右衛門

十二日 五半時御供揃ニテ宝円寺御参詣、御供自分

十三日 左之通被仰付
思召有之御勝手方御用
田辺善大夫代
御膳奉行ヨリ 太田弥兵衛
真田佐次兵衛
来月朔日ヨリ小払奉行
和田牛之助代 大脇靭負

右之通昨十二日申渡有之

十五日　出仕之面々一統御目見、且役儀之御礼等被爲請、今日九時不遅御供揃ニテ宮腰口へ御鷹野、八時前御出、南新保村肝煎方御休、暮頃御帰、御獲物無之

十六日　九半時御供揃ニテ八時御出、大豆田口ヨリ御放鷹、宮腰口ヨリ御還城、御獲物御拳ニテ青鷺一羽有之

同　日　左之通被仰付

能州御郡奉行　御馬廻組　**寺嶋五郎兵衛**

栂　喜左衛門

十七日　昨日御用番**大隅守**殿ヨリ御用之儀有之候条、今十七日五半時頃可致登城旨一役類役等連名之依御廻文、人持頭分并支配有之平侍登城之処、一役等宛御呼立、桧垣之御間二之間ニ御年寄中等御列座、**大隅守**殿左之趣御演述累年御勝手御難渋ニ付、御家中諸士知行米之内百石ニ十五石宛御借知被仰付置、一統困窮之段誠ニ御心外至極御心労被成候、依之何卒御借知之分全可被返下思召ニ被爲在候得共、当時とても御逼迫至極之御勝手振ニ候故、中々其所へハ至り不申候、乍然此度格別之思召を以、当年ヨリ御借知米之内三ノ一宛一統被返下候、此段可申渡旨被仰出候

右之趣被得其意、組・支配之面々へ可被申渡候、且又組等之内才許有之人々ハ其支配へモ相達候様可被申聞候事

己酉九月

今般御借知米之内被返下候旨被仰出之趣、以別紙申渡候通ニ候、右被仰出候通、御勝手向御逼迫至極之処、格別之思召を以御借知米之内被返下候段、何モ難有儀ニ候、然上ハ不及申候得共、組・支配有之面々ハ別ニ心得モ可有之義、行跡不正ニテハ組・支配之才許行届不申義ニ候条、前々ヨリ被仰出候趣急度可被相守候事

右両通之写、筆頭ヘ迄**大隅守**殿御渡之、相退候処、左之覚書**大隅守**殿御渡、夫々可申談旨被仰聞候由ニテ御横目中申談

今日申渡候被仰出之趣ニ付布上下ニ改、為御礼人持頭分今明日中御用番宅ヘ相勤可申候、幼少・病気・在江戸等之人々ヘハ同役又ハ筆頭代判人ヨリ可有伝達候、右人々御礼、名代人御用番宅ヘ相勤可申事

一、組・支配之人々御礼ハ其頭等宅ヘ相勤、頭・支配人ヨリ御用番ヘ以紙面可申聞候事

一、与力ヘハ其寄親ヨリ可申渡候、御礼モ寄親迄罷出可申事

但自分御礼ニ罷出候節、与力之義モ一所ニ可申述候事

右之通夫々可被申談候事

九月十七日

右**大隅守**殿被仰渡方、年寄衆御組之人持物頭一組宛、御用番御支配等之分一役并類役宛、且御近習金谷共向之人持頭分ハ御表向被仰渡相済候上被仰渡、将又支配有之平士ヘハ於御席夫々被仰渡候事

十八日　昨日被仰出之趣、諸組共今日明日被遣組・支配人宅ヘ呼立、夫々申渡有之

斉敬（重教息）

十九日　紫野芳春院**則道**和尚入院為御礼出府、今日登城、於桧垣之御間御目見、十帖一巻献上之、役僧モ二人共壱人宛御目見、和尚出世未相済候ニ付御料理不被下之、御茶・たはこ盆迄新番給仕、下乗モ石川御門之外也、翌廿日旅宿ヘ御大小将**平岡次郎市**御使ニテ白銀十枚・綾三巻被遣之、役僧**宇**首座・**延**首座ヘモ白銀三枚宛被下之、右為御礼同日登城、委曲之儀、別冊諸御作法書之内ニ就記之爰ニ略ス互見

同　日　来春御参勤御時節御伺江戸表ヘ被指出候御使御馬廻組**茨木源五左衛門**今朝発足十月廿八日帰着之事

但高知、其上勝手振宜ニ付一円借用金等願無之候事

廿一日　左之通、於御前被仰付

御先筒頭　**岡田友左衛門**代　**木梨助三郎**

数千代様御用只今迄之通

定番御馬廻御番頭

右同断　**木梨助三郎**代　御抱守ヨリ　**堀田治兵衛**

数千代様附

御大小将横目　同断ヨリ　**堀部五左衛門**

数千代様来年江戸ヘ御出府御供今月十八日**奥村河内守**殿ヘ被仰付、御表向御用も兼帯被仰出且昨廿日**織田大炊**・**前田左衛門**其外御附之諸頭夫々御供被仰付、**堀三郎兵衛**ヘハ御道中奉行モ被仰渡、此次十月廿九日・十一月廿日・十二月十三日互見

徳川治宝（徳2 246頁）

重教室千間

同　日　九半時御供揃ニテ粟ヶ崎筋へ御放鷹、夜五時頃御帰、御獲物御鉄砲ニテ雁壱羽有之
△紀州様御附御家老三浦長門守殿去五日卒去之旨告来候ニ付、普請ハ昨日一日、諸殺生・鳴物等ハ昨日ヨリ今日迄二日遠慮之筈ニ候旨御用番大隅守殿御触有之
　附右長門守殿ハ寿光院様実御弟故也
廿二日　御馬廻頭中兼テ依願、十二組馬験《うまじるし》等今日於御居間書院拝見被仰付
廿四日　左之通被仰出候段御用番村井又兵衛殿就被仰渡候、河地才記於宅松原元右衛門并御番頭伊藤甚左衛門立会、才記申渡之
付記　河地才記へ　　平岡次郎市
右次郎市義去廿日紫野芳春院旅宿へ之御使相勤候ニ付御城へ罷出候刻、石川御門通三之御丸之内若党両人召連候義不指支段、家来若党ヨリ及答通り過、其段次郎市へ申聞ニ付早速若党壱人御門外へ差出候、御使相勤候節ハ若党両人召連候テモ不苦義ト相心得罷在、御定モ有之義を家来若党了簡を以御番人へ相答候義、不届之趣重々不念至極迷惑奉存候旨紙面指出候、御手前添書を以被上之候、三之御丸等御番人ヨリモ夫々及断、委曲達御聴候処、兼テ御使相勤之節ハ若党両人召連候テモ不苦義ト存罷在候族不心得之至ニ候、其上御番人ヨリ相咎候処、家来了簡を以不差支旨及答通り過候義常々家来申付方不行届故ト、別テ不埒之至ト思召候、依之次郎市儀急度指控被仰付候旨被仰出候条、此段可被申渡候事
　九月廿四日
附右次郎市義、十二月十一日御宥免被成候段被仰出候旨、御城代本多安房守殿被仰渡、頭才

記於宅甚左衛門立会申渡之

廿六日　左之通被仰付、附前田大炊殿共、御主付御三人ニ相成候事

　御勝手方御用主附　　奥村河内守

　　　　　　　　　　　横山山城

廿七日　六半時之御供揃ニテ五時御出、松任辺御放鷹、暮六時頃御帰、御拳且御鉄砲ニテ雁三ツ内壱ツ勝テ大き成雁、通例之雁二ツヨリハ大ノ由、鷺一ツ被為獲、御表小将配膳役中村才兵衛・御異風御近習番豊嶋喜右衛門へ被仰付、打留候雁二ツ有之、此分才兵衛・喜右衛門へ拝領被仰付

△今般御借知之内三ヶ一被返下之分、村々へ相返其段申渡候条、自今切手を以売払候義勝手次第ニ候、今年之義ハ指懸候事故右之通ニ候、来春ニ至百石ニ十石宛之御借知五石ハ御蔵入、五石ハ町蔵入之村附帳取立候条、来春二月限可指出候、百石已下ハ皆堂形入ニ候間、此度被返下之三ヶ一ハ人々手前へ納、三ノ二之分ハ只今迄之通堂形御蔵へ納候様ニ給人ヨリ百姓へ可申渡候、且又去年十月以後跡目并御加増・新知被下候人々ニテ、今年ヨリ御借知帳可改分ハ、百石十石宛之内五石ハ御蔵入、五石ハ町蔵入ニテ早速帳面可差出候、百石以下之人々ハ前段之趣ニテ帳面差出之候、但先達テ百石ニ十五石宛之帳面出置候人々ハ、早速調替可指出候

一、当七月ヨリ九月迄之内、死去人ハ半収納就被下之、御借知モ半収納当り只今迄之通り取立、跡目被下候節可遂指引候、御切米等之人々、当春三ノ二取立置候間、当暮尤取立不

斉敬（重教息）

申、勿論返上之分ハ当場印之切手を以可相返候、逼塞・遠慮等之人々ハ今般御返之御沙汰無之候条、組・支配之内有無之義、早速可書出旨等、御算用場触有之、附翌正月廿六日村附帳、二月廿日切可差出旨重テ触有之

乙亥十月　大　　御用番　横山山城殿

朔日　陰、二日雨、三日四日五日快天、六日折々微雨、七日快天、八日雨、九日十日十一日雨霰雪交、十二日十三日快天、十四日十五日十六日雨降、十七日十八日十九日廿日廿一日晴陰交、廿二日雨、廿三日昼ヨリ晴、廿四日雨、廿五日廿六日晴陰交、廿七日廿八日廿九日雨雪交、晦日快天

同日　出仕之面々御目見、且役儀御礼等被為請、且左之通御用番被仰渡

新知百五拾石宛被下之　　平次兵衛弟　上坂久米次郎

教千代様御近習只今迄之通

只今迄被下置候衣服料ハ被指除之　　源次郎二男　松平康次郎

三拾五俵七人扶持被下之

新番御歩並ニ被仰付　　弥十郎二男　中村玉次郎

教千代様御近習只今迄之通

只今迄被下置之衣服料ハ被指除之

四日　五ツ時御供揃ニテ八時御出、七ツ屋口ヨリ御放鷹、宮腰口ヨリ御帰、御獲物無之

しきり（仕切り）

五日　五ツ半時御供揃ニテ天徳院ヘ御参詣

七日　九半時御供揃ニテ八時過御出、大豆田筋御放鷹広岡ヨリ御帰、御獲物無之

同日　左之通被仰付

御倹約奉行兼帯

御馬廻頭　岡田太郎右衛門

同上　井上勘助

但最前之通組頭溜之内ニ敷り出来十一日ヨリ岡田等出座

御持筒頭　芝山十郎左衛門

定番御番頭　槻尾甚助

定番御番頭　青木与右衛門

御武具奉行

御算用場横目ヨリ　牧　昌左衛門

改作奉行兼帯

御勝手方ニテ　太田弥兵衛

改作奉行兼帯御免除

組外御番頭　安井左大夫

定番御番頭　江守助左衛門

八日　左之通被仰付

小松御城番

人持組　前田権佐

同　前田式部

公事場奉行

同　前田内蔵太

御算場奉行

同　永原大学 主税事

右四人於御前被仰渡、且人持組竹田掃部御呼出之処、当病ニテ不罷出

定火消役御免除　人持組 多賀逸角

御算用場奉行兼帯御免除　御馬廻組 江守平馬

公事場奉行兼帯御免除　御馬廻組 渡辺主馬

宗門方御用兼帯被仰付　御馬廻組 大石弥三郎

逼塞御免許　同 大河原助進

遠慮御免許　同 高山才記

十日　左之通被仰付

新知百五十石被下之、被召出
組外へ被加之　才右衛門せかれ 有沢数馬

奥御納戸奉行　御大小将組御近習番ヨリ 田辺群吾

御膳奉行　奥御納戸奉行加人組外ヨリ 中宮半兵衛
御大小将組へ被指加之

来春御参勤御供　御家老役 本多頼母

十二日　宝円寺へ御参詣、御供人揃候上御延引被仰出

十三日　左之通被仰付

新番組御徒並ニ被召出　　吉左衛門せかれ
教千代様御近習　　**神田勝五郎**改忠太郎

十五日　出仕之面々御目見、且新知之御礼等被為請
十六日　昨今共御鷹野被仰出、御供人揃候上御延引
俊姫様此間御所労御時疫御匕（匙）**内藤宗安**今日ハ御指引被為在、御用番**山城**殿暮頃迄御詰延、
且**前田大炊**医師**松原柏庵**ヘ今日診被仰付、但十八九日頃ヨリ少々宛御快然
御城中諸方御土蔵、今般御渡ニ付引移申候、上納方只今迄於御算用場受取候得共、今十六
日ヨリ右御土蔵ヘ上納方相向候様、一統被仰渡候様仕度段諸方御土蔵奉行**河地右兵衛**・**大野**
平助紙面差出候段、御用番**山城**殿被仰聞候由等、定番頭廻状出
十九日　御印物頂戴被仰付
九時過御供揃ニテ宮腰口ヘ御放鷹、暮頃御帰、御拳ニテ雁壱ツ、御近辺ヘ被仰付候鉄砲之鷺
二ツ、竿之雉子三有之
廿二日　物頭以上ヘ布上下着用登城候様如前々被仰渡ニテ左之通御弘有之
教千代様来四五月頃御出府之義、御伺書被指出候処、当月十一日御伺之通被仰出、忝御仕
合被思召候、此段何モヘ可申聞旨御意ニ候
同　日　九時前御供揃ニテ同刻過御出、七ツ屋口御放鷹、宮腰口ヨリ暮頃御帰、御鉄砲ニテ雁
一羽御打留
同　日　左之通被仰付

政成

御算用場横目　**牧昌左衛門**代
御大小将　**横地茂太郎**
御勝手方御用兼帯
改作奉行　**杉野多助**

廿四日　朝、尾坂口御門ニ余程大成帳面認込候体之一封張有之、上書**前田大炊**殿、天徳院裏封目印有之、右御番人ヨリ御横目所へ指出之、当番**前田甚八郎**ヨリ相伺候処、其侭ニテ可差上旨被仰出則上之、且又公事場前目安箱之内へモ上書上ル、天徳院ト有之一封を入有之ト云々

年寄中席執筆御免除
書写役被仰付
組外　**跡地吉左衛門**

廿九日　左之通被仰付
教千代様御出府御道中切
会所奉行加人
御大小将　**堀　八郎左衛門**

晦　日　同断
町同心、如御格御役料五十石被下之
定番御番馬組(ママ)ヨリ　**大平直右衛門**
割場奉行
御馬廻組　**里見孫大夫**
御馬廻組　**吉岡権兵衛**
役儀御免除
御馬廻組　割場奉行　**九里平之丞**

丙子 **十一月**小　御用番　**本多玄蕃助**殿

朔　日　陰昼ヨリ雨、二日三日晴、四日五日六日七日八日九日十日雪降但不積、十一日昼ヨリ

晴、十二日晴、十三日雨、十四日同、十五日快天、十六日昼ヨリ雨、十七日十八日十九日快天、廿日雨、廿一日快天、廿二日陰雨、廿三日微雪、廿四日快天、廿五日廿六日廿七日廿八日廿九日雪降、但不積

同　日　出仕之面々一統御目見并子共初テ御目見被為請、九時御供揃ニテ広岡口へ御放鷹、御拳ニテ鴨(カ)壱有之

三　日　定番頭遠田三郎大夫病身ニ相成候ニ付、役儀御免除願紙面指出置候処、前月廿三日御用有之候間、可有登城旨、前日御用番横山山城殿御紙面到来ニ候得共、気滞ニ付登城難致、依之名代人可指出哉之伺有之候処、快気次第及御届候様被仰聞、昨二日気分快方之旨御届候処、今日御呼出ニテ左之通於御前被仰付

遠田三郎大夫

護国院様御代以来、数役実体入情相勤候ニ付、人持末席被仰付只今迄被下置候役料ハ被指除之

同　日　左之通御用番玄蕃助殿御触有之

紀伊中納言様、前月廿六日御逝去之段、今日従江戸表申来候、依之普請ハ今日一日、諸殺生・鳴物等ハ明後五日迄三日遠慮之事

△

四　日　右ニ付、江戸紀州様御邸迄、御悔之御使御先手物頭大野仁兵衛へ被仰付、当十五日限参着ト被仰渡、翌五日発足、附十一月廿一日江戸発十二月四日金沢へ帰着候事、右御見廻之御使御近習頭河内山久大夫へ昨三日被仰渡、早打ニテ発足之筈ニ候処、御逝去之旨告来

吉徳（六代）

徳川治貞（徳2 244頁）

徳川治宝（徳2 246頁）

ニ付、御指留之事

五日　左之通被仰付

思召就有之、格別ニ年寄中席御用　御大小将組御勝手方兼改作奉行ヨリ　太田弥兵衛

九日　左之人々御大小将ニ被仰付

千石　三輪斎宮　明景

七百石　山崎弥次郎　正明

五百石　葭田左守　直廉

同　小泉吉次郎 改権之助　盛明

同　松原安左衛門　一得

三百石　本保加左衛門　昌隼

十日　暁七時過小立野原弾正長屋ヨリ出火、過半焼失、以手勢防留本家ハ無別条

十一日　左之通被仰付、但平馬ハ組も順番之通御供被仰付

御道中奉行并　御小将頭　堀　平馬

御行列奉行相兼　御用人本役御歩頭　遠藤両左衛門

十二日　五半時御供揃ニテ宝円寺ヘ御参詣

十五日　出仕之面々御目見、且遠田三郎大夫人持組末席被仰付候、御礼被為請、将又九時御供

揃ニテ八時前御出、七ツ屋口ヨリ御放鷹大豆田口ヨリ御帰、御次竿之雉子一・あとり鳥一有之

御城代方御用 矢部八之丞
御引足三十石都合百八十石

今枝内記与力
但久々御城方御用相勤候ニ付

右、今日被仰付、且与力跡十五人被召出

十六日 六半時前之御供揃ニテ同刻頃御出、大豆田口御放鷹、御次竿ニテ雉子一羽有之、四時過御帰

御大小将 田辺善大夫
来春御参勤御道中切割場奉行加人
但昨十五日被仰渡、十二月四日ヨリ御用引割場出座

十九日 左之通被仰出

人持組 石野主殿助
指控御免許

御医師 横井元泰
逼塞御免許

廿　日 夕方ヨリ入寒、解脱光院宮(香)様今月四(六)日御逝去ト江戸ヨリ申来、左之通今日被仰付候段、奥村河内守殿被仰渡、則頭ヨリ申渡

御大小将 野村順九郎
教千代様来年御出府
御道中御長柄支配

廿五日 左之通被仰付

御大小将 前田作次郎
御表小将加人

賢子女王、大納言広幡
輔忠前豊室

斉敬（重教息）

廿八日　同断
年寄衆席御用被仰付
組外ヘ被指加之、役料五十石ハ只今迄之通被下置
祐仙院様附御用人ヨリ
馬淵順左衛門

廿九日　朝五半時頃、堀川片原町越中屋五兵衛方納屋二階之内ニ忍居候賊を盗賊改方野村次郎兵衛手合廻方足軽小嶋新左衛門・米(林)山佐左衛門・浅田徳右衛門・森田直右衛門召捕ニ向、最初新左衛門義召捕懸り候処、右賊抜刀を携有之、二階階子之高横ニ有之新左衛門面体ヘ疵付、佐左衛門ヘモ同断疵付、其所ヘ徳右衛門・直右衛門飛懸り無異儀召捕之、右等之趣役頭次郎兵衛方ヘ及注進候処、次郎兵衛了簡之趣、御用先之事ニハ候得共、新左衛門余程深手之旨ニ付、右四人共右場所引取候義猶予申渡置、御用番本多玄蕃助殿ヘ相達候処、疵付候者改方切ニテ之取捌ハ不相成旨被仰渡候ニ付、於役先疵を負候間、改方切ニテ相済候義勿論之事故、重テ其段玄蕃助殿ヘ相達候得共、御聞届無之ニ付、公事場検使を可乞旨、公事場奉行御用番品川主殿ヘ申達、依之検使宿ハ右辺恵光寺ヘ町役人を以申談置候処、翌朔日朝六半時頃、検使与力村田三郎右衛門・中村団助罷越、遂見分口上書取受、新左衛門義ハ療治中身当支配人割場奉行ヘ指預、佐左衛門義ハ不及貪着旨申談、右検使二日暁天ニ相済、何モ夫々引取、且検使乞之義割場ヘモ申達有之、割場奉行里見孫大夫・割場御横目水野七左衛門検使宿ヘ為立会相詰有之、且召捕候右賊ハ先年退転之定番御歩舎弟ニテ当時御算用者瓜生平助養子ニ成居申右瓜生平助同月廿九日令出奔ト云々、五左衛門ト申者ニテ年二十二才、此者検使所ヨリ直ニ公事場ヘ引取之、於公事場追テ吟味有之候処、今月廿八日夜、安江木町蔵屋

何某ト申両替屋ヘ宵ヨリ忍入、金銀を盗可申ト心懸候処、家内之案内を不知候故、おのつから致踟躊候内、早暁近く往来人モ多く、家内之者共モ起出候テ逃出候事モ難成ニ付、火打取出し火を放ち、火事の騒ニ可逃出ト存候処、怪嗅きとて家内騒出し被見咎候ニ付、無是非蔀戸《しとみど》をはね揚一駿ニ逃候処、其家ヨリ声を懸盗人逃すなト云呼り候故、近辺之町家モ騒立同様ニ呼り候ニ付、升形惣構之川通り逃延、家根伝ひニ前記之**越中屋**納屋ヘ忍込候旨等云々、但前記之**小嶋新左衛門**ハ荒町ニ居宅有之、**米林**（山）**佐左衛門**・**浅田徳右衛門**も堀川辺ニ居宅有之ニ付承て其侭罷越、大勢捕ニ向候者共ト申談、**森田直右衛門**モ其内罷越捕懸り候得共、兎角右賊家根等之下り登り自由を得候テ逃廻り、其上刃を持有之ニ付、容易ニ難捕、大勢出候者共ヘ申談遠巻ニして慕（従）ひ歩行、兎角不逃様ニ致し有之、其内家根ヨリ追下し上ヨリ石等打付候得ハ右**越中屋**納屋ヘ入候ニ付、其侭前記之通**新左衛門**等附入候処、疵**新左衛門**ハ頬を被突破、**佐左衛門**ハ眉間を被切破被爲負候得共漸ニ召捕之

附**野村次郎兵衛**取捌、不出来至極ト世評区也

一、前記之通、検使を請候様御用番被仰渡候得共、**新左衛門**ハ深手ニ付、宅ヘ爲引置、**佐左衛門**ハ浅手ニ付、其場ニ指置之、且**新左衛門**義従公事場割場預ニ候得共、役先御用ニテ手疵を負候者之事ニ候間、勤番人附居候事ハ御用捨御座候様仕度段、十二月三日御用番**前田大炊**殿ヘ**野村次郎兵衛**以紙面御達申候得共御聞届無之、翌年正月十三日**新左衛門**義公事場ヘ召出、替品無之由ニテ預之義指宥申渡有之、附**新左衛門**疵平癒之段公事場ヘ割場奉行ヨリ届有之ニ付本文之通呼出有之候事

ほぢ、罪人を捕らえて
調べること

一、十二月十八日記ニモ有之通、**野村次郎兵衛**願之通本役・兼役共御免除被仰出、同日**高畠五郎兵衛**義御先手物頭ニ被仰付、当分盗賊改方御用兼帯被仰渡、依之翌十九日御用番**前田大炊殿**ヘ御達申候紙面左之通盗賊改方足軽**小嶋新左衛門・米山(林)佐左衛門**、前月廿九日堀川片原町ニテ賊体之者召捕ニ向候処、短刀を以疵付候ニ付、当月四日先役**野村次郎兵衛**ヨリ捕手之者疵付候共、以来公事場検使受申間敷旨委曲御達申上置候由申送候、今般私改方兼役被仰渡、役前第一之義ハ捕手方ニ御座候処、只今ニテモ右等之趣、出来仕間敷ニテモ無御座、左候得ハ何分被仰渡候得共、以来之訳被仰渡無御座候ヘハ向後捕手方ニ可相向者無御座哉、其役前ニテ疵付申義ニ候得ハ公事場検使被仰渡候義共、不奉存、疵強候得ハ即刻加療治不申テハ手強捕治仕詮モ無御座、人之励モ相屈、必捕手方可相勤者御座有間敷ト奉存候、先例如何御座候共、以来公事場検使被仰付候テハ捕手方御縮幾重ニモ難申渡奉存候、先年手合足軽**末岡吉郎兵衛**召捕者之節疵付候得共、公事場検使受不申義ハ先役**次郎兵衛**ヨリ御達申上置候由申聞候、且又私新川郡御郡奉行相勤候内、東岩瀬御材木小屋ヘ賊忍入候節、番人足軽**山本九兵衛・高桑里兵衛**相向召捕候処、**理兵衛**脇指を彼賊奪取、右**九兵衛**并人足余程強疵ニ合候得共、召捕方之義故、手先足軽ニ疵之様子爲見届早速加療養、其段公事場ヘ申遣、後テ御用番ヘモ右之一件御達申上置候、右等之族ハ指懸り申義故、只今前條之趣出来ト見不申テハ事分り兼申義、捕手之者共モ重テ公事場検使ニ被仰付候テハ御請ハ仕間敷ト奉存候、其上能捕治め申歟、不取治ニ候哉、相糺候義私共役前御座候処、右足軽モ公事場手合ヘ相渡候テハ役義之糺方ニ指支申候、今般私改方被仰渡、右之趣御聞届無御座テハ迚モ

改方相勤兼申候間、いまた御用取捌不申以前存寄奉申上候、此義御聞届無御座候ハ兼役御断申上度奉存候、以上

十二月十九日　　　　高畠五郎兵衛　判

前田大炊様

右御達申置候処、翌寛政二年四月御用番本多玄蕃助殿左之御覚書を以被仰渡

付札　高畠五郎兵衛へ

御手前手先之足軽等盗賊疑之者等召捕候節、若刃物を携手向候テ手疵を蒙り万一捕ヘ逃し候ハ如御法公事場検使を受可申候、召捕候上ハ不及検使候、右之通可申渡旨被仰出候条可被得其意候事

庚戌四月

右ニ付五郎兵衛ヨリ指出候紙面左之通

私手先足軽捕方ニ向、疵付相手取逃し候節、検使請申義ニ付、此度被仰出候趣、被仰渡奉得其意候、右被仰出候上ニ候得ハ重テ可申上訳ニテハ無御座候得共、先達テ申上候紙面役先之訳少ト申上様解足り不申義御座候間、此義今一往申上置候、外之改方ト違、私手合足軽共定役トハ乍申、割場ヨリ懸渡申義ニテ私手合ニテ召抱候義ニテハ無御座、御用儀なから相進不申時ハ改方手先人々相望不申族ト知可申哉、改方御用相手形顕、刃物携不申テモ如何上り居申候哉難相知、左候得ハ時々相向申度、誠ニ身命を投打申御奉公ニテ御座候故、御威勢を以如何様之場所ニテモ捕治申義、畢竟検使相立申義ニテハ重き捕手方人々承触モ薄相

成、自然徒共モ大勢申合、足軽共手込ニ仕族モ出来仕間敷ニテモ無御座、又ハ足軽手前ニテモ等閑ニ仕ニテハ無御座候得共、必定捕逃不申様存極候程、却テ打込懸り申義難相成、自然と相後れ申義モ可有御座、左候得ハ、却テ御縮方ニ相成不申、其身いか様ニ相成候共検使等モ相立不申、誠ニ格別ト存付申義ニテ身命投打御縮方ニモ相成申義ニテ御座候、軽き者共之義偏《(ひとえ)》ニ御威勢ニ無御座テハ大勢ニ相向捕治申義ハ出来不申、左候得ハ検使被仰付候テハ却テ御縮方ニ相成不申様ニ奉存候、此儀今一往御達申上候、以上

四月十四日　高畠五郎兵衛

本多玄蕃助様

付札　**高畠五郎兵衛**へ

御手前手先之足軽賊等疑敷者召捕、若手疵を負候刻、検使請候有無之義被仰出候趣申渡候処、重テ段々存寄之儀紙面被指出、則相達御聴候処、存寄之趣モ尤ニ候得共、惣様御縮方ニ相障候間、紙面之通ニハ御聞届難被成候、乍然ケ様之義ハ其様子色々有之ものニ候得ハ其時ニ臨み候テ之義ハ役頭之者心得も可有之義ト被思召候、此段可申渡旨被仰出候条可被得其意候事

戌四月

右御用番**玄蕃助**殿御渡ニ付、以来之義ハ不及検使之沙汰ニ候条、一統左様可相心得旨、**五郎兵衛**ヨリ役先之者ヘ夫々申渡有之、且割場奉行ヘモ左之趣足軽共ヘ申渡候段、為承知同月廿二日**五郎兵衛**ヨリ以紙面申達有之、将又**五郎兵衛**段々願之趣就有之、御聞届ニテ同年五

月八日左之通拝領被仰付候段、御用番**前田大炊**殿御覚書を以被仰渡、則**五郎兵衛**夫々申渡

金五百疋　**小嶋新左衛門**

同三百疋　**米(林)山佐左衛門**

同二百疋宛　**浅田徳右衛門**

森田直右衛門

右之者共、去年十一月廿九日堀川片原町ニテ賊体之者召捕ニ向候処、**新左衛門**等疵付候得共、右賊召捕り候ニ付為御褒美被下之

丁丑 十二月大　御用番　**前田大炊殿**

朔日　二日三日快天、四日雨、五日快天、六日陰、七日八日九日十日十一日十二日十三日雨雪交、十四日晴、十五日十六日十七日十八日十九日雪、廿日晴、廿一日廿二日廿三日廿四日風雨、廿五日快天、廿六日雨、廿七日廿八日晴、廿九日雨、晦日折々微雪

同日　出仕之面々一統御目見、且子共初テ之御目見等被為請

二日　九時御供揃ニテ同半時頃御出、広岡ヨリ御放鷹、暮頃宮腰口ヨリ御帰、御獲物御鉄砲ニテ被為打留候鴇一羽有之

三日　八時頃於御居間書院御馬廻頭・御小将頭不残一列ニ御前ヘ被召出、左之御書立御直ニ御渡之、支配有之頭分ヘ伝達可仕候、御請ハ一役々々ヨリ同役連名を以可指上旨御意、依之右両組頭ヨリ支配有之頭分ヘ同月五日於御城実検之間伝達有之、筆頭或ハ御用番等承之写請

取四民之風俗次第懦弱ニ相成不宜候ニ付可相糺ト存候処、今度於公義、御代々之思召を被為継、格別被仰出候趣有之候、因茲今般年寄中心得等之義段々申出候、当時之風俗諸士ハ文武之心懸薄く、町・在ハ商売・農業を懈り、各職分を忘れ、従先代被仰出之趣をモ違失せしめ、彼是妄成族、近年増長之体ニ候、従跡々毎度一統申出之趣有之候処、其砌ハ暫相慎候様ニモ候得共、人気軽薄ニテ無程又々立かへり候、加之《しかのみならず》其以前ヨリモ悪事深く成行候体ニ候、畢竟其上多候者モ行跡不正候ニ付、ケ様之風俗ニ相成候ト存候、諸士ハ三民之上たる者ニテ目当ニ仕儀ニ候処、右之通風俗不宜段、頭・支配人之行跡不正万端油断成故ニ候、以来正直を基といたし身分内外相慎、文武を励み子弟之成立等従先代被仰出候之趣、都テ急度心懸可申儀肝要之事ニ候、勿論組・支配指引方等之儀、常々無油断互ニ相励み可申候、将亦是迄ハ志有之人々万端心懸候得ハ却テ衆人ト異様ニ候故、大形ハ斟酌仕、宜敷相過候者モ有之体、甚不応存念之世俗ニ随ひ不得心懸之段不行届事ニ候、乍然是迄之儀ハ都テ令用捨候条、以来ハ右等之趣無泥相改前段申出候通、急度可相心得候、若此上ニモ不慎等之族有之候ハ厳重可相糺事

寛政元己酉十二月

四日 朝六時前御供揃ニテ同刻御出、大豆田口御放鷹、四時過御帰、御獲物無之

同日 於御前被仰付

組頭並ニ被仰付、二之御丸広式御用　今石動等支配ヨリ　**野村伊兵衛**

今石動・氷見・城端支配　人持組　**石野主殿助**

斉敬（重教息）

同　日　寒気御尋之宿次御奉書、前月廿八日江戸発、今日昼八時前金城へ到来、右御請使御馬廻頭**今井甚兵衛**へ被仰渡、六日発足翌年正月廿七日帰着

六　日　九時御供揃ニテ同半時頃御出、粟ヶ崎筋御放鷹、御獲物御拳ニテ鴨一羽、御鉄砲ニテ雀一羽、御打留之事

同　日　従御城直ニ**本多安房守**殿・**前田大炊**殿御両人、**村井又兵衛**殿御宅へ御越、重テ**安房守**殿登城、且左之趣御用番**大炊**殿被仰聞候由、御横目中申談有之、**又兵衛**義寛病之処、いまた尓々無之ニ付、月番并加判、且御城代方御用暨組之支配当分御免被成候、依之宛所等相省候様夫々向寄ニ可被申談候

以上

十二月六日

同　日　御用番**大炊**殿ヨリ同役并**教千代**様附御大小将御番頭**柘櫂儀大夫**・**北村三郎左衛門**連名之御廻状を以御用之義有之候条、明七日五半時常服ニテ可致登城旨被仰談候事、但頭分以上不残并支配有之平士モ右同様御呼出之事

七　日　昨日**大炊**殿依御廻文頭分以上并支配有之定役之人々各登城之処、於桧垣之御間御年寄中等御列座、一役宛御呼立、左之通御用番被仰渡、御書立等三通御渡、

但御年寄中御組之人持・物頭ハ一組切最初ニ御呼立、且平士之分ハ夫々畢テ於御席被仰渡

四民之風俗次第ニ懦弱ト相成、一統難渋ハ申立なから奢侈ハ倍甚敷、諸士ハ文武之心懸薄く、町・在ハ商売・農業を懈り、各職分を忘れ不似合所行有之体ニ付、可相糺ト存候処、今

繁(いしもち、異志持)真心(実儀)が薄く、物事に異志をもつ(繁、即ちいしもち)ことが多く、取るに足りない様になって

度於公儀御代々之思召を被為継、格別被仰出候品有之、且倹約等之儀段々被仰渡、因茲今般年寄中初へ申出趣有之候、殊ニ諸士ハ三民之上たる者ニ候処、不覚悟之輩ハ常々不法之族モ有之体承候、如斯ニテハ先代ニテ如被仰出、雖為譜代旧功之家筋、不得已加厳制候様可相成儀ハ心外之至ニ候、乍然当時可相糺不法之者モ先不及貪着候条、自今速ニ相改、従先代被仰出之趣万端厳重ニ可相心得候、猶倹約等之儀ニ付テ委細ハ年寄中ヨリ申聞候事

己酉十二月

四民風俗之儀ニ付、今般御書立を以被仰出候通ニ候、治世百年ニモ不及内ハ諸士武義を相励心懸有之、万端質素ニして武役ハ全相整候故、町・在モ夫ニ准し商売・農業を相励実義有之、おのつから万物通用宜敷、諸品も下直ニ候処、元禄年中以来漸風俗奢侈移り、実儀薄く物毎繁多瑣細ニ罷成、諸品年々高直段々難渋ニ付、御倹約等之被仰出有之候、宝暦九年御類焼以前迄、御勝手之御難渋いまた当時程ニハ無之候処、御類焼以後莫太之御物入ニテ次第々々ニ御難渋深く、四民之風俗モ弥懦弱ニ相成、従御先代被仰出之趣をモ違失仕、殊ニ女色淫乱等彼是妄成族増長、其上近年御借知有之諸士別テ難渋故、町・在モ又夫ニ准し候体、右御借知を以御勝手御取続被成候得共、是以全き御足りニ相成不申候、乍然御家中諸士モ右之通勝手困窮之体御心苦被成、段々御僉議之上、御難渋之内を取引欠、当年ヨリ御借知之内三ヶ一宛被返下候、誠ニ少分之儀ニ候得ハ、少禄之人々ハ別テ勝手之為ニモ相成申間敷ト被思召候得共、右之通之御勝手振故外ニ被成方モ無之、御心外之御事ニ候、右三ヶ一被返下、弥御勝手御運ひ方六ヶ敷候ニ付、将又御倹約可被仰付候御家中之人々モ士之実義を

存付、武役之外ハ省略可仕候、従前々倹約之儀被仰出、近くハ安永五年ニモ申渡候処、表向ハ倹約之名目を立候テ内証ハ不都合之体、且其砌ハ暫相慎候様ニ候得共、全相守得不申、又々立帰候段不念之至ニ候、畢竟衣食住を初、節倹を以要用を達し、作法正敷可仕義可為本意候、仮令ケ条書等を以申渡候テモ日用万品ニ付其節倹を失ひ、或ハ親属等ヘ対し参会等不得止品ニテモ倹約を申立不筋之義有之、或ハ身分々々之利をのみ事ト仕、吝嗇を以倹約ト存候族ハ不心得之事ニ候、此等之処一統致弁、四民各職分を相励、無用之費を省き、無内外遂倹約、従御先代被仰出候趣万端急度相守可申事

己酉十二月

四民風俗等之儀ニ付、今般御書立を以被仰出候ニ付、相渡之候条、可奉得其意候、殊更拙者共ヨリモ猶更委細可申渡旨被仰出候ニ付、別紙覚書壱通相渡之候、段々思召之趣被為在、右之通被仰出候上ハ以来不慎等之族有之候テハ御用捨之御沙汰有御座間敷候条被仰出之通、万端厳重相心得可申事

右之趣被得其意、組・支配之人々ヘ急度可被申渡候、組等之内裁許有之人々ハ其支配ヘモ申渡候様、是又可被申聞候事

己酉十二月

右相済、柳之御間於横廊下披見、御横目中申談有之、則左之通

付札　御横目ヘ

今日人持中を初一統申渡候趣ニ付御請之義、年寄中一組切物頭迄連名、月番之宛所ニ

テ可指出候、且又幼少・病気・在江戸等之人々ハ同役又ハ筆頭或ハ代判人ヨリ御書立等之
趣相達可申候、将又御請之義在江戸等之人々ハ別紙を以指出可申候、幼少ニテ判形等
モ難成人々之義ハ代判人ヨリ是又別紙を以御請可指出候、諸組頭等之分モ右之趣ニ相心
得、組・支配之人々御請之義ハ其頭々ヘ取立、其趣右御請ニ書載可申候、右之趣夫々可
被申渡候事

十二月七日

御請左之通執筆を以御達申候事
今般四民風俗之儀ニ付、御書立を以被仰渡之趣奉畏候、段々結構ニ被仰出、難有仕合奉
存候、右御請上之申候、以上

己酉十二月　　同役連名判

前田大炊殿

九　日　諸役人中ヘ於御席、別テ厳重之被仰渡有之、下役人依怙贔屓賄賂之沙汰有之体、自今
於有之ハ曲事可被仰付旨被仰出之趣、御用番大炊殿夫々ヘ被仰渡

十二日　五半時御供揃、宝円寺・天徳院ヘ御参詣

十三日　左之通被仰付

教千代様来年御出府御道中奉行　　富永右近右衛門　但江戸詰順先也
但今壱人ハ先達テ堀三郎兵衛ヘ被仰付
附前記九月廿一日等互見

穎姫附

十五日　出仕之面々一統御目見、但役儀之御礼等被為請
今日、来春御参勤御供、左之通被仰付

御近習御用部屋　**志村五郎左衛門**
御小将頭御近習　**松原元右衛門**
御近習物頭並　**生駒伝七郎**
御表小将御番頭　**関屋中務**
御表小将横目　**玉川孤源太**
御近習御使番　**久能吉大夫**
　　　　　　　勝尾吉左衛門

同　日　左之通被仰付

教千代様御道中御弓支配　**松田治右衛門**　芝御広式附物頭並
同　上御筒支配　**河野弥次郎**　教千代様附物頭並
御長柄支配　前月廿日ニ有互見

十六日　左之人々来春御参勤御供被仰付

御近習騎馬御歩頭　**宮井典膳**
御弓支配御持方頭　**和田権五郎**
御筒支配聞番物頭並　**坂野忠兵衛**　坂本ヨリ御近習騎馬

右之外詰番之御大小将御番頭**田辺長左衛門**・同御横目**今村三郎大夫**へ順番之詰被仰渡

十八日　左之通被仰付

御先手物頭　**松田権大夫**代　物頭並御作事御用ヨリ　**高畠五郎兵衛**
当分盗賊改方御用兼帯　御先手兼盗賊改方　**野村次郎兵衛**
本役兼役共願之通御免除

十九日　左之通被仰渡、此次廿三日互見
境奉行青木多門就病気罷帰
候間、右代御用兼帯
高岡町奉行
大橋長兵衛

廿　日　同断
御発駕御着府之節并城下
御関所前ハ本役騎馬、其外ハ
御近習騎馬
御供組御大小将御番頭
神保儀右衛門
附翌年正月四日御発駕御着府之節迄、本役騎馬、其外ハ御近習騎馬ト重テ被仰渡

廿一日　追儺、御年男御大小将組会所奉行仙石兵馬相勤
但兵馬初テ相勤候ニ付、御紋付御上下之御目録拝領之、附再度ヨリハ綿被下之、以前ハ初テ之節ハ御時服、再度よりハ御上下被下候処、就御倹約近年如本文等

廿二日　左之通被仰付、但前記十九日互見
越中境奉行加人
御馬廻組
成田十郎左衛門
但大橋長兵衛へ不及兼帯段被仰渡

廿四日　左之通跡目被仰付、翌廿五日縁組等諸願被仰出
兵庫知行無相違
弐千百石
兵庫嫡子
佐々木誠善
誠善へ被下置候知行ハ被指除、人持組へ被加之
附誠善是迄新知三百石御大小将也

同
弐千石　内五百石与力知
隼人末期養子松平典膳三番目弟　松平潤之助

同
四百五十石　御馬廻組へ被加之
治右衛門嫡子　青木恒右衛門

同
五百石　同断
宇兵衛嫡子　石黒源吾

同
三百石　組外へ被加之
六丞末期養子実弟不破五郎兵衛四男　茨木斎宮

同
千百五十石
千石之内二百石与力知自分知八百石之
三ノ一二百六十石
才記嫡子　中村求之助
覚右衛門せかれ　九里陽次郎

(十)兵市郎知行無相違
五百石
(十)兵市郎末期養子実三番目弟　永井猪太郎

同
四百石
五兵衛末期養子実弟河合太左衛門三男　山口鉄之助

同
同
八十吉家督相続妹ト娶合山崎茂兵衛五男　和田小三郎

同
二百五十石
助大夫養子
吉田多門

同
二百石
弥市兵衛嫡子
山本治兵衛

同
百五十石
七郎大夫末期養子山口武兵衛弟
山口乙之助

同
百三十石
仙大夫へ被下置候自分知ハ被差除
元右衛門せかれ
三輪仙大夫

百二十石之三ノ一
四十石
権佐嫡子
森田千太郎

平左衛門御扶持高之通
二拾人扶持
平大夫へ被下置候御宛行ハ被指除之
組外へ被加之御右筆方御用只今迄之通
平左衛門嫡子
吉田平大夫

貞丞知行無相違
百五十石
外異風料三十石只今迄之通被下之
甚左衛門自分知ハ被指除之
貞丞嫡子
吉田甚左衛門

五十俵

御歩小頭権五郎せかれ
山瀬小三郎

御歩ニ被召出、御宛行並之通被下之

九郎大夫知行無相違

百五十石

九郎大夫次男
斎田武左衛門

武左衛門へ被下置候御切米ハ被指除之

本組与力ニ被仰付

同

百石

崎左衛門末期養子上村八左衛門弟
勝尾助丞

廿五日　左之通被仰付

三十人頭

御歩小頭ヨリ
竹内十郎兵衛

御例之通白銀

御目録拝領

御大小将組
大かね奉行中

廿六日　来春御参勤之上、御大小将中於江戸表役所、左之通伺被仰出申談有之

御式台取次

御先角
野村順九郎

羽田伝左衛門

田辺善大夫

此三人一ノ手御纏奉行同御使番代

御先角
阿部波江

氏家九左衛門

堀　八郎左衛門

喜多岡善左衛門

御先角
人見吉左衛門

此六人御近所火消并一ノ手御纏奉行同御使番代相兼

一ノ手御纏奉行

御先角
高田牛之助

和田牛之助　　無役　　宮崎儀三郎

御供役并御給仕

御先角
岡田主馬　　山崎弥次郎

中村助大夫　　鈴木左膳

本保加右衛門　　青木左仲

御先角
脇田哲兀郎　　一木鉄之助

堀倉長三郎　　堀　七之助

中村半左衛門　　小幡内膳

大かね奉行　宮川只右衛門　　御中屋敷御近所火消　松原安左衛門

廿七日　左之通被仰渡

来春御参勤御道中御長柄支配　　御大小将　脇田哲兀郎

同断　御当日御荷物才許　　奥御納戸奉行　古屋也一

同断　御近習番加人　　御右筆　士師清大夫

御歩小頭　竹内十郎兵衛代　　御歩横目ヨリ　斉田与八郎

廿八日　来正月二日夜御松囃子、御表小将・御大小将打合習仕有之

廿九日　奥村河内守殿ヨリ如例年御鏡餅献上之、御年男仙石兵馬主付御居間書院ニ飾之、但先年ハ五石餅ニ候処、近年倹約被仰出候、已来三石餅ト相成候事

今月十一日　於江戸御例之通、歳末為御祝詞従**御台様**、御使御広式番之頭**北川伝之丞**[1]殿を以干鯛一箱御拝受、御名代**出雲守**[2]様御勤、同日従**公方**様、**寿光院**[3]様へ上使御広式番之頭**岡本**[4]**源兵衛**殿、従**御台様**モ御広式番之頭**小野寺伝十郎**[5]殿を以、縮緬紅白廿巻・干鯛一箱御拝領、附従**御台様**ハ干鯛也

但前々**御前**御拝受ハ白銀十枚・干鯛一箱ニ候処、今般干鯛一箱迄ニ付、聞番中ヨリ承合有之候処、当時万端御省略中故、右之通之由ニ候事

昨廿八日　左之通御用番**大炊**殿ヨリ御触有之

かけの諸勝負ハ御制禁ニ候処、近年町・在之者共、右様之勝負事ニ携、不埒成為体ニ候、此等之義ニ付、今度町奉行等被申渡候趣有之候、御家中召仕候軽き者共之内ニモ不慎之者ハ右様之出会ニ相交り、少身之人々等ハ畢竟子弟成立ニモ相障候体、将又正月ハ勝手向等ニテ小児等之遊ひ事ト名付、博奕ニ似寄候慰事有之、不苦義之様ニ存候族モ有之候体ニ相聞へ候、仮令遊ひ事ニ候共、かけ物仕勝負を以慰トいたし候義ハ御停止之事ニ候条、其主人々々ヨリ堅制禁可仕候、右之通被得其意、組・支配之人々へ可被申聞、組等之内才許有之面々ハ其支配へモ相達候様被申渡、尤同役中可有伝達候事、右之趣可被得其意候、以上

十二月廿八日

左之通御用番**大炊**殿御渡之旨等、定番頭**津田平兵衛**より廻状有之

諸頭諸役人へ可申聞趣

横浜善左衛門等席勤方ハ都テ品重き内用等執次仕事ニテ、政事ニ預り或諸役人へ対し了簡を

1喜多川正芳（寛21 180頁）
2前田利久（富山藩七代）
3重教室千間
4岡本幸忠（寛20 163頁）
5小野寺通高（寛21 166頁）
前田孝友

演又ハ申付モ無之品を、私トして僉議など仕義ニテハ無之事ニ候処、近年勤方不心得之品々有之、且諸頭等之内ニモ心得違之者ハ善左衛門等へ用向懸合候節、其役筋ニテ無之事も申出候様成義有之、或役筋ニテモ善左衛門等へ及内談候上、進聴達聴(衍)候義ニテハ無之候得共、内分承置候様致度等ト雑談同様之義有之、当時ニテハ流例之様ニ相成候体及承候、因茲今般善左衛門等心得之義段々申渡趣有之候条、向来諸頭等モ役筋用向窺事之外、内談ケ間敷儀等仕間敷候事

已酉十二月

付札　定番頭へ

別紙御書立写壱通相渡之候条奉得其意、組頭・諸役人へ可被申談候事

已酉十二月

左之通右同断廻状有之

付札　定番頭へ

其身他家へ養子ニ参り、親類之内、養実之伯叔父・姑・姉妹、右相互ニ服忌無之共、其身よりは身近き事ニ候間、右親類ト相互ニ縁組相頼候義ハ相控可申旨被仰出候

右之趣被得其意、組・支配之人々へ可被申渡候、且又組等之内才許有之面々ハ其支配へモ申渡候様可被申談候事

酉十二月

『松平越中守御心得書附』（高知県立図書館蔵）

虐げ

松平越中守殿御心得書写左之通

此身不肖ニ候得共、御代之御撰ニ預り、天下之政道を司り、いまた御幼稚ニましまます将軍家補佐奉仕、寔ニ其任ニ非ス、中々天下之御為ニ可成共不存寄合申談之上ニテ事を取捌、津々浦々迄も国を安し極りなく治り靡き随ふ御政道尚更大切ニ存候、因茲某存候処を無隠腹臓申聞候、国主・城主都テ万石以上共申輩ニハ譜代恩顧之家臣等数多召仕、就中家之長さたる者ハ其主人非道有之時ハ諫を入、家之仕置を正し候故其家も治り国民も安候、御旗本万石以下之輩ハ譜代之家臣ト申も稀ニテ新規ニ召抱たる家来なれハ、自身ニ家を治る事ニテ候、其身正からされハ忽家とゝのわす候、能々考可見候、銘々祖先たる者多くハ**東照宮**様ニ仕へて数度之戦場ニ身を砕き骨を折、其勤其勲功ニ仍テ知行を被宛行、于今至テ其身も安楽に妻子迄養ひ、家人を扶持し、諸人ニ御旗本と敬れ候、是等先祖之恩也、此恩を忘れ御宛行たる知行を自分の物と心得、百姓をしゐたけ聊も撫育の心なく良《(やゝ)》もすれハ課役を申付など致す事、是皆正しからさる行跡より事起り候、其不行跡と云ハ弱年より無学ニ在て何事も不弁育ち候者之事ニ候、父母に孝を尽し、兄弟之中睦間敷、夫婦之別を能致し、朋輩に信義を以附合、君臣之間ハ義理を重しトし、此五ツの道を取はづさず相守候時ハ其身ニ恥る事なく御奉公勤るに力ありて御用ニ相立候也、人倫之元ハ夫婦ニ初る処ニ本妻之外妾と言者を寵愛し、是か為めに本妻を隔て、或ハ離縁之沙汰に至り、又妻之腹に出生之長子を疎し、妾之計ひニ依り長子を廃し庶子を立る事に至るも侭《(まま)》多く、是妾ニ溺るゝ故也、其身闇く候より事起候、其妻といふ者ハ朋輩之娘

『大戴礼記』の「三従七去」の七去で夫が妻を離縁できる条件

を迎ヘ取事、仮初《かりそめ》之事ニテハ無之、上ヘ申上御許を蒙りたる上之事ニテ候得ハ、如何様之事有之共、容易ニ離縁之沙汰に可及事ニテハ有間敷候、唐土ニテハ七去と言法有之といへ共、於我朝ハ夫婦之和有之を第一と致せるハ是等におゐて唐土の風に習ふ我等々々事ニテハ無之候、離縁不致共、夫ト之心次第如何様ニモ事之不静といふ事ハ不可有之候、既に離縁致せハ朋輩之娘ニ瑕付る事ニテハ親兄弟之憤り出来、於殿中ニ雖致難面《対カ》、相互ニ言語を不交ヘ憤りを含み候事、是御奉公之妨ニモ相成候得ハ不忠之筋ニテ無之哉、是等之処を相考可申事也、一旦妻を持其妻致死去ハ幾度も再縁之事を可取繕ふ事ニ候、近年ハ不致再縁、多くハ召仕之女ニテ事を済す故、其人柄おのつから劣りて軽々敷下ざまの真似をなし、縦ハ楽みを致事古来より翫ふ詩歌を詠じ、蹴鞠之会・茶道或ハ連歌・俳諧・碁・将棋等之遊ひ有之べき処、今ニテハ多くハ旗本ニ不似合三味線之遊ひ或ハ浄瑠璃語らかしてハ河原者之真似を致候旗本もまゝ有之由、是皆本妻と言者なく召仕ニテ家内を治る故、物毎軽々敷相成、不相応之者、奥深く出入せしめ取締ざるニテ其身之恥を思はず我侭成行跡ニ成行候、於爰《ここ》ニおのつから不勝手ニ相成、可嗜武具をも不嗜、益もなき事ニ金銀を費し、是をつくのわん爲ニ多くハ筋なき者の子を金銀の持参にめでゝ貰ひ、軽き者之子を縁に依て養子とし娘と致候より事起り、自然と家内取乱候、天和法制ニ有之養子ハ相応之者を致し、若於無之ニハ異姓より致す共、筋目を正敷すヘき法制ニ候、某か存るハ以後致養子共、致嫁娶共、縁金と申候事を令停止、唯由緒を正し婚姻すべき時節を不延テ、相互ニ取結度事ニ候、不勝手成族娘を片付るに金銀之用意無之、自然と其時節ニおくれ候時ハ男女之道おのつから正しからぬ事ニ至ニ候、此処を深く可考事ニ候、頭たる者能々心を用ひ最初縁辺願出す時、可遂吟味事ニ候婚姻時節をはづれ候ニ付、年若き面々遊女ニ入込、不相応之遊ひを事と致し、風俗乱れ衣服等ニ紋をも略し、夜行之時之提灯の印を替へ、衣服之紋ハ元定りたる事ニ候、既ニ惣領家ニテハ何庶流ニテハ何と、差別有之事ニ候、夫れをも心得違其時々ニ至テハ家之紋歟と紛し候事ニ相成候、提灯之印ハ猶更夜行之時ニ見違へぬ爲めニ候得ハ、急度其印を可顕事ニ候、衣服之事ハ高下ニよりて定れる法有之候、城下ニ至ても上中下之差別有之事ニ候、然処享保之頃より上より御倹約被仰出候ニ付、諸国ニテ心得違、衣服上中下之差別なく、布綿相用ひ候得ハ倹約ニ相成候ト心得違、武士も町人も百姓も同じなり形ニ相成候事、我朝之風を取失ひたるニテ候、同じ士といふ内、格式等有之候テ衣服を着する事ニテ候、上ニ立候者も下ニ居候者も同じ衣服体ニテハ何を出立之容体之違可有之哉、高知を取る者、下知を取者又ハ重役を勤候者、軽き奉公致す者、面々相応之衣類可着候事ニ候、倹約を衣類之事ト心得違ひ、分限不相応之爲体ニ成行候、身を正敷致候事ハ衣類を以て致事ニ候、質素と有之二字粗食を致す事と計、心得候てハ違ひ候、我朝之上古之風ニ習ひ冠婚喪祭之礼式等ヲハ不取失、其身相応ニ取計ふ事ニ候、質素之二字物知る人ニ尋て能々可心得候、御制度《(政道)》を司り候者近来御記録亀鑑《(きかん)》ト致し、先格被申事を先格ト心得、本朝政事の北《(所)カ》、律令格式有之事を知らず、去るに依て享保之頃**神尾若狭**[1]・**細田丹波**[2]如き者、妄りに御政ニ預り、御倹約ト申事を表ニいたし、天領に縄を入れ天民を爲致困窮、御領を虐け、下之痛を不顧、是を御

1 神尾春央
2 細田時似

3 徳川吉宗
4 徳川綱吉
5 徳川家宣
徳川家康
年々

爲めと心得違候ハ不調法之至ニ候、治世久敷候得共、世の乱るゝと言処ニ遠き慮りなく、眼前之利用を以て御爲と存る事、古きを考へざるより事起り申候有徳院[3]様御代知し召候時、専御倹約之事被仰出候ハ常憲院[4]様・文照院[5]様共ニ天下花美《かび》ニして、御宝庫空敷不慮之御備有余無之故、御倹約ト申事を被仰出候ニテ候、且諸家之風儀如斯成行候ニ付、弓馬之道御励し被成候故、諸家共武道をだに心懸候得ハ事済候様ニ心得違ひ、孝弟忠信之道を学ひ心を正しく致し家を斉《ととの》へ事の直を脇ニ致候事故、自然ト風儀を取乱し候ニ付、於殿中月並之講釈被仰付、於聖堂日々講釈有之候間、年若き面々無懈怠致日参、志を正くして可相励事ニ被存候節、倹質素を心得違ふニ至テハ我朝之古法ハ不及申ニ東照宮様之御神慮ニモ不被叶候、且外国通法之事ハ重き事ニテ候、季々入津之唐物、於我朝、価と交易致事ニ候ヘハ倹約之事而已ニ懸り候時ハ唐物の織物・其外毛之類ひなど士以上之者着用不致様ニ至り、おのつから入津致す唐物も致方なくなり、其物を売買致す商人等ニ至ておのつから衰微致ニ至り候、然ハ天下の御爲トハ不相成、士ハ諸侯より以下ニ至迄、勤を致すを以て、夫々ニ知行を取、其知行之収納ニテ自分を賦り候、是ハならぬあれハ成らぬと身を詰候時ハ物成を貯へ慥ニ致し、有余有之程ハ外用ニ致し、金銀之外ニ融通致し候様ニ可致事ニ候、唐物用候事ニ心得有之、無益之費不致候テ相用候ハ偈《げ》に天下之御爲ニ罷成候、己れが一分勝手づくを存候テハ天下之衰微と相成候処に深く心を尽すべき事、天下ハ一人の天下ニあらす、天下の天下と存る事ニ候、其(某)短才不学にして不致分別申出候得ハ一々其理ニ不当かと迭ニ助言せられ、天下之御爲ニ可成事を無遠慮評議せらるべき

『御触書天保集成御成之部』

事ニ候、寺社奉行・御勘定奉行・町奉行之三職ハ猶更重き事ニ候、平日之寄合等も只古へを考へ、非道を不取捌様ニ支配下御代官・支配下勘定人を撰之、聊も私欲の心ある人を不抱様、下之痛ニ不相成様、温潤之人柄を撰可申事ニ候、御目付たる人ハ不見不聞して、人々のおのつから身の恥を存し、嗜み出る様ニ無之ハ恥辱ニテ候、御家人之恥ハ取も直さず、天下之恥ニテ諸国主・城主ニハ能家来多く国々事能治り候、唯風俗正しからざるハ御旗本以下御家人等可成事ニ候、是皆諸役人・番頭・組頭等心得違より事起り候と存候、猶追々可申談候事長く候得ハ却テ弊へ多く候故申残候、銘々之存寄も承度候也

右此間、従江戸到来之由記借覧写之

於江戸、左之通御留守居廻状有之、御横目中ヨリ触出有之

江戸

大目付へ

遠御成之節、御道筋之者共心得違有之、いつとなく　厳重ニ成行、往来筋モ程過候様相聞、御趣意ニモ　相背候間、以来左之通可取計候

一、武家・町共御道筋往来指留候義、御徒方屋敷前又ハ町内扇子ニテ払通候節、差図を受、人留可致候事

附町人共土間へ下り候義モ同前之事

一、御道筋等小路裏通りハ御先見候迄ハ人通し、木戸緘〆切致来候、横小路之方モ見透不申場所ハ人通し可申事

ちょう、塚、大きい墓

せん、土製品を焼いたもの、瓦等

ちょう、塚、大きい墓

一、御見通ニテモ不浄ニ無之、重荷之車并肩持之品共払之節指懸り、難取片付ハ御道より三町余モ隔り候ハ其侭片寄置、人夫ハ引払可申事

但御規式御成之節ハ只今迄之通たるへく候、遠御成之節ニ候共、牛車ハ指置間敷候

一、通御御跡惣同勢引切候ハ御跡之方ハ人通し可申候、御門〔本ノマヽ〕之(々)惣同勢通り済候ハ〔本ノマヽ〕同外共往来ハ可為致候

但通御御跡人通し方之義ハ前日御道申渡候御徒目付可申談候

右之趣相触候間、難呑込義モ候ハ兼テ御目付へ承合候様可被致候

十二月

今年春、日向国諸県郡六日町と言所の弥右衛門といふ農夫田に流を引ん為、溝を掘事数尺成しに、古冢ニ祭ふ穴ハ横ニ掘たり、棺材已ニ朽たるや、一片の板モ見ず、穴の四辺赤かりし、是ハ棺を実めたる朱之色の残れる成へし、穴内骸骨無之、歯一枚・鑑二枚・刀身五把・鉄甲冑一具・玉数顆勾玉管石之類也、其外遺鉄之物多く得たり、鑑ハ塼古図ニ載る所の四乳鑑ニして純青翠の如し、鏡背の花紋細き事髪の如く、刀ハ長短の差有のみにて反なし、土銹骨を侵して其状を存せす、甲冑モ同く朽敗して全形なし、言伝昔安徳帝西海の難を避給ひ侭ニ此地ニテ崩御し給ふ、其廟を院社と称し、其陵を院冢と言、物換り星移り、いつしか陵の所在を失ひしか、此冢院社を去事不違、是可疑モ非ぬ院冢ニ候、何モ帝の御物成へしと云々、或人按に古代ノ甲冑鉄板を釘属にせしを不聞、南北朝之頃ニ至て鉄胴之名有、安徳帝の前後百有

余年之間如船（カ）製有事を不聞、鏡の古色、刀の直剣、千歳之遺韻自ら存す、仍之されハ安徳帝之鏡ニ非る事明ケ也、続日本記ニ桓武天皇延暦十年六月鉄甲三十領仰下諸国と有れハ上古の武徒の塚成へしト云々

今年武州豊嶋郡金龍山浅草寺本堂修復有之、此寺之絵馬ハ東都第一之旧物・画工、狩野何某是を影写ス、木性既ニ尽テ手ヲ副しハ凹カシナル程ノ古物ニシテ、凡六七百年余ノ星霜ヲ歴タルト見ユ、香ノ煙ニ黒ニ日中ニモ鮮ヤカニハ難見へ、只牽縄ト鼻革ノミ髣髭（鬚カ）ニ見ヘテ落款ノ文字サダカナラズ、世ニ古法眼ノ製スル所ナリト云ハ非也、寛永壬午歳回禄ノ時、木村市兵衛持退タルコトヲ画馬ノ左右ニ二行ニ記せり

寛永十九壬午二月十九日炎焼之時

武州江戸之住　**木村市兵衛**出之

日本国武州豊島郡千東郷金龍山浅草寺

洪鐘銘并序

夫鐘者震㆓梵苑之枯禅㆒発㆓騒壇之深省㆒者

矣南閻浮提各以㆓音声長㆒為㆓仏事㆒西郡勝地

特開㆓榛莽㆒剏㆓此道場㆒於ㇾ是伝フㇾ法聊持㆓短疏㆒

勧㆓発善縁㆒新鋳㆓梟乳之鐘㆒永控㆓龍沢之目㆒

耳根契証者速趨㆓解脱之門庭㆒眼裏聞ㇾ

江戸中期の地誌。著者は俳人菊岡沾涼

声者即穫二円通之妙果一当時若不レ記者後代誰得レ識哉銘曰

未二鋳成一前　響二隔九天一　新鋳成後

福応二大千一　規模脱出　当レ空高懸

軽々撞着　堕二仏事辺一

至徳二年丁卯五月初三日

大勧進僧都海誉

小勧進大和国道高

鋳工　和泉守経宏

右大勧進等之写ハ原本之侭書之

俗説右絵馬夜毎ニ出て近辺の作毛を荒しける故、土民等憲（患カ）へ左甚五郎飛騨の誤成へしと或木匠言へりといふ名誉の彫工に頼みけれハ則曳縄を書添けれハ其事止りきと江戸砂子等いふ書等に載たれ共、曳縄ハ後に加へたるに非る事、図を見て知るへし、絵馬尾留之高之方に所提筆ト有

耳目甄録　拾四

天明七―寛政元年　内容一覧

本巻での藩主家系譜

治脩《はるなが》（藩主・十一代、加賀守）

教千代《みちちよ》（世嗣、齊敬《なりたか》・佐渡守、前藩主重教長男）

亀万千《かめまち》（齊広《なりなが》・筑前守、前藩主重教次男）

凡例：★は権平（正隣）自身がかかわるもの

〇のついた月は閏月

天明七年（一七八七）

治脩（四十三歳）在府、4月9日帰国

★権平【正隣】（三十二歳）在府、4月9日帰国

1・1 今月の天候
1・1 治脩登城、年頭御礼、★御供
1・3 治脩上野広徳寺参詣
1・4 治脩老中等廻勤、増上寺参詣、芝広式へ入る
1・7 治脩登城・若菜祝儀献上、★井伊大老へ祝儀の使い
1・8 邸内修復につき留意事項あり
1・9 治脩御三家・讃岐守へ廻勤
1・10 上野御成り、還御後治脩参詣
金沢で越前今立からの漫才師を叱る
1・13 祐仙院年賀で本宅へ来邸
1・14 例年どおり本宅で福引
1・15 治脩登城
帰国御供命（前田、伊藤）、後日（伊藤）は用捨
1・16 寿光院招請、祐仙院・松寿院陪席、能あり、家臣も見物
転役（寺西）
凶作につき、町方の粥食等を金沢で触れ
1・17 青山より出火、大火になる
帰国道中役等命五件（交名あり）
1・19 具足鏡餅直し
不敬により急度指控（与力　伴）
新知（小泉）
1・20 御供番之頭等内意あり
御供各位を命
1・22 増上寺御成り、還御後治脩参詣、芝広式へ入る
1・24 御使人への貸渡金返済の件で算用場より触れ
伝通院等招請のうえ饗応
1・25 治脩、公儀代替わりの誓紙差し出す
1・26 治脩登城
1・28 治脩下邸へ入る、夜帰館
1・29 松平薩摩守隠居・豊後守家督相続
指控免許（玉川）、但しいとこ（野崎）の犯罪の連帯による
1・30 ★風毒痛により25日より番引、翌月25日から出勤
27日金沢人持組（岡嶋）邸より出火、金沢好天続き火災多発
馬廻組（奥村）養子無理心中一件

2・1 今月の天候
日光宮登城につき月次登城なし、治脩御一門方へ年賀
2・2 宮腰町より出火、大野村へも飛び火、大火になる
金沢で江戸留守詰人事あり
火事のとき見物無用と廻状あり
2・4 江戸家老席・御用所等に乱暴狼藉の痕跡あり
交代帰国二件（長瀬・永原）
給仕役加人（木村）
治脩昼より中屋敷へ、暮ごろ帰館
宿割り役等決める
2・5 江戸御貸小屋にて（遠藤）若党、駕籠舁頭取手代刺殺等一件
右につき道中切会所奉行加人は遠藤の代りに（氏家）へ命
2・7 治脩、松平豊後守へ勤める、以後芝広式へ入り夜中帰館
2・9 治脩、肥後守下邸へ入る、夜帰館
転役（中川）
出銀奉行（永原）から例年の通り廻状
公事場奉行（松平）から奉公人居成等の廻状
2・10 病気により大小将指除二件（湯原・和田）

2・11 治脩、年賀で両隣等十三ケ所勤める
2・15 治脩登城
2・16 当帰国の横目御用★自分に命、その他それぞれ役付あり
寿光院御出につき御囃子・狂言（番組あり）
2・18 （橘宗仙院）招き診察、治脩脚痛段々改善
2・20 歳末祝儀として当御代初めての御内書頂戴、治脩22日御礼登城・老中廻勤
2・22 思召不応につき帰国命（奥村）
仕舞・狂言等あり、当番のみ見物（番組あり）
亀万千卯辰観音参詣、御供人へ赤飯等下賜
2・25 治脩、松平周防守へ御出
2・26 （奥村）帰国につき代りに、道中奉行（松原）、近習騎馬所御供（長瀬）
2・27 去年公辺御移徙規式時の献上物奉書、今日渡る
発駕日限、今日触れ出し
2・28 治脩登城
今後2月28日月次御礼あり、3月朔日はなしと大目付廻状あり
28日月次登城有無の覚歌
浚明院御代は2月28日御礼無く3月朔日御礼あり
2・29 （田辺）等四名の当留守詰延べについて談合

20日、役儀免除二件（木村・高畠）、役儀指除（太田）、転役三件（斎藤・立川・坂井）
26日、大赦により同姓(堀八郎右衛門)宅へ立帰(堀平八郎）
27日、同、同姓（堀与三左衛門）宅へ立帰（堀平次右衛門）、それぞれ五ヶ山・能州嶋之内流刑のところ、今般非常の大赦により
26日、遠慮中病死（和田）

3・1 今月の天候

3・2 治脩、松平土佐守へ勤める、その後芝広式へ入る
宿割所建つ

3・4 今度帰国道中に際しての触書等詳細書上

3・5 道中泊り付け書上

3・6 暇許可あれば当月26日発駕と仰出

3・7 治脩・寿光院・松寿院・祐仙院、下邸へ入る、★本宅・芝へ横目代で御供

3・9 御洗馬規式、火消習仕あり

3・10 能あり、詰合御歩以上見物（番組あり）

3・11 於金沢、諸士登城、年頭祝儀に対する治脩からの謝辞拝戴
去秋参勤御供の諸士へ拝領物あり
今帰国道中に際し、諸物高値・一統難渋につき下賜銀あり

3・13 治脩に暇許可及び拝領物あり、老中廻勤

3・15 治脩登城、暇の御礼、鷹・馬拝領、老中等廻勤、家老両人（前田・伊藤）も登城、拝領物あり、これも老中等廻勤

3・18 寿光院、御忍びで（牡丹屋）庭等へ、★横目代として御供

3・19 松寿院入輿後、初めて当御居宅へ入る
治脩昨日御三家へ暇乞い
15日拝領の馬二頭到来、鷹は塒出次第到来予定

3・21 治脩増上寺参詣、その後芝広式へ入る
役儀指除・帰国（堀）
御用人（今井）他、留守詰の人々、数日のうちすべて参着

3・25 宿割人、今日発出
治脩肥後守邸へ、初めて奥へ通りお当様と対顔
大小将横目（永原）昨日国への暇あり今朝発帰
26日発駕と命
治脩、老中等勤め、広徳寺参詣

3・26 帰国発駕、★自分等戸田川へ先行、川場役向働き等記述あり、浦和泊

3・27　★自分、朝定騎馬、以下順番に交代、熊谷泊
3・28　★暁七つ発で小休所見分、中休より御供、板鼻泊
治脩、倉ケ野から（前田大炊）の持馬に乗馬
治脩馬上の折は、（志村）駕籠乗用御免
3・29　追分泊
越中魚津火災・過半焼失、御館も類焼、氷見も火災
7日於金沢、転役（山口）、自分指控（奥村）
20日於江戸、御歩横目（清水）出奔
4・1　上田泊
4・2　★千曲川・犀川船場へ先行、牟礼泊
（前田大炊）痛所あり、駕籠乗用御免
4・3　高田泊、家老（篠原）、（伊藤）代として出府のため御目見
4・4　糸魚川泊
4・5　境泊、途中、姫川・親不知良好、暮ごろから雷鳴大風雨
治脩、帰城後野田桃雲寺参詣等仰出
4・6　滑川泊、途中、小川出水、早月川舟橋等で遅着
4・7　高岡泊、途中水橋川渡船で不調法あり
4・8　朝、瑞龍寺へ御参詣、津幡泊
昨日の水橋川の一件で（佐藤・高畠）宥免・以後注意と、★自分同断
4・9　昼頃御帰城、小休所見分のため★先行、御着のうえ★御用番へ挨拶・帰宅
野田御参詣延期
江戸への御礼使（前田）御目見、昼過ぎ発出
4・10　★今日より取次二番組勤め
4・11　転役（吉田）
御歩頭へ、帰国御供の作法よろしき旨御褒め
4・12　治脩宝円寺参詣
来月12日宣光院十七回忌御茶湯、天徳院で執行につき規制事項触れ
4・13　14日以降の今月の天候（それ以前は各日毎に記あり）
4・14　★21日より城中御帳付役（姉崎代）、再役につき誓紙省略
25日より石川門普請につき諸事触れ
御歩並以上、江戸へ交代時、御用状ことづけるので前日申出るべし
江戸から帰る際も同断
4・15　転役三件（松尾・柘植・原）

指控（関屋）
4・17 治脩粟ヶ崎へ行歩
治脩野田惣廟へ参詣
4・18 病死（佐々木）、指控中につき末期御礼なし、組頭（長大隅守）が見舞う
4・20 転役三件（今井・中村・寺西）
兼帯二件（永井・近藤）
4・21 ★着到当番、同役（久田・横地・堀）、四人で交代
当15日将軍宣下の御殿向き服装につき江戸より来状
将軍宣下当日より、上様は公方様と奉称すべし
閉門の人々書出しを触れ
4・22 転役二件（河野・辰巳）
4・23 将軍宣下の御祝儀使者（小塚）、拝領物あった場合の御礼使者（山崎）仰付
転役（槻尾）
将軍宣下につき下向公家衆、規式日程等書上
国々巡見御用衆書上
4・26 転役二件（長瀬・神保）
4・27 非常の大赦につき、
五ヶ山流刑（富田・池田〈忠〉）
能州嶋流刑（池田〈喜〉）
但し、富田実弟（雅五郎）・いとこ（杉江）指控免許
4・28 治脩天徳院・同所両御廟参詣
教千代春日社・長谷観音参詣
役儀免除（山内）
23日於江戸、将軍宣下御祝儀の拝領物あり、広式へも同断
上旬以来、江戸諸物価高騰につき町人騒動一件
5・1 今月の天候
5・3 閉門三件（稲葉・福田・猪俣）
転役（中嶋）
兼役免除（松田）
遠慮・閉門免許十三件（交名あり）
5・9 逼塞五件（交名あり）
遠慮十二件（交名あり）
指控二件（成田・佐野）
遠島免許（高柳）
御預免（板倉）
外出留免除（御鷹方御歩二男　広瀬）
指控免許（半井）

5・11 両日、於宝円寺泰雲院一周忌法会、野田廟参は雨
12 天につき延期、教千代参詣
5・15 鳴物・殺生等十日より十二日まで遠慮の触れ
右につき二条様より代香使者、接待等詳細書上
召出二件（湯原・土方）
5・16 隠居料（蓑輪）
家督（同　養子）
5・18 転役（山路）
5・21 新知（吉田）
役儀指除・閉門（奥村）、仰出忘却のため、また
奥村妾追出しの件
喧嘩追懸者役（原田）
5・25 親翰・言上紙等について触れ
5・26 治脩、御鷹の振りで宮腰へ行歩、休所中山主計
宅、供建て等書上
6・1 今月の天候
★自分含め去在府の二十二人及び江戸詰延の人々、
少人数で入情勤仕につき拝領物あり、その他、帰
国道中歩御供解怠なく勤め人へも同断
6・2 ★御前で大小将番頭拝命、規式詳細書上
転役二件（中村・毛利）

6・3 ★今明日見習いとして二之丸溜詰め、5日より同役
五人で交代勤務
6・4 転役三件（松尾・山崎・佐久間）
新知（藤井）
与力跡召出（十人）
新知（山本）、但し去2日
6・7 新知（木村）
6・8 俊姫宝円寺・天徳院参詣、9日、藤姫宝円寺参詣
6・9 役儀指除二件（伊藤・進士）
2日、江戸より早飛脚の言上書（長寿の灸法等）
6・11 教千代御寺参詣時の先立等、両頭勤仕を命
家中での狆所持者を捜す
物頭以上、経書講釈出席願当日指出は控えるべし
転役（佐々木）
6・12 於如来寺、惇信院二十七回忌法会、治脩参詣
続いて宝円寺・同所寿清院廟・泰雲院野田廟参詣
★当役で今日初めて御供
教千代宝円寺参詣
6・13 役儀指除・加増千石召上等（原）
役儀指除（村田）
役儀免除・元組へ（上村）
役儀免除（小泉）

6・15　★役儀の御礼で登城、青銅百疋献上
6・20　暑御尋宿次奉書到来、御請使者（渡辺）22日発足
6・21　旅人体の者が香林坊制札下に投込んだ狂歌一首
6・24　転役三件（井上・高嶺・嶺）
6・25　転役三件（水越・上木・金森）
24日、転役（井上）
6・27　兼役免除（岩田）
役儀指除（笠間）
6・28　去年改法により当分役料なしの頭へ、今後支給の旨通知
6・29　来月★御用番に付、今月番の（庄田）より帳面等受取る、今後一月毎交代
同役寄合・本寄合・小将頭寄合日程等書上
倹約当然なるも、知行相応の人馬・武器は備えるべし
武道心掛けるべし
大目付より水野出羽守書付一通、留守居宛出る
28日、名替の件につき横目廻状
7・1　今月の天候
減知回復・人持組頭・加判等（横山河内守）

新知千石三件（本多・前田・横山）、本田は奏者番へ・御馬奉行免除
新知五百石二件（横山・前田）
新知（匕医　内藤）
治脩土清水辺行歩
7・4　跡目四十件（交名あり）
残知五件（交名あり）
7・5　召出（大場）、養父源次郎数十年実体勤仕につき褒美として
7・6　養子・縁組等諸願仰出
病身につき願いの通り役儀免除三件（本保・大嶋・園田）
7・7　（前田兵部）家来（山本）、女惨殺一件
（奥村河内守）再任、及び跡目等の御礼
転役二件（神田・池田）
7・11　治脩宝円寺参詣
7・14　転役四件（前田・横山・不破・大野木）
新知（原）
7・15　治脩野田廟参、雨天につき延期
稲花つき時期につき、9月晦日まで家中鷹野遠慮
7・20　転役（村田）
7・22　★役料所付渡される

7・23　転役（丹羽）
7・26　美濃守登城御対顔、料理後広式へ入りほどなく退去
7・27　転役六件（交名あり）、但し（野村）病で不出
今月、転役三件（松田・奥村・今井）
8・1　今月の天候
8・2　於実成院、実成院二十七回忌法要
8・7　転役（久田）
8・8　昨日、神護寺惣見分
浚明院位牌供養あり、役付・規式等書上
月並経書講釈あり★聴講
8・10　転役（柘植）
於江戸出雲守重態との使者到来、御見舞早打使者（三宅）発足
出雲守、去7日卒去の早打使者（進藤）11日到着、13日まで普請・鳴物等遠慮
8・12　治脩宝円寺参詣
8・14　指控（遠藤）、但し9月4日免許
8・15　転役（野村）
8・16　転役（篠原）
8・17　治脩犀川上へ行歩、御歩水練御覧、教千代同道
昨16日、出雲守卒去で富山へ使者（永原）、江戸へは（栂）
8・18　公辺御召米の件で、留守詰聞番（高野・坂野）時服拝領一件
菱櫓普請竣工につき関係者祝について通達
右普請懸の人・詰合の人、吸物・酒等頂戴、かつ関係者に拝領物（交名あり）
8・22　10日の使者（三宅）、今日帰着、帰路遅れ等について記述あり
8・25　転役（江守）
8・26　倹約の公儀触、於金沢も廻文出る
8・28　今月上旬より算用場奉行・御勝手方の三人、毎日御次へ詰め御内御用
御城使御歩三人（中村等）へ小判一両宛拝領、理由書立てあり
9・1　今月の天候
治脩、風気につき表へ出ず
9・8　於神護寺、浚明院一周忌法事、治脩参詣延期
9・10　治脩春日山へ行歩、藤姫・亀万千同行、神主方へ

立ち寄り
9・12 治脩宝円寺参詣
9・13 転役二件（阿部・中村）、但し10月朔日より
9・18 転役（青木）
9・19 大小将指除・元組へ（野口）
7日於江戸、転役・加増（加須屋）
9・20 来年参勤時節伺の使者（黒坂）発足
9・22 故出雲守法事代香使者、（武田）から（津田）に変更、来月朔日発出予定
9・25 転役（千羽）
9・28 7月6日記の（山本）斬罪と判決、本件落着により兄（木村）指控免許
大老（井伊）役儀免許
公儀代替わりの法令御請使者（岡田）来月7日発、直に（長谷川）と交代・詰
10・1 今月の天候
拝領物（大場）
10・2 4月27日の（富田・池田〈喜〉）配所へ送られる、（池田〈忠〉）は先頃牢死
10・5 治脩、天徳院参詣延期
10・10 転役二件（永井・小杉）
10・12 治脩宝円寺参詣途次、門閉じていない藩士宅一件
10・15 転役四件（交名あり）
加増（千羽）
10・16 種姫様御祝儀使者、（有賀）に内定
10・19 天徳院前小者宅より出火、烈風により如来寺表門まで類焼、この場合の奉書使御歩の作法等書上
10・26 隠居・家督（永原父子）
10・29 大小将召出八件（交名あり）
10・30 来月上納人足賃、一作用捨の達
田沼弾劾一件詳細書上
在江戸での不行状で、御歩（中村）叱責一件
於江戸、役人家来と名乗る無体の輩の取締令
11・1 今月の天候
治脩、風気につき表へ出ず
11・3 石川門完成につき、往来差止解除等の触れ
11・6 隠居・家督（絹川父子）
11・12 治脩宝円寺参詣
11・15 来春参勤御供（前田土佐守）
教千代御用三件（西尾・織田・前田）

11・18　犀川川上、陪臣宅より出火、一軒類焼
11・19　来春参勤人事（多田）
★自分も横目として順番通り御供と命あり
11・22　来春参勤人事二件（田辺・九里）
11・23　召出（松平）
11・25　転役（大田）
11・26　転役（戸田）
今月24日安芸守隠居但馬守卒去と12月15日通知あり、これにつき使者等書上
12・1　今月の天候
転役五件（交名あり）
兼役免除（山崎〈彦〉）
依願役儀免除（山崎〈次〉）
新知（中宮）
12・2　今日から4日にかけ、人持頭以下本組与力まで御判御印物頂戴
12・6　転役（今井）
12・8　来春参勤人事三十一件（交名あり）
12・9　同十一件（交名あり）
12・11　同（吉田）

江戸発町飛脚来着、11月27日種姫婚礼につき当邸御門留のこと等
12・12　治脩宝円寺参詣
来年頭規式での披露役加人（真田・津田）
召出二件（医師　松田・中村）
12・18　前月18日火事の際、火事場より登城時、城中塗笠着用につき処分一件
12・19　御城煤払規式
12・22　来年松囃子について、★同役中、城中で打合せ
12・23　跡目二十二件（交名あり）
隠居・家督（神保父子）
転役二件（前田・由比）
縁組・養子等仰出
12・25　依願役儀免除二件（永原〈忠〉・永原〈弥〉）
改名二件（馬淵・神子田）、仲間に同名あるため
12・27　転役（中村）
12・28　跡目・役儀の御礼
知行召放（新）、自宅で浄瑠璃等不行状のため
夜、追儺、年男（高嶺）
12・29　出仕以上登城
去25日、兼帯（伴）
12・30　新知（豊島）

知行召放（御歩　寺岡）
転役・減知十六件（御歩　交名あり）
右御歩、若党召連れ許可の連判嘆願書強訴のため
指控（定番馬廻　中村）右連判のため
叱（御歩頭・同小頭）
御門往来印札の取扱不備につき、御歩頭へ御歩五人の処分を命

来春参勤の大小将役付書上
於江戸、広式へ例年どおり公辺広式から歳末祝儀
教千代の唱え方統一すべし
火事の節、雨天たりとも城中塗笠まかりならず、主人は手笠、家来は菅笠
松平越前守家来本多内蔵助の格合等について

天明八年（一七八八）

治脩（四十四歳）在国、3月18日参府
★権平【正隣】（三十三歳）在国、3月18日出府

1・1 年頭規式例年のとおり
1・2 今月の天候
年頭御礼例年のとおり
夜、御松囃子
1・3 年頭御礼例年のとおり、町人等の通り掛り御礼
治脩宝円寺・天徳院・野田泰雲院廟参詣
1・4 頭分以上嫡子等御礼
御弓・御乗馬・御打初め御覧、拝領物等例年のとおり
1・5 夜、城中廊下の行灯からボヤ、泊番坊主（高村）が発見・消火、（高村）へ褒美、このためすべて鉄行灯にすべく命
1・6 寺社方年頭御礼
1・7 出仕の面々、例のとおり年寄謁にて退出
1・10 治脩御宮・神護寺参詣予定も延期
1・12 治脩如来寺・宝円寺参詣、十村等通り掛り御礼
1・13 例の通り十村等へ料理下さる
夜、宮腰足軽町より出火、四百軒ばかり焼失、定

1・15　火消（前田）等出動
小松城番・煩本復人の御礼及び寺庵方の御礼
転役（野村）

1・19　当参勤発駕、来月27日と仰出
具足鏡餅直し祝、★自分含め当番のみ頂戴
病気により元組へ（坂井）

1・29　余寒御尋宿次奉書・御鷹の鶴、昨夜到着、御礼使（岡田）来月2日発足
於江戸、転役（竹田）、但し、去月発の年寄衆連印奉書5日江戸着

1・30　京都どんぐり図子大火一件
当参勤道中泊付書上

2・1　今月の天候
小松・魚津在番等年頭御礼
転役二件（品川・前田）

2・2　治脩家中持馬御覧
金山御用主付二件（佐藤・水原）
同山見分御用（物産家　内山）

2・3　転役（江守）

2・6　教千代御弓初・御具足初の規式、詳細書上

2・7　馬廻組（伊東）、家来の若党を手討
御射手小頭（根来）即死

2・11　拝領の鶴披く、出仕以上頂戴

2・12　治脩宝円寺参詣

2・13　御判・御印物頂戴、作法書のとおり

2・14　加増（萩原）

2・18　去年11月使者の答礼として、広島（安芸守）よりの使者登城一件

2・22　北陸道いまだ深雪につき発駕27日予定を来月6日へ延期

2・23　加増（渡部）
★持馬、御覧にいれるべく堂形馬場まで差し出す、これの御礼差引あり
去年11月城中塗笠着用で処分の馬廻等免許

2・25　金谷御殿で能あり、年寄中等拝見

2・28　治脩城中巡見

2・29　治脩大野・粟ヶ崎行歩

3・1　5日までの天候、6日より旅中につき日々記す
発駕前の取込みにつき御目見なし、4日は発駕御機嫌伺で登城すべしの触れ

3・3　治脩宝円寺・天徳院参詣、雨天につき野田等御廟

へは延期
3・4 加増の受礼、御印物授与
御家中・町家とも火の元厳重の御用番触れ
3・5 治脩天徳院・宝円寺・同所御廟・野田惣御廟参詣
横目よりも火の元注意の触出
3・6 参勤発駕、★騎馬御供の割付等書上
以下、18日着府まで日々詳細記録あり
3・18 参勤着府、治脩老中方廻勤
待受けの客衆・使者に料理出す
3・19 今日より晦日までの天候
交代詰め順等記す
3・20 転役（津田）
3・21 同役（伊藤）等金沢より参着、交代の大小将中翌
22日発帰
火事方役人より揃いの合図周知あり
3・27 夜、湯島より出火、一番（千秋）・二番（別所）
出動、ほどなく鎮火
★自分も出動すべきところ、上使対応の仕事あり
3・28 参勤につき、上使（老中　牧野）来邸、上意拝聴、
饗応、終わって治脩老中方廻勤、★御供
3・29 美濃守内室の着帯祝儀使者★自分23日勤め、これ
に対し使者をもって拝領物下さる、翌日美濃守御
式台まで御礼
3・30 明朔日の参勤御礼の際、家来両人召連れるよう奉
書あり、★諸向へ相談
4・1 今月の天候
治脩登城、老中方勤める、★御供
土佐守より、本日の登城御礼について頭分以上へ
演述
随宜楽院宮（上野宮隠居）崩御
於金沢、大小将町廻組と（寺西）との間で悶着一
件
4・2 治脩広徳寺参詣、その後、芝広式へ入る
4・4 転役二件（村田・恒川）
4・6 初めて対顔の振りで出雲守招請、料理出る
4・7 治脩増上寺御霊屋参詣、池徳院で休息後馬上にて
芝広式に入る、昼・夜★自分等御供に賄出る
庭拝見仰せつかる、詳細描写
4・10 治脩下邸へ入る
4・12 治脩上野広徳寺参詣
4・15 治脩月次登城、帰路肥後守邸で御膳召す、その
後、御三家・讃岐守御勤め
今日祝詞御出の客衆へ御湯漬出す（献立書あり）

4・17　治脩、狩衣にて紅葉山へ予参、★御供、各服装・道筋・混雑等書上
4・18　公方様結納御祝儀整い、翌19日登城、★御供
4・19　於金沢、俊姫宮腰等へ行歩
　　　公方様上野御成後、治脩参詣
4・27　江戸邸広式女中の怪談一件
4・28　公方様御暇の受礼のため月次登城なし、出雲守も初の暇御礼
4・29　治脩増上寺参詣、その後芝広式へ入る
　　　11日夜、於金沢白気の玉空中飛行、江戸でも13日夜同様の風説
5・1　今月の天候
　　　帰城途時、治脩出雲守へ勤める、★御供
5・2　御居間書院で出雲守へ料理、取持衆三人御越し
5・5　佳節につき治脩登城、御出の客衆へ料理等出す
　　　加増（中村）
5・6　治脩、参勤後初めて表へ出る
　　　寿光院招請、祐仙院・松寿院も入邸、饗膳・能あり、能は上邸にのみならず中・下邸・外在住御歩並以上残らず見物（番組あり）

5・8　伏見城在番（小堀和泉守）及び家老等処分一件
5・9　公方様上野御成後、治脩参詣、★御供
　　　治脩広徳寺参詣
　　　老中（松平越中守）、見分のため中山道経由京都へ発出
5・11　諸物価高値・詰人一統難渋につき扶持代繰上げ貸渡しとする
　　　於金沢、馬廻（山岸）妻、自害仕損じ一件
5・12　治脩広徳寺参詣、★御供
5・15　治脩登城、下がり際（松平伊豆守）へ勤める
5・20　治脩広徳寺参詣、★御供
5・23　来月12日、於広徳寺泰雲院三回忌執行について普請遠慮等触れ
5・24　於金沢、大目付触周知（弐朱判吹方停止・永代通用について）
5・27　美濃守内室の産後見舞届物使者★勤める
　　　今月の天候
6・1　治脩、少々痛により登城なし
　　　御客衆に御湯漬出す
　　　於金沢、今月2日宝円寺で性空院百回忌御忌
6・9　閉門御免・遠慮四件（交名あり）

6・12 遠慮御免十三件（交名あり）
指控御免二件（中村・宮井）
逼塞御免（中村）
流刑御免・願いのとおり出家（池田）
右、この節の儀ゆえ御免仰出さる
昨今於宝円寺、泰雲院三回忌法事、教千代今日参詣
於江戸広徳寺も、御茶湯執行、治脩参詣、増上寺への祥月参詣は痛によりなし　★自分昼頃、広徳寺参詣
6・15 土用、例年のとおり登城なし
6・16 嘉祥、例年のとおり登城なし
6・18 泊番大小将（森）就寝中、脇差等盗難一件
6・26 治脩、老中御用番（牧野備後守）・御用御頼（松平越中守）へ勤める、芝広式入邸の予定も不例のため延期
9日暮から15日暁まで金沢で地震六回あり、強からず損害なし
7・1 今月の天候
治脩、持病につき登城なし
7・7 治脩登城、★御供
御出の客衆へ料理出す（献立書あり）
7・10 跡目二十一件（交名あり）
残知四件（交名あり）
翌11日縁組等諸願許可
7・11 跡目（根来）
7・12 治脩広徳寺・上野本坊参詣、★御供
7・13 詰人一統、諸物価高値難渋につき、扶持代繰上げ貸渡しの件
7・14 治脩広徳寺・同所廟参
7・15 治脩、跡目の受礼（根来）、及び出府人御目見
祝詞の客衆へ御湯漬出す
夜、金沢針屋町より出火、二十六軒焼失
7・22 治脩、松寿院招請を受け芝広式へ入る、★御供、花火・座頭芸等あり、★自分等へ料理下さる（献立書あり）
7・23 御鷹の雲雀拝領予定も、残暑による腐損で中止、御出の取持衆に料理出す
7・26 ★自分舎弟（三左衛門）の（柘植）への娘婿養子許可、★御礼・廻勤
7・28 治脩登城
今日、御鷹の雲雀拝領、御礼登城・老中廻勤、★

御供
（田沼主殿頭）謹慎中のところ25日病死、今朝葬
送門前通過も警護足軽出さず
今月朔日金沢半納米値段

8・1　今月の天候
治脩登城、八朔につき表向き一統平詰、客衆へ料
理出す

8・8　下谷御徒町出火、火消役出動、六十軒ほど焼失
8・10　今日・明日の両日、治脩下邸へ入る
8・16　広式へ桂姫参上、饗応（献立書あり）
於金沢、乱行により、
減扶持・一類へ永預け（奥泉）
閉門四件（交名あり）

8・21　寿光院、中津へ舟遊のため御忍行列で入邸、花火
等御覧

8・27　治脩桂光院邸へ、寿光院も来て饗応、翌朝帰館
広式付用人（千秋）、帰邸の際に門違い一件

8・28　治脩芝広式へ入る、★御供、御供人に内々賄出る
（献立書あり）

9・1　今月の天候
治脩登城、下邸へ入る

9・3　★強泄痢により、今日から5日まで御殿詰見合わせ
9・4　（津田）参着、（篠原）発帰
9・5　巡見上使御用主付二件（中村・安達）
9・6　教千代弓師範（吉田）
9・8　於上野4日から6日まで浚明院三回忌法会、上邸
火消方廻り昼夜
上邸牢舎人出牢仰付
今日公方様上野御成、治脩に予参依頼も疝癪につ
き御断り
於金沢、右法事神護寺で執行

9・9　治脩重陽登城、★御供
9・10　治脩、法会終了御機嫌伺のため登城、その後芝広
式へ入る
（岡田）後任（中川）参着

9・12　治脩広徳寺参詣、★御供
転役二件（田辺・和田）

9・13　★上野本坊へ使勤
9・15　治脩登城、★御供
9・21　美濃守重態、卒去までの一件
金通用方について公辺より触れ

9・29 於金沢、御膳奉行（大田）実弟出奔の断書付出る
馬廻組（沖）、粟ヶ崎行歩中煩い出し帰宅後死去一件
金城土橋門泊番懈怠で処分、
遠島（中川）
閉門（笠間）
逼塞（大石）
遠慮（大河原・高山）

10・1 今月の天候
治脩登城
金沢本納米価

10・5 治脩広徳寺参詣
頃日江戸中で風邪流行、★自分も強風邪で10日から14日まで御殿詰見合わせ

10・12 治脩広徳寺参詣

10・14 公方様増上寺御成後、治脩参詣、その後芝広式へ入る

10・15 治脩登城、品姫君婚礼弘めのため居残り、★御供

10・19 祐仙院、略行列で雑司ヶ谷参詣

10・23 金沢升形町馬廻組（木村）若党部屋より出火、居宅全焼

10・28 治脩芝広式へ入る、★御供
転役六件（交名あり）

11・1 今月の天候
治脩登城、御出の客衆に御湯漬出す
旗本（中根・渡辺・松原）出入の願い御聞届け、今日招き御逢い、料理等出す

11・10 同役（伊藤）不調により翌11日より御殿詰見合わせ、17日からは役引け

11・12 治脩広徳寺参詣、★御供
於金沢、美濃守卒去の通知受け、諸殺生等遠慮

11・15 治脩登城、★御供
寿光院、姉松平越前守内室致姫へ入る

11・23 御三家へ御拳の雁拝領

11・26 安芸守御出、盃事等あり

11・27 治脩芝広式へ入る、★御供、御供人両度賄下さる

11・29 治脩広徳寺参詣、和尚茶室で御茶差上げ
7日、金城七拾間門番の鎗二筋破損一件
27日、馬廻組（行山）生死にかかる手負一件

12・1　今月の天候
治脩登城、★御供
12・4　高岡瑞龍寺今度入院につき、代僧出府御礼
寿光院招請、舞囃子あり（番組あり）
12・7　御敷舞台で能あり（番組あり）
信州で百姓せがれが、狼に襲われた父を果敢に助けるの一件
12・10　小寒入、治脩広徳寺参詣、★御供
夜、金沢卯辰八幡宮焼失
12・15　治脩登城、帰路（松平右京太夫）殿へ入る、御供は代り合い★朝御供、帰りは本行列建て、★自分・横目両人は広間、表小将以下饗応所等で料理出る
12・16　跡目二十二件（交名あり）
隠居（岡田）
相続（吉田）
12・17　春来諸物価高値、詰人一統難渋につき銀下される
12・19　治脩、肥後守・老中等勤め、後芝広式へ入る、★御供
12・22　広式へ公方様より例年どおり歳暮祝儀の拝領物
12・23　安芸守・善次郎様同道御出、善次郎様初めてにつき盃事等あり
12・27　故美濃守家督、養子備後守実子勇之助へ仰付奉書昨晩到来
12・28　治脩、風気につき登城なし
12・30　治脩、風気につき元日登城御断り、家来の年頭御礼も延期
今月29日夜、金沢積雪三尺余

天明九年・寛政元年（一七八九）

治脩（四十五歳）在府、4月29日帰国

★権平【正隣】（三十四歳）在府、4月29日帰国

1・1 治脩、風気により登城御断り、御太刀は前田土佐守をもって献上、家中年頭御礼延期、鶴の包丁あり、客衆へ料理出す

1・2 客衆への料理昨日のごとく

1・3 客衆への料理昨日のごとく

1・4 今月の天候

1・7 治脩登城、★御供

南御門で町人の駕籠訴一件

上使をもって御拳の雁拝領、料理等出す、御礼登城は風気につき名代（佐竹）様御頼り

1・8 今日より平常勤務

1・10 公方様上野御成、邸内火廻り例の通り

1・11 家中年頭御礼

1・12 治脩広徳寺参詣、同役（伊藤）疼快により今日より御供出勤

1・13 同役（伊藤）、弟（天台宗僧）病死により今日より忌引

祐仙院、年賀で広式へ御出、御供人へ料理等

1・14 根津出火、御隣水戸様中邸出火で治脩出馬、（岸）怪我

1・15 治脩登城、★御供、帰殿後残りの家中年頭御礼等

当春帰国御供、（土佐守）へ命、（津田）は当留守詰

勇之助、名代をもって家督の御礼、此方から太刀金馬代上げる

於金沢、当留守詰順番のとおり命（大屋組共・松田組共・御用人　伴）

1・16 ★舎弟（芳左衛門）、病中のところ自殺一件

1・17 当春帰国御供命（多田組共・佐久間・山田・九里）

1・18 勇之助初めて御出、御対顔

当春帰国御供命（河地・久世・坂野・富田）

1・19 具足鏡餅直しにつき、当番まで料理等頂戴

当帰国御供命（前田）

1・20 道中方役所建てる

1・21 治脩伝通院参詣、それより御三家・讃岐守へ御年賀、★御供

1・23 治脩上野御宮惣御霊屋参詣、それより（松平越中守・同美濃守）勤め直に芝広式へ入る、★御供、

★自分一席にて料理下さる（献立書あり）

1・24 治脩増上寺惣御霊屋参詣、それより芝広式へ入る

1・27　当春帰国御供命（御近習御用　横浜）等
転役（河地）、用意出来次第御国へ御暇
1・28　右につき、当分御歩支配等、伊藤・★自分へ命、
但し3月朔日御歩頭（松田）参着に付引渡す
表小将等近辺の人々へ今日帰国御供命
道中御長柄支配（村）
★自分・同役伊藤へ、道中近習頭に加わり定騎馬・
本役騎馬所命
金沢は20日過連日降雪、三尺余積雪、越後は深雪
とのこと
江戸は快晴続き火災頻繁、しかしいずれも小火
2・1　今月の天候
日光宮様登城につき、惣出仕なし
2・3　「寛政」と改元につき惣登城、治脩風気につき登
城御断り
加増（吉田）
新知（石黒・桜井）
2・4　公方様と茂之宮様婚礼の御内御祝あり
右につき、御台様より御肴拝領、老中御礼勤めは
御風気につき名代（前田）
2・6　（河地）今朝江戸発帰
御鷹の鶴拝領、今日も風気につき御礼名代（前田）
2・10　去年9月29日記の（沖）の吟味結果一件
2・15　治脩、いまだ風気のため登城御断り
転役二件（高田・堀）
2・16　年頭初めて御表へ寿光院・祐仙院・松寿院招請、
能開催（番組あり）、御歩並以上見物、出入の旗
本衆も御出、料理等出る
2・19　番町通出火、烈火になり讃岐守邸焼失、此方火消
も押出す
転役（脇田）
2・22　治脩芝広式へ入る
2・23　於金沢、巡見上使の日程・道程・留意事項等廻状
あり
2・28　治脩登城
2・29　明後朔日御鳥披につき表小将等、給仕の習仕
2・30　明日の御披には、御拳の雁吸物頭分以上頂戴予定
当帰国道中泊付け書上
3・1　今月の天候
去年7月以来拝領の鶴等御披につき、出入りの旗
本衆等饗応、給仕役付け・御小書院御飾・料理献

立書上、頭分以上吸物等頂戴
当帰国御暇、来月11日と仰出
巡見上使御用として、（安達）今朝金沢発近江へ
4月5日付巡見上使対応の触書
巡見上使越中旅宿の際、（神尾・中村）に間違い
あり、自分指控の事

3・2 治脩肥後守等五ケ所御勤、それより芝広式へ入
る、★御供

3・3 治脩登城、広徳寺参詣
上巳祝詞客三十人御出、一汁五菜料理出す

3・4 於金沢、火の元用心廻状
於江戸、御扶持方代渡し

3・6 江戸中疱瘡流行、尾張様嫡孫五郎太も

3・7 佐竹右京太夫初めて御出、御盃事等あり

3・8 藤姫養女の件、公辺より許可、治脩老中方廻勤

3・10 祐仙院五十の御祝、御居宅にてあり

3・11 大小将（森）疱瘡にて死亡

3・12 治脩広徳寺参詣
明日御国御暇の上使の沙汰あり、それぞれ相談

3・13 上使（老中　松平伊豆守）を以て御暇の上意、拝
領物あり、御台様からも巻物等拝受、但し治脩風
気につき名代（建部）拝聴、以下饗応等

3・14 明日御暇御礼登城の旨、老中連名奉書くるも、風
気により御断り

3・15 祝詞客等あり一汁三菜御湯漬出す

3・18 ★自分、広徳寺年頭拝参、浅草行歩・上野広小路花
木等見物

3・20 御風気快方に付、何時なりと登城の旨、公儀へ届
ける

3・22 肥後守嫡孫（金之助）来邸、盃事等あり
讃岐守・藤姫縁組内約済について讃岐守使者来
邸、料理出す
寿光院青山千寿院参詣、帰路、実弟松平左京太夫
へ立寄り

3・23 治脩両隣等勤める、直に芝広式へ入る

3・25 治脩水戸様等へ帰国暇乞い、松平左兵衛督・相模
守へは年賀勤め、★御供
公方様大塚筋御成のところ延期、妾腹に姫君誕生
のため、即刻、御台様養子に

3・27 安芸守・右京太夫父子同伴で御出、饗応品々

3・28 松寿院・金之助広式へ御出、饗応後表へ出、能見
物（番組あり）
仕切扶持方代、昨日渡る

3・29 明朔日、姫君誕生により惣登城廻状来る、此方御

暇済のため登城に及ばず
松平越中守の奢侈禁止令出る
当留守詰交代要員、順々に到着
4月11日発駕予定も、治脩風邪により御暇御礼4月15日、翌16日発駕と

4・1 今月の天候、19日以降は旅中
★自分帰国につき、寿光院より内々帯地拝領
4・3 治脩、慶次郎様勤める、それより芝広式へ入る、★御供
4・4 治脩松平土佐守へ年賀、のち松平豊後守へ入る
4・5 治脩上野御宮惣御霊屋・広徳寺・伝通院・松平大学・紀州様勤める
4・6 治脩遠江守等年賀、増上寺惣御霊屋参詣、それより芝広式へ入る、★自分・同役伊藤とも足痛め御供せず
4・7 治脩肥後守へ入る
4・9 治脩安芸守へ入り饗応あり（献立書あり）、疼をおして★御供
4・11 前田安房守嫡熊次郎殿、初めて来邸、盃事等あり
肥後守暇乞いで来邸

4・12 於金沢、宗門改・寺証文の厳正化の触れ
4・13 治脩広徳寺参詣
宿割・宿拵のため（宮崎）等四人、今朝江戸発足
松平左京太夫・同　雅楽頭・同　大学頭御出、料理等饗応、御客馬あり
4・14 明日登城・暇の御礼あるべしの老中奉書到来、よって、明後16日昼発駕と仰出
4・15 治脩今朝登城、暇の御礼等規式、老中方等廻勤、土佐守・津田修理・★自分それぞれ御礼廻勤
拝領の馬・鷹それぞれ到来
4・16 夕方発駕、下邸立ち寄り、★自分定騎馬代わる代わる、以下同じ、浦和泊
4・17 途中小休所上尾宿普請中につき差引あり、熊谷泊
4・18 からす川渡にて竹腰山城守嫡男通行と差合う、板ケ鼻泊
道中御歩等支配は、★自分・同役伊藤両人隔日に御用主付勤める
越中東岩瀬にも御泊りと今夜仰出
4・19 追分泊
4・20 上田泊
4・21 中休の丹波島で宿主人所持の馬御覧、試乗のうえ用なし

同所で、真田弾正より使者を以て蕎麦粉等受納、
牟礼泊
於金沢、藤姫の治脩養子、公辺許可の件披露あり
4・22 高田泊
4・23 糸魚川泊
4・24 姫川高水にて糸魚川逗留
於金沢、使者への貸渡金の返済方法変更、これまでの借用書出すべく旨触れ
4・25 姫川少々高水、駒返・親不知静穏、今夜出の飛脚に同役への御用状出す
今後日程仰出、境泊
旅中、鳥打ちのため随時脇道へ入る旨仰出、それについて御供の件一件
於金沢、4月朔日より犀川御留川の触れ
4・26 途中、朝・昼後とも鳥打ち、川網御覧、魚津泊
明朝よりの路程仰出、御鷹野道等御通り
4・27 終日行成に御鉄砲、東岩瀬中休、鰡引き網御覧、高岡泊
於金沢、浅野町出火、六十軒計焼失
4・28 瑞龍寺参詣後発駕、御用無き人今暁より勝手次第発足、津幡泊
於金沢、御着後泰雲院廟へ参詣等申談
4・29 昼過着城、★自分御歩方・御細工方支配それぞれへ引渡し帰宅
治脩、風気につき野田廟参等延期
着城の際の御迎え様子書上
帰国御礼使者（多賀）御目見、拝領物頂戴後発足
4・30 御在国中の火の元用心の件
5・1 今月の天候
治脩出座せず
（改田）支配所城端旅宿で自殺、検使出る
5・5 出仕の面々、年寄中謁で退出
5・10 転役三件（大村・山辺・大屋）
5・12 治脩、風邪は快方も痛所あり御寺参詣なし
5・13 （中川）今日配所へ遣られる
5・14 （田辺）宅で★同役寄合
5・15 治脩痛改善なく、出仕の面々年寄中謁にて退出
5・16 治脩宮腰・粟ヶ崎へ行歩、藤姫・亀万千同道
（湯原）の持馬御用で召上げ厩建つ、湯原へ金十両下さる
5・19 転役（野村）
家中一統へ、江戸多賀別当勧化金割当、頭等にて取立の触れ

5・22　転役（藤田）
兼役免除（柘植）
5・23　役儀指除等二件（伊崎・佐藤）
5・24　転役二件（葛巻・浅井）
召出七件（交名あり）
5・27　遠慮（行山）
5・29　安江木町出火、町家十軒余焼失
治脩宝円寺等参詣、御供同役(庄田)・横目(前田)
二人病で途中帰宅・役引
今月晴れがちで所々水枯れ、田畑等損害多し
転役（在江戸　菊池）、菊池代として（安達）閏
6月朔日江戸へ発足
右につき、巡見上使跡しらべ御用（堀）に交替
6・1　今月の天候
出仕の面々御目見あり、役儀の礼
おわって、大豆田口放鷹、犀川で鮎釣り
6・2　治脩粟ヶ崎・宮腰筋で終日放鷹、休所粟ヶ崎御旅
屋で一統賄頂戴
6・4　同役（庄田）役引のところ登城呼出しあり、藤姫
縁組の公辺御礼使者内示
6・5　治脩亀坂筋放鷹・鮎釣り
治脩三之丸で御射手中的御覧
6・6　治脩犀川上で投網、鉄砲
6・7　治脩七ッ屋口放鷹
転役七件（交名あり）
6・10　治脩三之丸で御異風中鉄砲御覧
6・12　治脩如来寺等参詣
教千代宝円寺参詣
6・13　治脩七ッ屋口放鷹
6・15　出仕の面々一統御目見、滝谷妙成寺入院御礼・息
方初めて御目見
6・16　転役（堀）
6・20　江戸上屋敷に教千代御座所新築と廻状あり
6・21　治脩宮腰口放鷹
6・22　転役三件（芝山・牛圓・柘植）
加増二件（永井・上田）
6・23　月次経書講釈、★当番につき聴聞
6・25　治脩宮腰筋放鷹、（中山主計）方で休息
大小将組指除・組外へ二件（馬淵・岡嶋）、馬淵
同役につき★自分立会
同右かつ閉門（姉崎）
6・27　今暁より土用

6・29　公辺へ暑伺の使者（津田）発足
今月17日、江戸伝馬町より出火、伊奈摂津守邸等及び町家六百軒焼失
晦日、小石川伝通院前より出火、御抱鳶二人死傷一件
⑥・1　今月の天候
出仕の面々御目見、役儀御礼あり
京都町人　菱屋・桔梗屋御目見
⑥・4　転役（稲垣）
⑥・5　昼より両川洪水、犀川大橋損壊・町家流失等あり
転役（田辺）
⑥・6　今回帰国道中歩御供、懈怠なく勤めた面々へ拝領物あり
⑥・7　洪水見分内容書上
⑥・8　讃岐守嫡雄丸と藤姫縁組許可の江戸早飛脚今日到来
御礼使（庄田）羽織等拝領、11日発足
⑥・9　御弓料五十石五件（交名あり）
御異風料三十石三件（交名あり）
新知（竹内）
⑥・10　前月23・24日越中富山洪水書上
⑥・12　治脩宝円寺参詣
暑気御尋宿次奉書到来、御礼使（佐藤）15日発足、洪水で今石動より馬返す
⑥・13　物頭以上登城、藤姫・雄丸縁組許可披露あり
⑥・15　治脩、疝につき出座なし
⑥・25　治脩、家中持馬御覧の命、同役・小将中十八疋あり★自分馬も書出す
⑥・27　治脩大豆田筋等放鷹
今度の洪水、越中は莫大の水損、御領は少なし、小松・能美郡損毛大
諸国のうち京・大坂等上方は洪水多しとのこと
7・1　今月の天候
出仕の面々御目見
半納米値段
7・2　細工者（興津）縊死、検使あり
7・7　出仕の面々御目見
河北・石川両郡、稲に花付により9月10日まで鷹野禁止
7・9　江戸上餌指町出火の際の働きで火消役へ拝領物

7・10　跡目・残知四十二件（交名あり）
7・11　跡目（疋田）
　　　願いにより役儀免除（久田）
　　　嫡子（吉田）
　　　他、縁組・養子等
　　　菱櫓続長屋出来に付、拝領物（交名あり）、今日御祝
7・12　治脩少々不例につき宝円寺参詣なし、かつ盆中野田廟参等延期
7・13　拝領屋敷処置間違いにより指控二件（阿部・武藤）、但し8月14日宥免
7・18　再縁願の件につき触れ
7・25　（永原）跡目の御礼等
7・26　治脩大豆田筋放鷹
7・27　転役二件（仙石・千秋）
　　　加人免除（江戸在住　青山）
　　　当盆前から仲買等の町人、縊死・出奔多数
　　　町方銀支え一円取引なし、諸士困窮人多し
　　　於江戸、藤姫縁組に伴い、讃岐守家と両敬の件廻状あり
　　　大坂玉造稲荷明神の突然の賑わいの件来状抜書き
7・29　参勤御供人通馬増賃銀年賦払いについて廻状

8・1　今月の天候
　　　治脩不例につき御目見なし
8・4　治脩大豆田口放鷹
8・12　治脩風気につき御寺参詣なし
　　　門前に扇子箱大のものあり
8・14　巡見上使能州通行時不始末の処分一件
8・15　治脩いまだ風気につき御目見なし
8・17　宝円寺和尚重病につき御尋使者（前田）、今朝御礼代僧登城、翌日も使者
8・19　右和尚死去
8・23　与力（松宮）弟（小太郎）、野町端で斬られ薄手、検使あり
9・1　今月の天候
　　　出仕の面々一統御目見
9・2　御用番・加判・御勝手方免除（前田土佐守）
9・4　治脩野々市筋放鷹
　　　小立野上野出町越中屋より出火、二十軒計焼失、御寺合図の太鼓につき各登城
9・6　治脩粟ヶ崎筋鷹野
　　　卯辰観音へ藤姫・亀万千同道参詣
9・7　役儀指除・減知・逼塞（町奉行　松尾）

役儀指除・組外へ・逼塞（町同心　池守）
9・9　出仕の面々年寄中謁にて退出
加増・町奉行（小寺）
転役（高畠）
転役（矢部）
9・12　治脩宝円寺参詣、★御供
9・13　転役三件（太田・真田・大脇）
9・15　出仕の面々一統御目見、役儀御礼後、治脩宮腰口放鷹、南新保村休息
9・16　治脩大豆田口放鷹
転役二件（寺嶋・栂）
9・17　人持・頭分等登城、藩士一統へ借知三分一返済の旨通知あり
9・18　右の件、今日・明日にかけ諸組へ通知あり
9・19　紫野芳春院和尚、入院御礼で来藩・登城作法書どおり規式
来春参勤時節伺使者（茨木）今朝発足、（茨木）
高知で勝手宜しきにつき借用金なし
9・21　転役三件（木梨・堀田・堀部）
教千代来年出府御供・表向御用兼帯（奥村河内守）且、昨日御付諸頭（織田・前田等）・道中奉行（堀）命
治脩粟ヶ崎筋放鷹
紀州様附家老（三浦）去5日卒去、諸殺生等遠慮等、三浦は寿光院実弟
9・22　治脩、馬廻組十二組馬験御覧
9・24　城内召連の家来数、御定に反したかどで指控（平岡）、但し12月11日宥免
9・26　勝手方主附（奥村河内守・横山山城）、（前田大炊）に加え三人になる
9・27　治脩松任辺放鷹、（中村・豊島）それぞれ打留の雁拝領
借知三分一返済方法の詳細書上
10・1　今月の天候
出仕の面々御目見え、役儀の御礼
新知三件（上坂・松平・中村）
10・4　治脩七ツ屋口より放鷹、宮腰口より帰館
10・5　治脩大豆田筋放鷹
倹約奉行兼帯五件（交名あり）
転役等四件（牧・太田・安井・江守）
10・8　転役等七件（交名あり）
逼塞免許（大石）
遠慮免許（大河原・高山）

10・10　新知・召出（有沢）
　役儀免除（九里）
　転役二件（田辺・中宮）
　来春参勤御供（家老役　本多）
10・12　治脩宝円寺参詣延期
10・13　召出（神田）
10・15　出仕の面々御目見、新知の御礼
10・16　治脩、昨今とも鷹野仰出も延期
　俊姫、この前から時疫、18・19日頃より少しずつ良くなる
　上納金はこれまで算用場で受取のところ、直接御土蔵へ上納と触れ
10・19　御印物頂戴を仰付
　治脩宮腰口放鷹
10・22　物頭以上登城、教千代来夏出府許可を披露
　治脩七ツ屋口放鷹
　転役二件（横地・杉野）
10・24　朝、尾坂口門に帳面張付けあり、且公事場前目安箱へも上書あり
　転役（跡地）
10・29　道中切加人（堀）
10・30　役料（大平）
　転役二件（里見・吉岡）

11・1　今月の天候
　出仕の面々御目見、子供初めての御目見
　治脩広岡口放鷹
11・3　（遠田）病につき役儀御免願出のところ、人持末席に仰付
11・4　紀伊中納言去月26日逝去につき諸殺生等遠慮触れ
　右につき、江戸紀伊邸へ御悔使者（大野）翌5日発足
　昨3日、御見舞早打使者（河内山）へ命も逝去につき指留
11・5　転役（太田）、思召しにより年寄中席御用へ
11・9　召出六件（交名あり）
11・10　小立野（原）長屋より出火、本家は無事
11・11　道中奉行・行列奉行兼（堀・遠藤）、堀組は順番通り御供
　治脩宝円寺参詣
11・12　出仕の面々御目見、（遠田）御礼
11・15　治脩七ツ屋口より放鷹、大豆田口より帰館
　加増（今村与力　矢部）
　与力召出（十五人）

11・16　治脩大豆田口放鷹
来春参勤道中切割場奉行加人（田辺）
11・19　指控免許（石野）
逼塞免許（医師　横井）
11・20　江戸より解脱光院宮逝去の報あり
教千代来年出府道中長柄支配（野村）
11・25　転役（前田）
11・28　転役（馬淵）
11・29　堀川片原町越中屋方への賊捕方一件、及び捕方足軽負傷の取扱につき盗賊改方と御用番年寄のやりとり一件
右に関し足軽五人に褒美
12・1　今月の天候
出仕の面々御目見、子供初めての御目見
12・2　治脩広岡より放鷹、宮腰口より帰館
12・3　馬廻頭・小将頭、御前において、四民風俗の改方等の書面御直に渡さる
12・4　転役二件（野村・石野）
寒気御尋宿次奉書、今日到着、御請使（今井）6日発足
12・6　治脩粟ヶ崎筋放鷹
（村井又兵衛）病、本田安房守・前田大炊確認の上、同人加判等当分免除
頭分以上等明日常服で登城すべしと廻状あり
12・7　右登城のところ、四民風俗の件・倹約の件等書面交付あり
12・9　諸役人へ、依怙贔屓・賄賂等につき厳重申渡しあり
12・12　治脩宝円寺・天徳院参詣
12・13　教千代来年出府道中奉行（富永）
12・15　出仕の面々御目見、役儀の御礼
来春参勤御供七件（交名あり）
教千代道中各支配（松田・河野）
12・16　来春参勤御供三件（宮井・和田・坂野）
順番の詰二件（田辺・今村）
12・18　転役（高畠）
本役・兼役免除（野村）
12・19　兼帯（大橋）
12・20　道中本役騎馬等（神保）
12・21　追儺、年男（仙石）、初めてにつき御紋付上下拝領
12・22　転役（成田）、19日の（大橋）兼帯取消し
12・24　跡目二十件（交名あり）

12・25 転役（竹内）

白銀拝領（大かね奉行中）、例年通り

12・26 来春参勤後の江戸表における大小将役所付け（交名あり）

12・27 来春参勤道中役付け四件習仕あり

12・29 （奥村河内守）より例年通り鏡餅献上、近年倹約により三石餅になる

今月11日於江戸、歳末祝詞として公辺からの拝領物等書上

昨28日、御用番より勝負事禁止の触れ

（横浜善左衛門）に対し内談がましき儀はやめるよう、諸頭・諸役人へ申渡し

養家・実家相互親類の縁組は控えるよう廻状出る

松平越中守心得書全文書上

遠御成の節の道筋往来の幕府触れ

日向国の古塚一件

浅草寺絵馬の由来等、同寺洪鐘銘

耳目甄録　拾四

天明七―寛政元年　氏名索引

姓読み方一覧

読みは諸士系譜による

あ	新	あたらし
	在山	ありやま
い	一色	いっしき
	生田	
	生山	
	磯松	
	出野	(いでの)
う	上木	
	上村	
	上坂	(こうさか)
	瓜生	うりゅう
	牛園	
	氏家	附．団
え	榎並	
お	大槻	附．園田
	小幡	
	小瀬	
	小原	
	小篠	
	小竹	
	小倉	
	小野木	
	小谷	
か	帰山	かえりやま
	改田	
	角針	
	河野	かわの
	河地	かわち
	河内山	(こうちやま)
	上月	(こうづき)
	印牧	かねまき
	菅野	(すがの)
	神戸	かんべ
	樫田	かしだ
き	久徳	きゅうとく
く	陸田	くがた
	九里	くのり
	熊谷	
こ	郡	こおり
	小川	
	小塚	
	小寺	
	小沢	
	小谷	
	小畠	
さ	篠井	(しのい)
	篠島	
	山東	さんとう
し	篠原	(ささはら)
	篠田	
す	菅	
	寸崎	
せ	千福	
	千田	
	千羽	
	千秋	せんしゅう
そ	副田	そえだ
	曽田	そだ
	尊田	(たかた)
た	鷹栖	たかのす
	武	たけ
	団	だん
ち	長	
つ	槻尾	附．寺島
	柘櫃	つげ
	角尾	つのお
て	豊島	てしま
と	栂	とが
	鴇田	ときた
	東郷	附．中村
	土肥	附．武藤
な	長田	
	半井	なからい
	中居	なかぎり
に	仁岸	
ぬ	布目	
ね	根来	
は	端	
	伴	附．佐垣
ひ	土方	ひじかた
	比良	
	一木	ひとつぎ
ふ	二木	ふたき
	古市	附．赤井
へ	別所	
ほ	堀部	
	細井	
ま	増木	
	曲直瀬	まなせ
み	三階	みかい
	神子田	みこだ
	満田	みつだ
	三吉	
む	武藤	附．土肥
や	安武	やすたけ
	安見	やすみ
	保田	やすだ
ゆ	由比	ゆひ
	行山	ゆきやま
よ	葭田	よしだ
わ	和角	わずみ
	分部	わけべ
	脇葉	

政隣記巻14・氏名索引

○は閏月

あ

姓・通称	諱		扶持	年月日	没年月日	享年
				寛1・3・1 5・29		
跡地吉左衛門			80	寛1・10・24		
姉崎五左衛門			150	寛1・6・5	天保5	
姉崎太郎左衛門	増布	御帳附役	300	天7・4・14 9・8 寛1・6・25	寛政9・5	
阿部昌左衛門	忠怒		1500	寛1・7・13		
阿部波江	泰忠			天7・6・1 9・8 9・13 天8・9・12		
				寛1・12・26		
天野伝大夫	庸郷		300	天7・4・26	天明6	
新　三左衛門	直庸		150	天7・12・28		
有賀甚兵衛	政明		1600	天7・10・16	寛政2・1・11	
有沢才右衛門	貞幹		150	寛1・10・10	寛政2・5・26	
〃　数馬・才右衛門	貞庸		550	寛1・10・10	天保	
有沢惣蔵	有貞		150	天7・12・8	享和2・7・2	
い						
飯田和十郎			400	天7・12・22	天明7・5・23	18
〃　万作・外記	長儀		400	天7・12・22 寛1・7・10	文化10	
池上清五右衛門		長家臣		天8・4・1		
池田左兵衛	昌久		250	天7・9・19	寛政3・5・24	70
池田忠左衛門・権左衛門	正信		600	天7・4・27 10・2 天8・6・9	天明7・5・27	63
〃　喜朔郎	助三		150	天7・4・27 10・2		
〃　仙吉		忠左衛門次男		天8・6・9		
池田判左衛門			250	寛1・7・10		
〃　権丞			250	寛1・7・10		

池田半次(郎)	方章		150	天7・12・9	寛1・⑥・9	文化4	
池田与左衛門	恭種		250	天7・7・7	7・27		
池守庄大夫			100	寛1・9・7			
生駒右膳	直敬		3000	天7・8・28		寛政1・12・26	45
生駒伝七郎	貞行		500	寛1・12・15		文化3・11・27	
伊崎所左衛門	孝致		300	寛1・5・23	5・24	文化4・1・20	
石浦仙良		医		寛1・2・10			
石川九郎右衛門				天8・8・16			
石倉判太左衛門		御歩頭		天7・12・晦			
石黒宇兵衛	知久		500	寛1・12・24		寛政1・9・11	
〃源吾・源兵衛	知訓		500	寛1・12・24		寛政7・7・29	53
石黒織人			130	寛1・6・7		寛政9・⑦・25	
石黒嘉左衛門	道尚		150	天7・12・8	寛1・2・3	文化4・9・18	70
石黒彦大夫	惟一		500	天7・2・4	6・1 天8・7・10	天明8・3	
〃庄司郎	助成		500	天8・7・10		天保4・8・6	
石野主殿助	寛氏		1050	寛1・11・19	12・4	文化5・7	
石丸勘大夫	正純		150	寛1・⑥・9		文化9・3・11	68
板垣平蔵			200	天8・7・10			
〃平馬			200	天8・7・10			
板坂八二丞			60	寛1・7・10			
〃隼之助			60	寛1・7・10			
一色左膳	昭定		600	天8・7・10			
〃源右衛門			150	天8・7・10			
一色庄大夫	苗平		200	天7・7・4		天明6	
〃安次郎	昌助		200	天7・7・4		文化3・	35

姓・通称	諱		扶持	年月日	没年月日	享年
伊東卯兵衛				天8・2・7	文政6・2・26	
伊藤久左衛門	若時		100	天7・5・9 天8・6・9	文化10・12・6	
伊藤権佐			350	天7・11・末	寛政4・9・4	41
伊藤甚左衛門	勝文		850	天7・12・8 天8・3・21 4・2 4・12 4・20 4・29 5・5 5・9 5・15 7・14 7・28 8・1 8・12 9・1 9・10 10・頭 10・5 10・12 10・14 11・1 11・10 12・15 寛1・1・12 1・13 1・24 1・28 1・末 2・12 2・22 3・3 3・23 3・28 4・4 4・5 4・6 4・12 4・16 4・17 4・18 4・21 4・25 4・27 4・28 9・24	文化5	
伊藤内膳	正固		2800	天7・1・15 3・15 4・3 天8・2・11	享和2・7・1	69
伊藤彦兵衛	憲勝		1000	天7・5・21		
〃権五郎	勝損	魚津町奉行	1000	天7・6・9	文化8・2	
伊藤弥左衛門		手木足軽		天7・8・22		
伊藤弥大夫		沖家臣		天8・9・末 寛1・2・10		
稲垣源太左衛門	安允		1000	天7・12・23	天明7	
〃大作・外記			1000	天7・12・23 寛1・⑥・4	寛政4・9	
稲葉市郎左衛門	知通	御馬廻	200	天7・5・3 天8・6・9	寛政4・12・25	
井上井之助	直政		700	天8・2・23		
井上勘右衛門	喜親	加州郡奉行	600	天7・6・24		
井上勘助	和索	御小将頭	300	天7・2・2 12・18 天8・4・1 10・28	寛政2	

				寛1・1・28 10・7		
井上権太郎		与力		天7・12・23		
井上三大夫・源助	一之	御勝手方	350	天7・1・17 6・25	寛政3・5	
井上太郎兵衛	盛陣		300	天8・9・21		
井上弥三郎			250	天7・12・23	天明7	
〃銀治郎	政親		350	天7・12・23	天保11	
井口茂平	永久		500	寛1・7・10		
〃勇次郎	永保		500	寛1・7・10		
猪俣平蔵		与力		天7・5・3 天8・6・9		
茨木源五左衛門	自道		2050	寛1・9・19	文政4・10	
茨木六丞・嘉十郎			300	天7・6・1 寛1・12・24	寛政1・10	
〃斉宮・伝九郎			300	寛1・12・24	文化7・3・12	
今井元昌	道好	外医	150	天7・8・22 寛1・2・10	寛政5	
今井叉忠義	雅章	御大小将	300	天7・4・20 12・6 12・9		
今井甚兵衛	矩明	御槍奉行	500	天7・2・2 3・21 7・27 天8・2・18		
				寛1・7・11 12・4		
今枝内記・弥平次			1400	寛1・11・15		
今村勝右衛門	政純		200	天7・7・4	天明7	46
〃乙三郎・籐九郎	懿		200	天7・7・4	天保1・11・8	64
今村吉兵衛	好方		150	天7・12・9	文化5・	68
今村三郎大夫	量景	横目	300	天7・1・末 3・21 4・21 天8・5・11	文化1・6・11	
				11・末		
				寛1・1・16 5・1 5・23 12・16		
今村次郎左衛門	規種		130	寛1・7・10	天明8	73
〃鍋作・宇兵衛	種樹		130	寛1・7・10		

姓・通称	諱		扶持	年月日	没年月日	享年
今村伝大夫	種清		100	天7・7・4	天明7	67
〃又七・次兵衛			400	天7・7・4	享和3・10・15	
岩崎伊左衛門			80	天7・7・4		
〃半次郎			80	天7・7・4		
岩田内蔵助	盛昭		1000	天7・8・22		
岩田左平次			120	寛1・7・10	天明8・1・10	64
〃八十次郎・五左衛門	三乗		170	寛1・7・10		
岩田平左衛門・平兵衛			200	天7・6・27 8・22		
う						
上木金左衛門	自庸		800	天7・6・25	文政8	
上田皆左衛門		算用者		寛1・6・22		
上原勘兵衛			100	天8・7・10		
〃民五郎			100	天8・7・10		
上原清兵衛			100	天7・12・23		
〃勘兵衛			100	天7・12・23		
上村八左衛門		町同心	70	天7・6・13 寛1・12・24	寛政6・12	
氏家九左衛門・久兵衛	孝敬		200	天7・2・5 3・4 6・1 寛1・12・26	文化12・3・29	
牛圓新左衛門		執筆	90	天7・2・16 寛1・6・22	文化10	
内山養福		町医	200	天8・2・2		
瓜生平助		算用者		寛1・11・29		
え						
江口織江	直躬		100	天7・7・4		

〃三郎右衛門			10人扶	天7・7・4		
江口嘉大夫			120	天7・7・4		
〃直助			120	天7・7・4		
江守助左衛門	隆亮		1000	天7・8・26　天8・2・3　寛1・10・7	寛政4・②・23	53
江守平馬	值房		1300	天7・7・15　11・15　天8・9・末	享和2・1・19	66
				寛1・2・10　10・8		
越中屋五兵衛		町人		寛1・11・29		
越中屋仁右衛門		町人		寛1・9・4		
遠藤次左衛門	直清	預地御用	200	天7・1・17　2・5	文化4	
遠藤両左衛門	直烈		700	天7・1・17　3・4　8・14　寛1・11・11	寛政7・5・24	

お

大石弥三郎	秀方		300	天8・9・末　寛1・10・8	寛政5・	72
大河原助丞			500	天8・9・末　寛1・10・8	文化14	
大嶋三郎左衛門	安頼		450	天7・7・6	寛政9・10・28	55
大田次郎兵衛			500	天7・7・4	天明6	
〃兵之助			160	天7・7・4	文化1・9・7	
太田弥兵衛	忠明		180	天7・2・末　11・25　12・9　天8・3・7	寛政2・9・23	45
				9・29		
				寛1・9・13　10・7　11・5		
大塚伝兵衛				天8・12・16		
〃金五郎			15人	天8・12・16		
大塚靭負		大小将		寛1・3・1		
大西八左衛門				天8・3・13		
大野木舎人	克成		1650	天7・7・14	寛政9・8	77

姓・通称	諱		扶持	年月日	没年月日	享年
大野仁兵衛	定暁	御先手	660	天7・1・22 3・4 寛1・11・4	寛政4・12・28	71
大野平助	定暁		140	天7・8・22 寛1・10・16	寛政12・6・3	53
大場源次郎	傳政		300	天7・7・5 10・1	寛政4・7・3	68
〃宇右衛門	武矩		300	天7・7・5	文化5・⑥・27	53
大橋長兵衛			800	寛1・12・19 12・22	寛政3・1・25	41
大平直右衛門	恒教		100	寛1・10・晦	寛政6・10・5	57
大村武次郎	昌紹		120	寛1・5・10	天保5・6	
大村直記			100	天8・8・16	文化7・3・8	76
大屋宇右衛門				寛1・5・10		
大屋武右衛門	一政		350	天7・7・27 8・25 12・1 天8・2・18 4・1 9・5 寛1・1・15 1・16 3・1 3・29 5・29	享和1・5・14	78
大脇次郎作				天7・12・晦		
大脇靭負・六郎左衛門	直賢		300	天7・12・晦 寛1・9・13	文政13	
岡崎左平太	元明		500	天7・6・1	享和1	37
岡嶋市正・市郎兵衛	一寧		2000	天7・1・末	文化8・10・26	64
岡嶋織人	一雅		300	天8・7・10	天明8・3・19	61
〃鉄三郎・順之助	直賢		300	天8・7・10	文政2	
岡嶋五兵衛	忠英		300	寛1・6・25		
岡田是助・有終	正巳		250	天7・8・28 天8・12・16	寛政6・2・11	76
〃才記			250	天8・12・16	寛政7	
岡田沖右衛門	永房		150	寛1・7・10	天明6・8・9	49
〃庸左衛門・勘右衛門			150	寛1・7・10	文化7・3・10	46
岡田太郎右衛門	正誼		900	天7・8・22 天8・1・29 寛1・10・7	寛政4・3・5	59

岡田主税	師貞		1200	天8・12・16	天明8・6・17	70
〃 主馬・伊右衛門	康貞		1200	天8・12・16 寛1・5・24 12・26	文化5・10・16	
岡田徳三郎・十郎左衛門	担路		500	天7・7・4	文政9・2・5	
岡田友左衛門	敬之		200	天7・2・9 9・末 天8・6・18	天明8・7・2	55
				9・10 12・16 寛1・9・21		
〃 八百助			200	天8・12・16	寛政2・5・2	23
岡野権五郎			150	天7・12・22	天明7・8・10	
〃 政右衛門	正秀		150	天7・12・22		
岡本五郎兵衛	勝美		250	寛1・7・10	天明9・1・15	21
〃 久平	勝次		250	寛1・7・10		
小川嘉蔵		歩		天7・12・晦		
小川八郎右衛門	安村		500	天7・5・9 天8・6・9	寛政11・3・4	58
小川隼太	氏保		350	天7・8・7	寛政7・6・5	53
小篠善兵衛			130	天7・8・22		
興津熊次良				寛1・7・2		
小野木鉄十郎			450	天7・7・4	文政10	
小幡内膳	安久		500	寛1・12・26	寛政2・4・8	
小幡八右衛門	信古		400	天8・5・11 寛1・1・16 3・29	寛政7	57
小原惣左衛門	惟彰		350	天7・3・4 3・26 3・27 12・18	天保8・7	84
				天8・11・末 寛1・5・1 8・23 9・7		
小篠善兵衛			130	天7・8・22	寛政7・6・5	53
小瀬甫庵			15人扶	寛1・7・10		
〃 竹庵			15人扶	寛1・7・10		
沖 辰右衛門			200	天8・9・末 寛1・2・10	天明8・9・11	41
荻原平右衛門	直英		130	寛1・7・10	寛政1・5・20	64

か

姓・通称	諱		扶持	年月日	没年月日	享年
〃 惣左衛門	博綿		130	寛1・7・10		
〃 半左衛門	海平		120	天8・2・14	寛政7・6・11	61
奥泉幸助	知雄		10口	天7・5・9 天8・8・16		
奥田太左衛門			250	天7・7・4	天明6・⑩	59
〃 儀右衛門・次郎右衛門				天7・7・4	寛政4	44
奥野主馬	彰信		2200	寛1・7・10	天明8・12・20	63
〃 左膳	氏令		2200	寛1・7・10	文化12・9・8	48
奥村河内守	尚寛		17000	天7・7・1 7・7 天8・2・6 寛1・4・29 9・21 9・26 11・20 12・29	享和3・12・24	48
奥村監物	匡之		2700	天7・10・19	寛政2・4	58
奥村五郎左衛門	尚武	御馬廻組	800	天7・1・末	享和2・2・20	76
〃 市右衛門		半丞弟	200	天7・1・末	天明7・2・30	
奥村左京	質直		6000	天7・10・19 12・2	文化14・6・10	51
奥村左大夫	安弘		5000	寛1・8・14	寛政2・2・13	66
奥村十左衛門	直堅		350	天8・4・1 寛1・1・16 3・29	寛政12・1・13	56
奥村湍兵衛	照知		600	天7・5・9	寛政6・2・30	76
奥村半丞		市右衛門兄	200	天7・1・末	寛政5・10・15	21
奥村平右衛門			50	寛1・⑥・9	文化9・3・11	50
奥村弥左衛門	政純	御馬廻頭	800	天7・1・17 2・22 2・26 3・末 5・21 7・27 天8・6・9	文化7・1・19	82
織田主税・大炊	益方		2500	天7・11・15 寛1・9・21	享和2・10・11	58

改田主馬	政庸		300	寛1・5・1　5・19	寛政1・5・1	40
帰山長大夫	喬貞		500	天8・1・2	文化3	
笠間源太兵衛	永恭	内作事奉行	200	天7・6・27		
笠間新左衛門	知之		250	天8・9・末		
笠間他一郎・善左衛門	政方		300	天7・10・29　寛1・3・1	文化8・1	
樫田折之助	秀資		400	天7・12・8　天8・3・7　3・8　3・10	寛政9・3	
				3・11　寛1・4・1		
片岡権九郎・勘兵衛	尚喜		140	天8・7・10	文化9・9	
勝尾吉左衛門・半左衛門	信拠		1100	天7・12・1　12・8　天8・3・16　8・8	天保3・10・17	70
				寛1・1・7　4・25　4・29　12・15		
勝尾崎左衛門			100	寛1・12・24		
〃　助丞			100	寛1・12・24		
葛巻内蔵太・作左衛門	昌行		700	寛1・5・24	寛政5・4・6	36
加須屋団右衛門	孝周		150	天7・9・19	享和2・10・16	70
加藤嘉孟		表小将		天7・12・8　天8・3・7		
加藤左門	里佺			天8・7・10	天保8	
〃　余所助・三四郎	恭道		400	天8・7・10	文化9・7・13	
加藤太郎左衛門	貞次郎		450	天7・7・4		
〃　直次郎	善親		450	天7・7・4	文化5・5・7	
加藤与兵衛			120	天8・8・16		
金森弥二郎	寧一	能州郡奉行	500	天7・6・25　寛1・8・14	文化2・10・17	56
金子新兵衛			350	天8・11・末		
兼田徳三郎			100	天7・7・4		
神尾伊兵衛	忠礼	御馬廻頭	500	天7・4・23　天8・9・5　11・末	寛政9・4・11	70
				寛1・3・1　4・11　5・27		

姓・通称	諱		扶持	年月日	没年月日	享年
神尾八郎右衛門			300	寛1・6・7	文化4	
河合太左衛門	直之		300	寛1・12・24		
河野弥次郎	通堅		400	天7・4・22 4・23 7・27 8・22 寛1・12・15	寛政4・8・18	
河地右兵衛			100	寛1・10・16		
河内才記	秀幹		450	天7・11・末 12・8 天8・3・6 3・10 3・14 3・16 寛1・1・11 1・18 1・28 2・6 ⑥・10 9・24	寛政11	
河村伝右衛門				天7・4・14		
神田吉左衛門	直方		400	天7・7・7 天8・2・6 寛1・6・16 10・13		
〃勝五郎・忠太郎	保益		150	寛1・10・13	天保10・10・9	62
神戸三大夫	武貞		200	寛1・7・10		
〃金三郎・蔵人	周盛		400	寛1・7・10	天保8・12	
菅野栄助				天7・8・8		
菅野忠兵衛				天7・12・22		
〃武八郎			600	天7・12・22		
き						
菊池九右衛門	作則	寺西家臣	800	寛1・5・29	文政9	
木越勇左衛門				天8・4・1		
岸忠兵衛	庸道		400	天7・12・晦 寛1・1・14 3・1		
岸藤右衛門		歩		天7・12・晦		
喜多岡善左衛門	延之助	御大小将	400	天7・2・29 6・1 寛1・12・26		

北川嘉蔵		歩		天7・8・28			
北川久兵衛	暉忠		1200	天8・7・10		天明8・3	63
〃 権九郎			1200	天8・7・10		寛政	
北川伴之丞	益之		200	天7・12・22		天明7	
〃 倶老右衛門			200	天7・12・22			
北村三郎左衛門	景種		320	寛1・12・6		享和2	
絹川弥市兵衛・源兵衛	美温		300	天7・11・6			
〃 団右衛門	清温		300	天7・11・6			
木梨助三郎	政仲		350	天8・10・28	寛1・9・21		
木村喜右衛門	高輝	改作奉行	400	天7・2・末	天8・10・23		
木村久左衛門				天7・7・6	9・28		
木村次大夫・惣兵衛	保守	御徒小頭	100	天7・6・7	12・晦		
木村次右衛門			200	天7・7・4		天明6	
〃 平太郎	秀胤		200	天7・7・4		天保5・10・2	63
木村新平	信尹・兵群	新番頭	200	天7・2・4		文政4	
木村政助			120	寛1・7・10		寛政1	
〃 左助			120	寛1・7・10			
木村茂兵衛	定好		200	寛1・6・7		文化11・12・12	
木村余四郎			100	寛1・7・10			
〃 九左衛門			100	寛1・7・10			
く							
久永源兵衛				天8・8・8			
久世幸助			100	寛1・7・10			
〃 幸之助			100	寛1・7・10			

姓・通称	諱		扶持	年月日	没年月日	享年
久世権三郎・平介		宣方	500	寛1・3・1	寛政3・3・13	66
久世左仲			150	天8・7・10	天明8	
〃平次郎			150	天8・7・10　寛1・7・10		
久世平助				天7・12・8　天8・4・6　寛1・1・11		
				1・18　3・18　4・16　4・17		
久能吉大夫	政平		250	天7・12・8　天8・3・6　3・8		
				寛1・1・7　4・16　⑥・10　12・15		
九里覚右衛門			1000	寛1・12・24		
〃陽次郎・歩	令正		1200	寛1・12・24		
九里幸左衛門	正始		650	寛1・9・7		
九里平之丞	右仲		200	天7・11・22　天8・3・16　寛1・1・17		
				10・晦		
窪田左平	秀政		300	天7・3・4　3・26　12・1　12・8	文化1	
				天8・3・16　7・22　12・15		
				寛1・4・6　4・7　4・17　4・27		
黒坂直記				天7・9・20　天8・11・末	享和2	
こ						
上坂両左衛門			3000	寛1・7・10		
〃平次兵衛			3000	寛1・7・10　10・1		
〃粂治郎				寛1・10・1		
上月数馬	以陣		300	天8・10・28	寛政11・7・26	
河内山久大夫	乙昌		450	天7・12・8　天8・3・7　3・8　3・13		
				寛1・4・17　11・4		

興津熊次郎		細工者		寛1・7・2			
小泉吉次郎・十郎右衛門	盛明		500	寛1・11・9		文政11	
小泉万兵衛			40俵	天7・6・13		寛政3	
小泉也門	親由		100	天7・1・20			
小沢彦右衛門	保定		180	天7・7・4		天明6	
〃 才之助			180	天7・7・4		文化10・6・24	
小嶋新左衛門		野村家足軽		寛1・11・29			
小塚織部・八右衛門	政懿		700	天7・4・23			
小塚斉宮	行正		200	天7・8・22	寛1・7・11	享和1・7・20	70
小杉喜左衛門	愼筒		170	天7・10・10	天8・9・29	文化2・5	63
小谷吉郎大夫	信清		80	天7・5・9	天8・7・10		
〃 平蔵			80	天8・7・10			
小寺武兵衛	惟孝		600	寛1・7・11	9・9	文化1	
小西勘右衛門	貞宣		200	天7・12・22		天明7・5・19	71
〃 小源太・平大夫			200	天7・12・22			
小西吉左衛門	明照		210	寛1・⑥・9		寛政8・3・12	
小堀牛右衛門	定明		2000	天8・12・16		天明8・4・27	75
〃 左兵衛			2000	天8・12・16		寛政3・10	44
小森次大夫	良鄜			天7・5・9			
小森貞右衛門	良計		200	天7・5・9	天8・6・9 9・末		
				寛1・2・10			
後藤		能役者		寛1・1・11			
後藤庄三郎				天8・9・21			
後藤常右衛門	尚賢		230	天7・12・23		天明7	
〃 吉太郎	尚敦		239	天7・12・23		文化1	

姓・通称	諱		扶持	年月日	没年月日	享年
近藤源五兵衛		歩小頭		天7・12・晦	寛政6・12・10	
近藤作兵衛	経貞	書写方	30俵	天7・4・20		
さ						
斎田市郎左衛門・虎之助			100	天7・1・末		
斉田九郎大夫			150	寛1・12・24		
〃武左衛門			150	寛1・12・24		
斉田与八郎				寛1・12・27	天保1	65
斉藤長太郎・次平			170	天7・7・4		
斉藤次郎吉			130	天7・12・23	文政7	
〃悦治郎				天7・12・23		
斉藤忠大夫			400	天7・6・1 天8・4・1		
坂井伊兵衛			600	天8・1・19	文化6	
坂井小平	成圓・克昌		200	寛1・8・14	享和3・2・25	55
坂井権大夫	直矩		450	天7・7・4	天明6	
〃権九郎	直正(直諚)		450	天7・7・4 10・29 12・晦 天8・3・8	文化2	
				寛1・3・1 4・13		
坂井善大夫			50	天8・12・16	天明8・6・3	
〃孫六			50	天8・12・16		
坂野忠兵衛	矩美		500	天7・1・16 8・18 寛1・1・18 12・16	文政12	
桜井金兵衛・円次郎			150	天8・9・末	享和3	
桜井甚大夫			15人	寛1・7・10		
〃弘次郎			15人	寛1・7・10	文政1	
桜井新八郎・為兵衛	正信		250	天7・12・9 寛1・2・3		

坂倉志平		伯父		天7・5・9			
〃 長三郎				天7・5・9			
坂倉善助				寛1・⑥・9			
佐久間与左衛門	盛式	御先筒頭	300	天7・6・4	12・1 12・8 寛1・1・17	寛政7・3・12	69
佐々木兵庫	定国		2100	天7・4・18	寛1・12・24	天明7	
〃 誠善	定則		300	天7・6・11	寛1・12・24	文政1	
篠嶋平左衛門	清全		600	天7・8・17	10・19 10・末 12・晦	文化	
				寛1・⑥・9			
笹田久安		坊主頭	70	天8・7・10			
〃 安左衛門			70	天8・7・10			
笹田弥助				天7・8・22			
佐藤勘兵衛	直寛		1200	天8・2・2	11・末 寛1・⑥・12		
佐藤小伝次	知方		600	寛1・5・23	5・24	文化11	
佐藤治兵衛	延政		700	天8・10・28		文政2	
佐藤八郎左衛門	直尚		500	天7・4・7	4・8 6・1 9・8	文化6・5・22	
				天8・2・18			
佐野団蔵		馬医	20口	天7・5・9			
里見孫大夫	元成		300	寛1・10・晦	11・29	享和2・6・28	
真田佐次兵衛	信定		600	天7・5・15	12・12 12・晦 寛1・3・1	天保14	83
				9・13			
沢田弥左衛門	豊強		250	天7・12・22		天明7	
〃 順九郎			250	天7・12・22		文政6	
沢田八十吉			400	寛1・7・10	12・24	寛政1・8	
〃 小三郎	一学		400	寛1・12・24		享和2	
沢辺円大夫		足軽		天7・8・22			

姓・通称	諱		扶持	年月日	没年月日	享年
沢村甚右衛門	武稚		250	天7・12・9		
〔山東権左衛門			200	天7・7・4	天明7	
〔〃久次郎	山森2男	末期養子		天7・7・4 寛1・7・10	享和3・7・3	
し						
品川主殿	景武		3000	天8・2・1 寛1・11・29	文化7	
篠田判大夫		30人頭		天7・12・晦		
篠原織部	保之		4000	天7・2・2 4・3 4・21 4・末	寛政9・3・8	65
				6・末 8・28 10・末		
				天8・4・1 5・5 7・26 9・4		
篠原権五郎	尚堅		1000	天7・8・16	享和2・8・7	
篠原与四郎	篤行		1000	天7・10・29	文政3	
芝山十郎左衛門	正方	御持頭	250	天7・1・22 3・4 3・26 寛1・10・7	寛政3	
芝山直左衛門・弥右衛門	興之		150	寛1・6・22		
嶋田孝三郎・源大夫			150	天7・7・4		
清水次左衛門		御大工頭		天7・8・22		
清水政右衛門		御徒横目		天7・3・末		
清水多四郎		御大工		天7・8・22		
志村五郎左衛門	識行		1050	天7・3・4 3・28 4・7 4・8	寛政6・9・14	72
				4・11 4・14 5・25 6・1		
				寛1・12・15		
庄田要人	敬明		300	天7・3・26 3・27 6・29	文化8・2・22	
				寛1・5・29 6・4 ⑥・8		
進士齊宮・権兵衛			620	天7・6・9	寛政10	

進士武兵衛	武明		100	**天**7・5・9		
神保儀右衛門	照令		300	**天**7・4・26 **寛**1・1・16 12・20	寛政6・2・2	45
神保金十郎	伝考		250	**天**8・1・2		
神保舎人	成章	定番頭	550	**天**7・2・2 12・22		
〃権五郎・縫殿右衛門	純倫		550	**天**7・12・22	文政1	
神保弥八郎		長家臣		**天**8・4・1		
す						
末岡吉郎兵衛		足軽		**寛**1・11・29		
杉江兵助・左門	政恒		600	**天**7・4・27		
杉岡為五郎・善左衛門			150	**天**8・8・16		
杉野多助・善三郎	盟		300	**寛**1・10・22	天保	90
杉本猪左衛門			180	**天**8・12・16	天明8	52
〃孫六			180	**天**8・12・16	文化13	
鈴木助左衛門			300	**天**7・7・4	天明6	
〃助三郎・左膳	成弥		300	**天**7・7・4 **寛**1・5・24 12・26	享和5・8・20	
せ						
関　玄迪		御医師		**天**7・8・22		
関屋中務	政良	表小将	1050	**天**7・3・26 4・15 **寛**1・12・15		
仙石兵馬	久持		300	**寛**1・7・27 12・21 12・29	文政7・8	
千秋作左衛門	信復	2番火消	400	**天**7・12・晦 **天**8・3・27 8・8	文化4	
				寛1・2・19 3・11 4・13 7・27		
千秋丈助	範遠		200	**天**8・8・27	享和2・4・16	
千羽重五郎・津大夫	政徳		130	**天**7・9・25	寛政8	

姓・通称	諱		扶持	年月日	没年月日	享年
千羽昌大夫	政之		150	天7・10・15 12・8 寛1・3・1 4・18	寛政3・4・25	25
そ						
副田左次馬・甚兵衛			120	天7・8・22		
園田市兵衛	政朝		300	天7・7・6	文化2	
園田一兵衛				天7・7・27		
た						
多賀逸角	直房		5000	寛1・10・8	寛政2	
高桑理兵衛		足軽		寛1・11・29		
高崎平左衛門	固賢		200	天8・9・末 寛1・2・10		
高沢平次右衛門	菊忠		450	天7・5・9	寛政11・1・7	69
高田牛之助	種美		450	天8・4・1 寛1・3・1 12・26	天保12・2	
高田昌大夫			400	天7・5・15 天8・1・2 4・1 寛1・2・15		
高田新左衛門	美種		250	天7・8・18	享和2	
高橋宅左衛門		定番御歩		天7・8・22		
高畠源右衛門・安右衛門	政久	割場奉行	200	天7・1・17 3・26 4・7 4・8 寛1・6・7	文化9・10・14	
高畠五郎兵衛	厚定		700	天7・7・27 天8・4・4 寛1・7・11 9・9 11・29 12・18	文化7・9・25	
高畠孫右衛門・勘兵衛	成道	改作奉行	150	天7・2・末		
高嶺久左衛門	雅武	会所奉行	200	天7・6・24 12・28 天8・12・16	天明8・8・28	
〃 左兵衛	善行		200	天8・12・16	天保6・7・5	67

高村久清		坊主		天8・1・5		
高柳延長		坊主頭	120	寛1・7・10		
〃宇左衛門			120	寛1・7・10		
高柳五郎左衛門			130	天7・5・9		
高山才記・伊左衛門	定功		320	天8・9・末 寛1・10・8	文政10	
高山表五郎	武甲		500	天7・12・8 天8・3・13 寛1・3・1	文化2・9・15	43
多賀帯刀	安定		3000	寛1・4・29	享和1・11・11	38
鷹栖左門	明包		400	天8・12・16	寛政12	
武　市郎左衛門	信好		200	天7・12・9	文政9	
武田喜左衛門	信古		400	天7・5・15 9・22 天8・9・末	文政8	89
				寛1・2・10 4・11 4・28		
竹内吉八				天7・12・8		
竹内十郎兵衛			150	天7・12・晦 寛1・4・25 12・25 12・27	文化2	
竹内善大夫	儀方	坊主頭	100	寛1・⑥・9	文化3・3・7	
竹田掃部・市三郎	忠周		3530	寛1・10・8	文政8・10	
竹田源右衛門	忠貞		300	天8・1・29 7・22	享和3・8・6	
竹村猪大夫	政善		35俵	天8・12・16		
〃多宮・三郎兵衛			150	天8・12・16	文政7・	
多田逸角	敬信	御小将頭	550	天7・4・23 5・15 11・19 12・18	寛政11・7・13	
				天8・4・1 4・6 5・6 6・12		
				天8・7・26 9・5 11・26		
				寛1・1・11 1・17 2・10 3・11		
				4・27 5・16 6・25		
多田武二郎	政恒		320	寛1・3・1		
多羅尾左平・左助			200	寛1・7・10	寛政1・4・8	36

姓・通称	諱		扶持	年月日	没年月日	享年
〃左一郎	守静		300	寛1・7・10	天保9・6・9	
立川金丞	佐賢		150	天7・2・末		
辰巳元右衛門			330	天7・4・22	寛政7	
田辺学兵衛・判五兵衛	直廉		300	天7・12・8 天8・3・7	文政2・6・28	
田辺吉兵衛	政巳		200	天7・12・9		
田辺群吾	豪道		400	寛1・⑥・5 10・10		
田辺五郎左衛門	是頼		200	天7・11・22 天8・3・13 寛1・1・9		
田辺善大夫	直養	御大小将	330	天7・2・29 6・1 天8・9・12 寛1・9・13 11・16 12・26	寛政9・7・12	
田辺長左衛門	仲正			天8・3・16 3・18 3・21 寛1・1・16 3・1 5・14 12・16	享和1・10・13	61
田辺平大夫	信興		200	天7・7・4	天明6	
〃平左衛門			200	天7・7・4	文化	
玉川孤源太	成方		400	天7・1・晦 寛1・12・15		
玉木彦左衛門	氏與		200	天7・7・4	天明7	
〃弥五八	団助		200	天7・7・4	寛政6・6	59
団多大夫	清信		450	天7・12・8 天8・3・6 6・18 9・21 寛1・2・19	文政	
ち						
長大隅守	連起		33000	天7・4・18 5・頭 8・28 11・末 12・頭 12・末 天8・1・2 4・1 5・24 6・頭 6・12 9・8 9・21 12・頭 寛1・2・3 3・1 4・11	寛政12・10・14	69

				5・頭 5・23 9・頭 9・7 9・17 9・21		
長 作兵衛	連充	御歩頭	800	天7・2・2 3・21 8・28 10・末	寛政9・5・10	64
槻尾甚助	直道		300	天7・4・23 寛1・10・7	寛政11・7・26	

つ

拓櫃一平太	信守	御先手物頭	150	天7・4・15 天8・7・26 寛1・5・22 6・22	寛政2・2・13	70
拓櫃儀大夫	因信		200	天7・8・10 寛1・12・6	寛政8・12	
〃 三左衛門	重朝		350	寛1・1・16		
辻 小十郎・八郎左衛門	彰信		600	天7・10・15 寛1・3・1	文政7・⑧・27	
辻 五郎助			300	寛1・7・10	寛政1・3・15	
〃 辰太郎			300	寛1・7・10	寛政3・9・2	
辻 普次郎・市郎右衛門	武美		700	寛1・5・24	文政	
津田吉十郎・権五郎	居方		500	天7・12・12 12・晦 天8・3・20 寛1・3・1		
津田吉兵衛			150	天7・5・9	享和3	
津田外記・八郎	保和		1000	天7・6・13 9・22		
津田源太兵衛・源左衛門	柄成		150	天8・12・16	天明8・5・19	70
〃 清大夫			150	天8・12・16		
津田玄蕃・修理	政本		10000	天8・2・18 4・1 9・4 9・21 寛1・1・1 1・11 1・15 1・18 2・3 2・23 4・15	文政12・7・27	
津田権平	政隣		700	天7・1・1 1・7 1・16 1・晦 2・16 3・4 3・18	文化11	59

姓・通称	諱		扶持	年月日	没年月日	享年
津田三左衛門	嘉十郎	政隣弟		天7・3・26　3・27　3・28　3・29 4・1　4・2　4・3　4・4　4・5 4・6　4・7　4・8　4・9　6・1 6・2　6・12　6・29　8・8　12・2 12・18 天8・1・19　2・23　2・29　3・6 3・7　3・8　3・9　3・10　3・11 3・12　3・13　3・14　3・15　3・16 3・17　3・18　3・27　3・28　3・30 4・1　4・7　4・17　4・18　5・1 5・6　5・8　5・11　5・12　5・20 6・12　7・7　7・12　7・22　7・26 7・28　8・28　9・3　9・9　9・12 9・14　9・15　9・21　10・5　10・15 10・28　11・12　11・15　11・27　11・29 12・1　12・4　12・10　12・15　12・19 寛1・1・7　1・15　1・16　1・17 1・21　1・23　1・末　3・2　3・11 4・3　4・6　4・9　4・16　4・17 4・18　4・21　4・24　4・25　6・25 ⑥・25　9・12 天8・7・26		
津田主税・源九郎			600	寛1・6・27		
〈津田友右衛門			200	天7・12・23		

〃栄八郎			200	天7・12・23		
津田平兵衛	良康		350	寛1・7・18 12・28		
津田芳左衛門		政隣弟		寛1・1・16	天明9・1・17	
津田林左衛門	克寛		650	寛1・4・11 7・13	寛政3・5・26	69
堤　源太左衛門		弓師		寛1・6・5		
恒川七兵衛	寿年		500	天8・4・4 寛1・1・16	文化5・6・1	
坪光百助・三郎兵衛			180	天7・7・4		
鶴見甚左衛門	高休		300	天7・7・4	天明6	
〃織人			300	天7・7・4		

て

豊嶋喜右衛門	直是	近習番		寛1・9・27		
豊嶋左門	是次			天7・12・晦	享和2	59
出口金十郎			130	天7・7・4		
〃直四郎			130	天7・7・4		
寺内吉大夫・吉郎左衛門			500	天7・8・22 12・晦	文化4	
寺島五郎兵衛			450	天7・5・9 天8・6・9 寛1・9・16	寛政3・6・6	
寺西九左衛門	秀一		7000	天8・4・1 寛1・2・23	文化12	
寺西九大夫	武勲		170	天7・7・4 天8・1・29	天明7・1・15	
〃六郎左衛門			170	天7・7・4		
寺西是助		弓術師		天8・12・16		
寺西十左衛門	秀堅		500	天7・8・22	寛政2・3	
寺西多大夫	直秀		200	天7・7・4	天明7	
〃喜三郎			200	天7・7・4	文化10・6・18	
寺西弥左衛門	直之	横目	300	天7・1・16 1・末 寛1・1・16 5・23		

姓・通称	諱		扶持	年月日	没年月日	享年
寺西弥大夫				寛1・8・23		
寺西弥八郎・七兵衛		御土蔵奉行	180	天7・4・20	文政2	
と						
遠田三郎大夫	自邇		1050	寛1・11・3　11・15	寛政2・2・12	65
遠田誠摩	自久		1350	寛1・7・9		
栂　喜左衛門・源左衛門	羨恭		500	天7・8・17　寛1・9・16	寛政13・1・6	42
研　善兵衛	本多家臣			天7・11・18		
得田弥右衛門	章伸		300	天7・7・4	天明7	45
〃　牛之助・左膳	政章		300	天7・7・4	天保10・7	67
徳山早太		森久五郎臣		天8・6・18		
戸田五左衛門	就将		150	天7・11・26	文政	
富田織人	貞章		2400	天8・2・28　寛1・7・10	寛政1・3・16	35
〃　権三郎・外記	貞行		2400	寛1・7・10	天保13・7・8	
富田勝右衛門・儀右衛門	一好		350	天7・12・8　天8・3・6　3・12　3・14	寛政12・6・4	70
				寛1・1・18　4・17		
冨田左門・九郎右衛門	守典		500	天7・5・15　6・1	文政2	
富田彦左衛門	好礼		2000	天7・4・27　10・2		
〃　雅五郎			1400	天7・4・27　寛1・7・10	寛政1・5・24	23
〃　小右衛門	景明		1400	寛1・7・10	天保8	55
富田権左	景周		2500	寛1・7・10	文化11	
富永右近右衛門	助有		700	寛1・6・22　12・13	文化13	
富永数馬	殷昌		1050	天7・4・15　7・4	天明6・⑩・21	22
〃　靱負	必昌		1050	天7・7・4	文化4・4・19	35

な

内藤善大夫	政安		450	天7・7・4	天明6	
〃甚左衛門			450	天7・7・4		
内藤宗安		医	300	天7・7・1 寛1・10・16	文化5	
長瀬五郎右衛門	有殻		1000	天7・2・4 2・26 3・26 3・27 4・26 6・2	文化11・10・12	59
長瀬作左衛門				寛1・3・1		
長瀬多膳			650	天8・7・10	天明8・3	
〃善次郎・善左衛門	忠良		800	天8・7・10		
長田市左衛門		中家臣		天8・6・18		
長田庄大夫	律実		250	天7・8・22	寛政5・9	
長屋要人	明允		2030	天7・5・9	寛政6・8	65
永井貢一郎	尚古		300	天7・4・20 10・10	文政2	
永井七郎右衛門・織部	正慶		2000	天7・6・15	寛政11	
永井兵市郎			500	寛1・12・24	寛政1・6・12	
〃猪太郎・兵右衛門			500	寛1・12・24		
永井弥三郎		算用者		寛1・6・22		
永原閑栄・将監	孝倍	出銀奉行	2500	天7・2・9 10・26 12・2 寛1・7・10	寛政1・3・19	78
〃主税・大学	孝房		2500	天7・10・26 寛1・7・10 7・25 10・8	享和1・3・26	59
永原佐六郎	孝等		300	天7・8・17 天8・2・1	8 文化13	
永原治九郎	孝建		800	天7・12・晦 天8・1・2 寛1・2・19 4・29		
永原忠兵衛	孝良		500	天7・12・25 天8・1・15	寛政	
永原貞五郎			200	天7・5・9		

姓・通称	諱		扶持	年月日	没年月日	享年
永原半左衛門	孝尚		450	天7・2・4　3・24　6・2　12・8　12・18　12・23　天8・2・23　6・9	文化2	
永原弥三郎	孝湍		500	天7・12・25　12・27	寛政5・10・25	74
中川清次郎・八郎右衛門	顕忠		5000	天8・7・10	文化12・10・6	42
中川善五郎			200	天8・9・末　寛1・5・13		
中川丹次郎	篤		350	天7・2・4　6・1　天8・1・2　寛1・7・9	寛政4・10・18	
中川平膳	忠好	喧嘩追掛	300	天7・2・9　5・21　天8・9・10　9・21　寛1・2・19		
中黒覚次郎	秀明		350	天7・5・9　天8・6・9　寛1・7・10	天明8・10・28	
〃多宮			350	寛1・7・10	文政8	
中嶋誠左衛門	奉墇	異風裁許	250	天7・5・3	寛政4・10・4	
中嶋戸左衛門・惣左衛門			100	天7・7・4	天明6	
〃七郎			150	天7・7・4	文政12	
中林丈助		伊藤臣		天8・2・7		
中　孫十郎・八三次郎			300	天7・9・8　12・晦　天8・6・18　8・8　9・21		
中宮半兵衛	久達		150	天7・12・1　12・9　寛1・10・10		
中村右源太	正体		300	天7・10・15　12・8　天8・3・7　寛1・3・1	寛政10・4	
中村右膳	是正	表納戸奉行	150	天7・4・20	寛政3・1	49
中村円右衛門	尚行		200	天7・7・4		
〃善之丞			200	天7・7・4		
中村織人・宗兵衛	誠之		300	天7・12・晦　寛1・1・7　3・1	天保3	

中村九兵衛	惟正	御小将頭	300	天7・6・2 6・4 12・18 天8・4・1		
				9・5 寛1・3・1 5・29 ⑥・25		
中村九郎右衛門	方守		180	天7・8・22 寛1・7・11	寛政3・4・6	63
中村才記	以正		1150	寛1・12・24		
〃求(馬)之助	惟正		1150	寛1・12・24		
中村本助		歩小頭		天7・12・晦	寛政2・5・15	
中村才兵衛	直一		350	天7・12・8 天8・1・2 5・5	文化13	
				寛1・4・27 9・26		
中村左兵衛	敏子		650	天8・7・10	天明8・3・9	68
〃権兵衛・助大夫	子諒		650	天8・7・10 寛1・5・24 12・26	文政	
中村甚右衛門	保直		450	天8・6・9	天保7	60
中村新助		歩		天7・11・末 12・晦		
中村甚蔵		歩		天7・8・28 10・末 天8・6・9		
中村随安		横山家医	60	天7・12・18		
中村団助		与力		寛1・11・29		
中村縫殿右衛門	之忠		100	天7・12・22	天明7	
〃十郎平			100	天7・12・22 12・晦 天8・6・9	文政10	
中村八郎兵衛	保教		200	天7・12・27	文化5・4・27	
中村半左衛門	菊隆		200	天7・2・4 6・1 9・13 天8・9・12		
				寛1・12・26		
中村弥十郎・惣右衛門	正休		1000	寛1・10・1		
〃玉次郎	順美		130	寛1・10・1	文化11	
中山主計		町年寄		天7・5・26 寛1・6・25		
半井五郎左衛門	定近		250	天7・5・9		
成田勘左衛門			400	天7・6・1		

姓・通称	諱		扶持	年月日	没年月日	享年
成田十郎左衛門	並寛		1000	天7・5・9 寛1・12・22	寛政8	
成田長大夫・幸右衛門	政本		500	天7・12・晦 寛1・3・1 5・16		
に						
西尾隼人	明義		3500	天7・11・15 寛1・6・16	享和2・9・13	58
西田丈助・甚右衛門	貞久		60俵	天7・8・22	文化6	
西村善右衛門・清左衛門			400	天8・9・末	文化3	
丹羽四郎左衛門		歩	110	天7・7・4		
〃 伴吾郎			110	天7・7・4		
丹羽武次郎	孝康		800	天7・10・15 12・8	寛政5・6・11	28
丹羽六郎左衛門	応好		500	天7・6・1 7・23 天8・2・28	享和3・4・17	52
ね						
根来三右衛門	忠親		200	天8・2・6 2・7 7・11 7・15	天明8・2	63
〃 三九郎	忠盈		200	天7・5・9 天8・7・11	文化13	
の						
野口左平次・五郎左衛門	貞親		300	天7・9・19	文政3	
野口兵部		大聖寺家老		天8・9・21 寛1・1・15		
野崎織人・金十郎		政隣いとこ	200	天7・1・晦		
野崎伝兵衛	三助		200	寛1・7・10	天明9・1・16	86
〃 栄八・伝左衛門			200	寛1・7・10	文化4	
野村伊兵衛	礼喬		800	天8・1・15 寛1・5・19 12・4	享和1	

野村順九郎・源兵衛	信精		850	天7・7・4 天8・1・2 2・18 4・1 寛1・⑥・10 11・20 12・26	文化11・5・29	52
野村次郎兵衛	永惇		1200	天7・7・27 12・1 天8・10・28 11・末 寛1・2・10 11・29 12・18		
野村伝兵衛	有郁		200	天7・5・9 天8・6・9 寛1・7・10	天保4	
野村平蔵・平太郎			300	寛1・7・10	天明8	
〃直勝・忠兵衛	貞英		300	寛1・7・10	文化7・5	
野村与三兵衛	誠教		1700	天7・7・27 8・15 寛1・7・11	文化3	
能勢玄竹・三之助		順泊二男	5人扶	天7・7・4		
〃求伯			5人扶	天7・7・4		

は

端丈庵・玄泉	清	町医	300	天7・12・22	天明7・8・12	75
〃貞元	正		300	天7・12・22	寛政11・1	32
橋爪判兵衛		歩		天7・12・晦		
橋爪又之丞	武矩		230	寛1・6・7	寛政11・1・24	43
萩原又六・八兵衛	季昌		150	天7・12・9	文政8	
土師清大夫	正享		500	寛1・12・27	享和1・9・21	40
長谷川安兵衛			200	天8・7・10	天明8・3・6	52
〃幸助・弥三左衛門			200	天8・7・10		
長谷川宇左衛門		料理頭		寛1・1・1		
長谷川宇兵衛			80	天8・12・16		
〃左源太			80	天8・12・16		
長谷川永蔵		歩	100	天7・12・晦		
長谷川三右衛門	貴一		800	天7・9・末	寛政8・8・21	62

姓・通称	諱		扶持	年月日	没年月日	享年
羽田源大夫	正房		400	天7・8・8 天8・7・10	天明8・3・18	60
〃要人			400	天8・7・10	文化10	
羽田伝左衛門			500	天7・6・1 寛1・12・26	寛政3・4・22	30
羽田与三右衛門		大工		天7・8・22		
服部又助		歩		天7・8・8		
馬場嘉右衛門・友之丞				天7・12・25		
馬場孫三・友之助	信営	会所奉行	400	天7・4・末	享和3・9・7	68
浜名源左衛門	克有		200	天8・12・16	天明8・8・11	43
〃小右衛門・九郎大夫			200	天8・12・16	文化3・2・17	43
林平二郎	保之		250	天7・12・8 寛1・3・1	文政11	
林与八郎	定将		700	寛1・7・9	文化6・11・12	53
原篠喜兵衛		執筆	250	天7・7・14		
原仁右衛門・弥三兵衛	尹諧		150	天7・4・15 寛1・4・1	寛政6・6・24	66
原田淺進			80	天8・12・16	天明8・8・11	
〃大助	惟清		80	天8・12・16	天保6・4	69
原田又右衛門	成種	喧嘩追掛	500	天7・5・21 寛1・6・22	文政10	76
原弾正	元成	人持組	2280	天7・6・13 寛1・11・10	寛政7・5・18	76
伴源太兵衛	方延		500	天7・4・26 12・29 寛1・1・15 3・29	享和2・8・2	59
伴太左衛門		御式台与力		天7・1・19		
疋田八兵衛	直則		150	寛1・7・11	天保9・④	77
ひ						
彦坂九兵衛				天8・8・8		
久田義兵衛	篤親		350	天7・4・21 8・7 寛1・7・11	文政	

久永源兵衛				天8・8・8		
土方勘右衛門	栄氏	御大小将	500	天7・5・15 12・晦 寛1・3・1 4・13	文化11	
一木与右衛門	主忠		500	天7・8・26 12・22	天明7・8・4	
〃鉄之助・逸角	移忠		500	天7・12・22 寛1・5・24 12・26	文政7・5・11	
人見吉左衛門	忠貞	御大小将	800	天7・2・29 3・9 6・1 寛1・12・26	寛政5・7・14	
比良宗右衛門			180	天7・12・22	天明7・7・16	
〃二五一・左内	景彰		280	天7・12・22 寛1・7・10	天保7・7・26	62
平岡次郎市・五左衛門	惟進		900	天7・8・8 12・晦 寛1・3・1 9・19		
				9・24		
平田磯次郎・三郎右衛門	盛以		350	天7・12・晦 寛1・3・1 3・11 4・13	文化13・12・24	55
平田徳次郎				天7・9・13		
平野是平・九左衛門			170	寛1・6・7	享和1・4	
広瀬多喜右衛門		歩	100	天7・12・8	文化14	
広瀬兵左衛門		歩		天7・5・9		
〃儀左衛門	2男	歩		天7・5・9		
広瀬兵馬	種方		120	天7・7・4	天明6	
〃孫助・五郎兵衛	扶種		120	天7・7・4		
ふ						
福岡瀬大夫	昌重	歩		天7・5・9 天8・6・9		
福田杢兵衛	信保		100	天7・5・3 天8・6・9	文化1・2・9	
藤井清大夫	正直	御徒小頭		天7・6・4 12・晦	寛政9・5・12	
藤田加右衛門		歩		天7・12・晦		
藤田吉左衛門	有端		100	天7・12・晦 寛1・5・22		
藤田久右衛門			120	天7・7・4		

姓・通称	諱		扶持	年月日	没年月日	享年
〃和次郎			40	天7・7・4		
藤田兵部・求馬	安貞		2000	天7・5・9 天8・6・9	文政1	
藤村五郎兵衛			300	天8・11・末		
二口屋七右衛門		町人		天7・1・末		
古市忠蔵		歩		天7・12・晦		
古沢又右衛門	順信		150	寛1・⑥・9	文化7	
古屋三左衛門	弥之助	御大小将	300	天7・2・29 6・1	寛政4	
古屋也一	和昔		400	寛1・12・27	文政4	
不破五郎兵衛	光保		330	寛1・12・24	文化11・2・26	73
不破権佐・権之助			1000	天8・12・16		
〃駒之助・半蔵	与潔		1000	天8・12・16	享和3・6	31
不破瑞元		医	150	天7・8・22		
不破忠三郎・平左衛門	方淑		500	寛1・7・9		
不破長三郎			150	天7・12・22	天明7	
〃八三郎	唯丞		150	天7・12・22		
不破直記・清兵衛	貞睦		700	天7・3・9 6・1	文政3	
不破彦三	為章		4000	天7・7・14	享和3・10・11	59
不破与兵衛	永頼		200	天7・8・22	文化10・7・13	
不破和平	俊明	御馬廻組頭	500	天7・1・末 11・末 天8・2・18		
				寛1・4・11		
へ						
別所三平			400	天7・12・晦 天8・1・2 3・27	寛政6・3	34

				寛1・1・14		
ほ						
星野高九郎			130	天7・5・9　天8・6・9		
細井弥一・弥市郎			400	寛1・4・17	寛政8・12・12	47
堀田治兵衛	之舗		200	寛1・9・21	寛政7・9・8	68
堀　勘兵衛	政益		300	天7・6・1　寛1・2・15	寛政11・9・11	49
堀　三郎兵衛	庸富		500	天7・12・1　寛1・6・16　9・21　12・13	寛政8・6・8	46
堀　七之助・孫左衛門	善勝		200	寛1・5・24　12・26	天保10・2・28	69
堀　新左衛門・左兵衛	秀親	火消	450	天7・4・21　12・晦　天8・3・7　3・8		
堀　八郎左衛門・万兵衛	貫保		200	天7・2・末　3・21　寛1・3・1　10・29　寛1・2・19　4・13　5・29　8・8	文化13	
堀　平次右衛門	直種		200	天7・2・末　12・26		
〃　平八郎			200	天7・2・末		
堀　平馬	政和		500	天7・12・18　天8・4・1　寛1・1・16		
堀　与三左衛門・与一右衛門	成章		300	天7・2・末　6・25　11・11		
堀内吉左衛門		壁塗		天7・8・22		
堀倉長三郎				寛1・12・26		
堀越吉左衛門		壁塗		天7・8・22		
堀部五左衛門	弘通		170	寛1・9・21	享和4・2・1	58
本阿弥	能役者			寛1・1・11		
本多采女・内匠	政挙		1000	天7・7・1	寛政2・6・22	35

姓・通称	諱		扶持	年月日	没年月日	享年
本多安房守	政行		50000	天7・3・11 4・頭 4・21 8・22 8・28 11・頭 12・18 12・晦 天8・2・28 3・1 4・1 5・頭 5・24 9・21 11・頭 寛1・2・3 3・1 4・頭 4・11 4・21 4・29 9・24 12・6	寛政9・11・23	70
本多玄蕃助	政成		50000	天7・3・頭 5・11 5・15 6・12 8・頭 天8・3・頭 9・頭 寛1・2・頭 2・10 2・23 ⑥・頭 ⑥・8 ⑥・10 11・頭 11・3 11・29	享和3・4・28	49
本多頼母・左近助	政恒		3000	天7・11・18 天8・2・6 寛1・10・10	文化7・8・8	48
本保孫八郎	昌隆		300	天7・7・6 7・27 寛1・7・10	天明8・10・25	63
〃加右衛門・与三郎	昌隼		300	寛1・7・9 11・9 12・26	文化3	
ま						
前田大炊・伊勢守	孝友・保		18500	天7・1・1 1・15 2・16 2・28 3・4 3・11 3・15 3・28 4・2 10・頭 10・12 10・19 10・晦 10・末 天8・4・頭 10・頭 寛1・2・10 2・23 3・頭 4・21 7・頭 7・13 7・18 9・26 10・16 10・24 11・29 12・頭 12・6 12・7 12・9 12・末		
前田織部・式部	孝始		3000	天7・12・23 寛1・10・8		

前田数馬・豊處	孝茲		3000	天7・12・23	
〃 斉宮				天7・12・23	
前田儀四郎・左膳	正弥		300	寛1・5・24	
前田内蔵太	孝敬		3000	天8・1・13 寛1・10・8	享和2
前田牽次郎・源兵衛	直賢		500	天7・7・1 9・8 12・晦 寛1・8・17	天保1・8・14
前田権佐	恒固		3700	寛1・10・7	天保1・8・14
前田左衛門・大学	直英		1500	天7・7・1 11・15 寛1・9・21	文化7
前田作次郎・清八	直福		600	天7・10・29 寛1・5・16 11・25	
前田主膳	道孝		3000	寛1・7・10	寛政1・5・3
〃 掃部	孝亮		3000	寛1・7・10	文政9
前田四郎兵衛			300	天7・5・9 天8・7・10	天明7・10・12
〃 義四郎・平左衛門			300	天8・7・10	文政3
前田甚八郎	直房		1020	天7・3・4 12・8 12・22 天8・3・6	文政7
				3・7 6・18	
				寛1・1・19 4・16 4・17 5・29	
				7・2 10・24	
前田圖書	貞一		700	天7・7・14	文政
前田土佐守	直方		11000	天7・1・頭 1・16 1・24 7・頭	文化
				7・15 8・3 11・15 11・19	
				天8・3・6 3・10 3・11 3・13	
				3・14 3・16 4・1 5・11 6・12	
				7・11 7・26 11・26 12・17	
				寛1・1・1 1・7 1・11 1・15	
				1・18 1・28 1・末 2・3 3・8	
				4・15 4・24 4・25 9・2	

53 66

姓・通称	諱		扶持	年月日	没年月日	享年
前田主殿助	実種		2450	天8・2・1		
前田内匠助	直養		2500	寛1・1・11	文化2	
前田兵部	純孝		3500	天7・4・9　7・6　9・28　12・23		
前田武平次	与力		180	天7・7・4		
〃平助	与力		180	天7・7・4		
前田弥助	直内		1500	天7・5・9	寛政7・3	63
前波小太郎			300	天7・10・29		
牧昌左衛門	忠輔		450	寛1・10・7　10・22	文化10・4・20	
牧八百七		定番御徒	100	天7・12・8	文化2・9・22	
松田治右衛門	倫郷		200	寛1・12・15	文化3	
松尾縫殿	命留	改方	900	天7・1・10　4・15　6・4　12・1	享和3	
				寛1・9・7　9・9		
松崎喜兵衛	安学		800	天8・7・10	天明7・10・25	
〃左兵衛	正烈		800	天8・7・10		
松沢源太左衛門			50俵	天7・7・4	天明7・4・2	
〃忠次郎			50俵	天7・7・4		
松平源次郎・久兵衛			1500	天7・10・19　11・23　寛1・10・1	天保4	
〃康次郎・康十郎	鹿康		200	寛1・10・1　11・23	文政10	
松平典膳	康風	公事場奉行	3500	天7・2・9　寛1・12・24		
松平隼人			2000	寛1・12・24	寛政1・8	
〃潤之助・治部	康叉		2000	寛1・12・24	文政5	
松田権大夫	典克		800	天7・2・2　2・9　天8・10・28	寛政4・4・16	
				寛1・1・15　1・28　12・18		
松田治右衛門	倫卿		200	寛1・12・15		

松田紹安	常安		200	天7・12・18	寛政3	
松田清左衛門	忠郷		350	天7・5・3　7・27	寛政5・9	71
松田平大夫			150	天7・12・23		
〃久右衛門			150	天7・12・23		
松田又右衛門		歩		天7・8・22		
松波源右衛門		大工		天7・8・22		
松原元右衛門	貴忠	御小将頭	250	天7・2・26　3・4　4・7　4・8　10・12　12・8　12・18　天8・4・1　4・6　寛1・1・18　3・22　6・25　9・24　12・15	寛政12	58
松原善右衛門	一信		800	寛1・7・10	天明8・9・26	60
〃安左衛門・伊織	一得		500	寛1・7・10　11・9　12・26		
松原柏庵		前田大炊医		寛1・10・16		
松宮作助		与力		寛1・8・23		
〃小太郎				寛1・8・23		
馬淵嘉右衛門	定泰		500	天7・12・25　12・晦　天8・8・8　寛1・1・14　6・25		
馬淵順左衛門	喬行		150	寛1・11・28	文化14	
馬淵知右衛門・半大夫	信行		230	寛1・7・10	寛政1	
〃又五郎・半大夫	知風			寛1・7・10	天保7・3	
丸山了悦		医	100	天8・12・16		
〃養軒	応保		300	天8・12・16		
み						
三浦勘大夫	斉賢		200	天7・7・4		

姓・通称	諱		扶持	年月日	没年月日	享年
〃重蔵	賢善		200	天7・7・4　10・29　12・晦	文政7	
三浦重右衛門	賢賢		1100	天8・9・末	寛政11・10・9	
神子田五郎介・五兵衛	政純		350	天7・12・25	文政1	
水上勇助			80	天8・7・10	天明1・6・11	29
〃助三郎・左大夫			60	天8・7・10		
水越仙次郎・八郎左衛門	政紹	大小将横目	350	天7・6・25　12・18　12・22　天8・2・23　6・9		
水野五兵衛	正春		150	天8・12・16	天明8・6	
〃是助・半左衛門			150	天8・12・16	文政	
水野七左衛門	忠敬		130	寛1・11・29	寛政4・4・20	
水野次郎大夫	武矩		300	天7・7・27	文化7・12・15	58
水原五左衛門・孫大夫	景福		950	天8・2・2	文化8・8・4	
溝口舎人・助三	勝方		200	天7・6・2	天明6・10・6	45
嶺　四郎左衛門		割場奉行	250	天7・6・24		
箕輪徳兵衛	昌久・近能		350	天7・5・16		
〃猪三郎・知大夫	宣倉		350	天7・5・16		
宮井典膳	直経		600	天7・12・晦　寛1・12・16	文化3・8・24	52
宮井武兵衛			300	天7・7・4		
〃伝兵衛			300	天7・7・4　10・2	9文化11	
宮井柳之助				天8・6・9		
宮川只右衛門	繁蔵		300	天8・2・18　4・1　寛1・12・26	文政7	
宮崎磯太郎・弥左衛門			400	寛1・5・16		
宮崎蔵人	直政		800	天7・12・晦　寛1・3・1　3・27　4・21	文化4・7・11	

宮崎清左衛門	元収		400	天7・12・晦 天8・4・27 寛1・3・11 4・13		
宮崎太郎				寛1・12・26		
三浦重蔵・八郎左衛門	賢善		1300	天7・10・29	文政7	
三宅平大夫・権左衛門	正路		450	天7・8・10 8・25 12・晦 天8・3・7 3・8 3・9	文政3	
三輪元右衛門	英明		130	寛1・12・24	寛政1	
〃 仙大夫・儁大夫	實明		1130	天7・1・末 寛1・12・24		
三輪斉宮・千五郎	明景		1000	天8・12・16 寛1・11・9	寛政7	
三輪籐兵衛	明礼		1000	天8・10・28 12・16	天明8・5・18	62
〃 千五郎	斉宮		1000	天8・12・16	寛政7	

む

武藤固忠太	貞次郎		200	寛1・⑥・9		
武藤和左衛門				寛1・7・13		
村井又兵衛	長窮	定番歩	16569	天7・6・頭 6・2 8・8 9・8 11・3 12・晦 天8・1・2 2・頭 8・頭 11・末 寛1・9・24 12・6	寛政2・2・12	52
村上采女	以正		500	天8・12・16	天明8	82
〃 長次郎・伝右衛門			500	天8・12・16		
村上源右衛門			100	天7・12・晦	享和1	
村田市左衛門			80	寛1・7・10 7・13		
〃 市五郎			80	寛1・7・10 7・13		
村田三郎右衛門		与力		寛1・11・29		

姓・通称	諱		扶持	年月日	没年月日	享年
村田甚右衛門	直正		300	天7・7・20 天8・4・4 寛1・1・11	寛政8	
〃 政之助・源八郎	直之		300	寛1・1・11	天保7・2	63
村田助三	敬典	御歩頭	500	天7・6・13 天8・10・28	文化10	
村田直右衛門	直明		300	天8・12・16	天保8	78
〃 左源太			300	天8・12・16		
村田八郎兵衛	軽久		250	天7・4・15		
村 為大・木工右衛門	陣救		650	天7・12・8 天8・1・2 3・6 寛1・1・28	天保	
も						
毛利市右衛門	貞融	坊主頭	100	天7・6・2		
毛利伊平太	武賦		150	寛1・6・5		
毛利兵左衛門	氏冨		150	天8・7・10	天明8・2	
〃 兵大夫・権三	氏綱		250	天8・7・10	文政2・1	
森 久五郎			300	天7・9・13 12・晦 天8・6・18 寛1・3・1 3・11 7・10	寛政1・3・11	25
〃 栄左衛門			300	寛1・3・11 7・10		
森 鳥左衛門			1200	寛1・3・11		
森 平兵衛				天7・12・晦		
森田権佐	正房		120	寛1・12・24	寛政1	
〃 千太郎・金之助			120	寛1・12・24		
森田直右衛門		野村家足軽	300	寛1・11・29		
諸橋権之進		能役者		天8・1・2		

や

八木熊之助			5人扶	天7・12・23			
〃小五郎			5人扶	天7・12・23			
八嶋金藏	為矩		200	天7・5・9	天8・6・9	文政9・8・1	
安井源兵衛・左門			250	天7・12・23			
〃金十郎・浅右衛門	厚孝		80	天7・12・23			
安井左大夫	義般		150	天7・7・27	8・15 8・28 天8・9・末		
				寛1・2・10	10・7		
安田恒大夫	正勝		180	天7・7・4		天明6	
〃三次郎				天7・7・4			
安田繁五兵衛				天7・12・晦			
矢田周伯	恒之		150	天7・8・22		寛政8	
矢野仁左衛門	親盈		350	天8・10・28		寛政3・12・27	70
矢部友左衛門・七左衛門	成尺			天7・5・9	8・18 寛1・9・9	天保3	
矢部八之丞		今村家与力	180	寛1・11・15			
山内伊織	以教		280	天7・4・28	天8・7・10	天明7	
〃忠太郎・九郎兵衛	以実		280	天8・7・10		天保6・11	65
山上善五郎		大工		天7・8・22			
山岸十左衛門			80	天8・8・16			
山岸弥次介	直篤		300	天8・5・11		文化10・10・29	
山岸理右衛門	永矩		250	寛1・7・10		寛政1	
〃斧人・七郎兵衛	永秩		250	寛1・7・10		文政2	
山口小左衛門	一致		320	天7・3・末	寛1・1・17 4・17	文政6	
山口五兵衛			400	寛1・12・24		寛政1	

姓・通称	諱		扶持	年月日	没年月日	享年
〃鉄之助			400	寛1・12・24	寛政2	
山口次郎左衛門	定昭		150	天7・7・4	天明6	
〃七郎大夫	右仲		150	天7・7・4 寛1・12・24	寛政1	
〃乙之助・半左衛門			150	寛1・12・24	文化14	
山口武兵衛			100	寛1・12・24	文化	
山口新蔵・清大夫	信逸		650	天7・12・8 寛1・3・1	天保10	
山口小左衛門	一致		320	寛1・1・17 4・17	文政6	
山崎郁昕・次郎兵衛	喜知		550	天7・12・8		
山崎庄兵衛	文質		5500	天7・10・19		
山崎次郎兵衛	盛明		550	天7・12・1	寛政8・5	
山崎八郎大夫			90	天7・7・4		
〃半助			90	天7・7・4		
山崎彦右衛門	喜隆		1000	天7・6・4 6・25 12・1	寛政8・7・27	50
山崎茂兵衛・久兵衛			300	天7・4・23 寛1・12・24		
山崎弥次郎・頼母	籍侃		850	寛1・11・9 12・26		
山路忠左衛門	昌澄		400	天7・5・18	文政1・2	
山瀬権五郎		歩小頭	50俵	寛1・12・24		
〃小三郎			50俵	寛1・12・24		
山田新九郎				天7・12・晦		
山田政大夫	栄沢	御歩小頭	70	天7・2・16	寛政12	
山田忠四郎			80	寛1・7・10		
〃万作			20	寛1・7・10		
山田伴右衛門		歩		寛1・1・7		
山根長大夫	元宴		200	天7・7・4	天明7	

〃与三次郎・与九郎	忠大夫		200	天7・7・4		
山辺左盛	政試		100	寛1・5・10	文化3・8・24	
山本安四郎			5人扶	天7・12・23		
〃喜七郎			5人扶	天7・12・23		
山本弥市兵衛	良忠		200	寛1・12・24	寛政1	
〃治兵衛			200	寛1・12・24	文政1	
山本九兵衛		足軽		寛1・11・29		
山本源太郎・中務	守令		300	天8・7・10	天保9	
山本十兵衛		御細工小頭	80	天7・6・4		
山本平蔵		前田兵部臣		天7・7・6 9・28		
山森貞助		歩		天7・12・晦		
山森八左衛門			250	天7・7・4	寛政9・7・11	52

ゆ

由比陸大夫	勝文		700	天7・10・15 12・22 天8・3・6 3・16 6・12 6・18 7・22 寛1・1・17 4・16 4・17 4・18 4・27 4・29 7・2 9・7	天保6・1・4	
雪野忠兵衛			100	天7・12・23		
〃武八郎			100	天7・12・23		
行山作兵衛		神尾臣		天8・11・末		
行山次兵衛・金次郎			150	寛1・5・27	文政10	
湯川伴右衛門・伝右衛門			100	天7・2・16 天8・12・16 寛1・5・22		
〃六郎・彦大夫			100	天8・12・16		
湯原長大夫	応剰		1500	天7・2・10		

姓・通称	諱		扶持	年月日	没年月日	享年
湯原友之助・久左衛門	信恭	御大小将	600	天7・5・15 4・27 5・16 天7・12・晦 寛1・3・1	文政8	
よ						
養安院・曲直瀬		医		天8・9・21		
横井元泰	元秀	医	400	寛1・11・19	文政	
横井江左衛門	時識		120	天8・7・10	天明7・10・27	
〃弥門	本貞		120	天8・7・10		
横井平蔵	政憲		200	天8・7・10		
〃斉次郎・斉右衛門	政和		200	天8・7・10	文化14	
横地善大夫	是房		30俵6人扶	寛1・7・10	寛政1	
〃善助	是政		30俵6人扶	寛1・7・10	天保7	70
横地茂太郎・伊左衛門	雅聡		300	天7・4・21 12・晦 寛1・4・13 10・22	寛政11・1・24	45
横地理左衛門			200	天7・5・9		
横浜善左衛門	玄英		1050	天7・6・11 12・8 寛1・1・27 3・11	文化3	
				4・6 4・21 ⑥・6 12・末		
横山蔵人	政寛		1000	天8・1・1	寛政13・1・26	32
横山引馬	隆誨	表小将	500	天7・7・1		
横山又五郎	政賢		3500	天7・7・14 天8・2・23 寛1・4・29	文化6・9・9	
				5・16		
横山山城・大膳・求馬	隆従	奏者番		天7・2・頭 7・1 8・頭 9・頭	寛政4・7・14	35
				12・18		
				天8・1・頭 1・13 7・頭 7・26		
				寛1・1・頭 1・16 6・頭 6・4		

				6・16 9・7 9・26 10・頭		
				10・16 11・3		
由右衛門		粟崎町人		天7・4・15		
吉岡吉大夫				天8・9・29		
吉岡権兵衛	政武		200	寛1・10・晦		
吉田亥三郎				寛1・7・11		
吉田宇右衛門				天8・12・16		
吉田吉四郎			100	寛1・7・10		
〃兵十郎			100	寛1・7・10		
吉田久兵衛				天8・12・16		
〃才一郎	茂延		300	天8・12・16		
吉田九兵衛	暖茂		750	天7・6・4	天明3	
〃左大夫	茂対		750	天7・7・4	天明8・6・18	28
吉田左大夫			750	天8・1・4 2・6 12・16		
〃辰次郎・権平	茂淑		600	天8・12・16		
吉田七郎大夫		算用者小頭	80	天7・5・21		
吉田助大夫	信周		250	寛1・12・24		
〃多門	信安		250	寛1・12・24		
吉田忠大夫		歩	100	天7・12・11 天8・3・16 寛1・4・25		
吉田貞之丞	次房		150	寛1・12・24	寛政1	
〃甚左衛門	安定		200	寛1・⑥・9 12・24		
吉田八右衛門・九之丞	員徳	御徒小頭	150	天7・4・11 12・8 寛1・2・3		
吉田八郎兵衛				寛1・7・11 9・6		
吉田彦兵衛	茂育		500	天7・2・4 天8・1・4 2・6	享和8	
吉田平左衛門	定恒		200	寛1・12・24	寛政1・⑥・15	

姓・通称	諱		扶持	年月日	没年月日	享年
〃平大夫	経房		200	寛1・12・24	文化10	
吉田孫左衛門	国定		300	天7・10・12　12・晦　寛1・7・11	寛政2・9・3	
吉田茂兵衛				天7・6・1		
葭田平馬			500	寛1・7・10		
〃左守	直廉		500	寛1・7・10　11・9		
米林佐左衛門		野村家足軽		寛1・11・29		
わ						
脇田源左衛門・善左衛門	祐忠		500	天7・8・22　寛1・2・19	文政3	
脇田哲兀郎	直温		500	寛1・12・26　12・27	文政5	
脇本乙次郎・定右衛門	敬平		130	天8・8・16	天保6	74
分部又五郎・三之助			150	天8・12・16		
〃久三郎・十左衛門	恒久		150	天8・12・16		
和田牛之助・知左衛門	幸綏		700	天8・9・12　寛1・9・13　12・26		
和田小一郎			200	天7・2・10	天明7	
和田権五郎・源次右衛門	世貞		800	寛1・12・16	享和3・①・28	61
和田清三郎	正本		700	天7・2・末　天8・10・28	天明7・2・26	
和田長助・久左衛門			200	天7・5・9		
和田与三郎			130	寛1・7・10		
渡部五左衛門				天8・2・22		
渡辺采右衛門				天7・5・9	寛政6	
渡辺治兵衛	信弘		300	天7・6・1　8・8　9・8		
渡辺主馬	保	御馬廻組頭	1000	天7・1・末　6・20　寛1・10・8	寛政8・1・3	57

渡辺甚左衛門

御徒

天7・12・晦

藩主等関係

姓名			年月日
安芸守	浅野重晟		天7・1・19　11・末
淡路守	利與	富山6代	天7・8・10　8・17　8・25
出雲守	利久	富山7代	天7・8・10　8・17　9・22　天8・4・6　4・28　5・1
			寛1・12・末
亀万千	斉広（12代）		天7・2・22　9・10　寛1・5・16　7・10　9・4
紀州	徳川治貞	9代	天8・12・22　寛1・9・21
桂香院		寿光院祖母	天8・8・27
護国院	吉徳6代		天7・12・22　寛1・11・3
佐竹	義和（秋田）		天7・2・11
讃岐守	松平頼起		天7・1・9　4・23　天8・4・15　寛1・1・21　2・19　3・22
			3・25　7・27
茂姫	島津寔子	家治室	天7・12・11
実成院		吉徳側	天7・8・3
品姫		徳川宗勝女	天8・10・15
寿光院	千間	重教室	天7・1・8　1・16　2・16　3・7　3・18　4・15
			天8・5・6　8・21　8・27　11・15　12・4　12・15
			寛1・2・16　3・22　4・1　4・21　9・21
寿清院	夏	治脩生母	天7・6・12
俊姫		治脩室	天7・6・8　天8・4・19　9・21　寛1・10・10
惇信院	家重	徳川9代	天7・8・28　6・12
浚明院	家治	徳川10代	天7・2・28　8・8　9・8　天8・9・8
松寿（樹）院	顯	重教女	天7・1・16　3・7　3・19　9・25

			天8・1・29 5・6 7・22 寛1・2・16 3・28
			天7・8・10
性空院	久丸	綱紀息	天8・6・1
宣光院	邦	重教女	天7・4・12
善次郎	浅野斉賢	浅野重晟息	天8・12・23
泰雲院	重教（10代）		天7・5・11 6・12 8・22 天8・1・3 5・23 6・12
			寛1・4・28 5・29 6・12
大応院	宗辰7代		天7・5・16
但馬守	浅野宗恒	室は吉徳女	天7・11・末
種姫		家治養女	天7・10・16 12・11
致姫	松平越前内室	千間姉	天8・11・15
中将	重教10代		天7・3・7 3・11 天8・2・6 寛1・4・21
	重靖9代		天8・12・16
当姫		保科容頌養女	天7・3・25
備後守	利精	大聖寺6代	天7・4・22 6・25 7・20 天8・9・21 12・27
藤姫		重教女	天7・6・8 9・10 寛1・3・8 3・22 4・21 5・16
			6・4 ⑥・8 ⑥・13 7・末 9・6
松平肥後守	保科容頌		天7・2・9 3・25 天8・4・15 12・19
教千代	斉敬・観樹院	重教息	天7・4・20 4・22 4・28 5・11 6・11 6・12 7・1
			7・7 7・27
			天7・8・10 8・17 11・15 11・23 12・26 12・晦
			天8・2・6 2・22 3・6 6・12 9・6 10・28
			寛1・4・29 6・7 6・12 6・16 6・20 ⑥・5 ⑥・9
			9・21 10・1
			寛1・10・13 10・22 10・29 11・20 12・6 12・13 12・15

姓名			年月日
美濃守	利物	大聖寺7代	天7・7・26 天8・3・29 5・27 9・21 11・12 12・27
祐仙院	暢	吉徳女	天7・1・13 1・16 1・20 3・7 4・15 9・19
			天8・5・6 10・19 寛1・1・13 2・16 3・10
勇之助	利精	備後守息	天8・9・21 12・27 寛1・1・15 1・18

翻刻·校訂·編集

笠嶋　　剛　　1939年生　金沢市在住

南保　信之　　1946年生　白山市在住

真山　武志　　1935年生　白山市在住

森下　正子　　1940年生　金沢市在住

(代表)髙木喜美子　　1940年生　金沢市泉野町5丁目5-27

翻刻協力

熊谷　香里

ISBN978-4-86627-035-7

津田政隣

政隣記　耳目甄録　拾四

従天明七年—到寛政元年

二〇一七年九月二十五日　発行

定価　三、〇〇〇円＋税

校訂・編集　(代)髙木喜美子

笠嶋　剛　　南保信之　　真山武志

森下正子

出版者　勝山敏一

印刷　株式会社 すがの印刷

発行　桂書房

〒930-0103　富山市北代三六八三—一一

電　話(〇七六)四三四—四六〇〇

FAX(〇七六)四三四—四六一七

地方小出版流通センター扱い